普通高等教育“十一五”国家级规划教材
全国高等院校教材

供生物医学工程、信息工程、卫生管理、临床医学等专业使用

医院信息系统

主　　编　王明时
副主编　周　鹏　　李　宁
编　　委　(以姓氏笔画为序)
王明时　　朱险峰　　李　宁
周　鹏　　赵　欣　　葛家怡

科学出版社
北　京

内 容 简 介

本书从工程学的角度介绍了医院信息系统的基本理论和知识，共分 7 章。内容涉及现今数字医院的主要信息系统，包括医学信息学基础、医院信息系统 HIS、医院信息管理系统 HIMS、放射科信息系统 RIS 及图像存档与传输系统 PACS、检验信息系统 LIS、医学信息传输标准及系统集成以及临床路径和电子病例等。本书的特色是理论与实际相结合，通过具体生动的实例，深入浅出地介绍了医院信息系统中各主要子系统的技术细节和开发流程，具有较大的实用价值和指导意义。

本书图文并茂，结构合理，概念准确，条理清晰，注重实用，适合工科和医学院校生物医学工程、信息工程、卫生管理、临床医学等专业学生作为教材使用，同时也可作为医院管理人员、医学信息系统开发的技术人员和广大医务工作者的参考书籍。

图书在版编目（CIP）数据

医院信息系统／王明时主编．—北京：科学出版社，2008
普通高等教育"十一五"国家级规划教材·全国高等院校教材
ISBN 978-7-03-021676-2

Ⅰ. 医… Ⅱ. 王… Ⅲ. 医院-管理信息系统-高等学校-教材
Ⅳ. R197.324

中国版本图书馆 CIP 数据核字（2008）第 054341 号

策划编辑：李国红／责任编辑：胡治国／责任校对：刘亚琦
责任印制：徐晓晨／封面设计：黄　超

科学出版社 出版
北京东黄城根北街 16 号
邮政编码：100717
http://www.sciencep.com
北京中石油彩色印刷有限责任公司 印刷
科学出版社发行　各地新华书店经销
*
2008 年 5 月第　一　版　　开本：787×1092　1/16
2021 年 7 月第八次印刷　　印张：11 3/4
字数：278 000
定价：42.00元
（如有印装质量问题，我社负责调换）

前　言

医学仪器的快速发展促使医学诊断及治疗水平达到了前所未有的高度。医院需要不断提高服务质量，进行管理方式的改革；临床医生也迫切需要快速地共享各种诊断设备的诊断结果。这些需求获得了以IT技术为基础的网络技术的支持。医院的需求和计算机网络的支持，促进形成了医院信息管理系统的发展。这一学科的进步是医学现代化的重要阶段，也是医院为了追求和实现"提高服务质量、提高效率、降低成本"这一目标的必由之路。

医院信息系统在20世纪60年代由美国一些医院首先开始研制与应用。到了20世纪80年代，由于高速计算机、大容量数据存储技术以及网络技术水平的提高和成本下降，使得医院信息系统进入了快速发展期。在系统水平日益提高、功能逐步完备的同时，也逐渐出现了各医院部门之间，特别是各医院之间信息交流不畅、甚至难以信息共享的"孤岛现象"。为了改变这种状况，1987年开始，美国又出台了一些目的在于整合的标准（如HL7等）。每年年初，由HIMSS（Healthcare Information and Management Systems Society）主办，在美国召开医院信息系统展览会。与会者包括来自全世界各国医院的管理者、医生和医院信息系统开发公司的工程技术人员，展会的规模达2万~3万人，其主要目的是交流医院信息管理系统的开发、应用与进展，可以说统领着此产业的发展方向。

我国医院信息系统的发展是从20世纪80年代初开始的，至今已走过了20多年的历程。1995年卫生部下发了卫生系统中信息化建设的几点意见，1997年国务院制定了国家卫生信息化建设九五规划及2010年远景目标。我国的医院信息系统建设事业，从最初的单机收费、统计工资及人事管理等方面的初步应用，到如今的部分三甲医院已基本具备包括HIS、RIS和PACS的信息平台，可以说得到了迅猛发展。

我国医院信息系统的发展是健康的。随着医疗体制改革的深入，医院管理者已经认识到：提高服务质量、改善医患关系、提高工作效率、降低成本是医院深入改革所追求的目标，而实现此目标，建立符合我国国情的医院信息系统，势在必行。但是，与各发达国家相比，我国医院信息系统的技术水平，尚存在相当大的差距。我国的医院信息系统建设，可以说任重而道远。

制约我国医院信息系统高速、高水平发展的重要因素是人才问题。目前，医院里熟悉医院管理、医疗需求、信息网络技术的复合型高级人才太少。我国普通高等学校中设立生物医学工程专业的已有41所。生物医学工程专业，是培养既懂工程技术又有基本医学知识的复合型人才的综合性专业。所培养的本科生、研究生，责无旁贷地应对我国医院信息系统的发展做出贡献。但至今，在有生物医学工程专业的高校中，尚无一本涉及医院信息系统的教材供该专业的学生学习。我们编写此书的目的，就在于推出一本包括医院信息系统基本概念及内容的教材，填补这方面的空白。让本科生及研究生掌握医院信息系统的初步知识，使之在医院信息系统的未来建设中发挥应有的作用。

本书共7章，第1章由周鹏博士编写，第2章由赵欣博士编写，第3、7章由李宁博士编写，第4章由周鹏和朱险峰博士编写，第5、6章由葛家怡博士编写，王明时教授对全书作了统编。在本书的编写过程中，贵阳医学院提供了大量宝贵的技术及临床资料，给予了大力的支持，特表示感谢。同时，谨向相关文献资料的作者表示谢意。

由于参加编写的作者们水平有限，缺点与疏漏在所难免，恳请广大读者提出宝贵意见。

王明时

2007年8月30日

目　录

第 1 章 医学信息学基础

1.1 信息系统

1.1.1 信息与信息系统

1. 信息的概念

关于信息的定义有多种解释。有人认为,信息就是具有新内容、新知识的消息;也有人认为,信息就是有价值的情报。信息论的奠基人,美国数学家香浓对信息的定义是:“信息是人们对事务了解的不确定性的减少或消除”。香浓是从信息量的角度来描述信息的概念。他认为信息是以帮助人消除对事务了解程度的不确定性为基础的,消除不确定性越多,信息量就越大。

在信息的确切定义尚未统一之前,不妨先从信息所具有的性质来了解信息。首先必须理解信息论中两个重要的概念——信息和数据。两者的含义并不相同,数据是指记载下来的事实,是可以记录、通信和识别的符号,它通过有意义的组合来表达现实世界中实体的特征。数据的记载方式包括数值型、文字型、语音型、图形图像型、视频型等多种类型。信息则是经过加工处理过的、可供决策的数据,对决策和行为有现实或潜在的价值。数据是经过采集得到的原材料,而信息是加工后的成品;数据要具有真实性和客观性,信息则具有针对性、实效性、价值性等;信息是数据的含义,数据是信息的载体。

信息一般具有以下特征:

(1) 可量度,可识别,可转换性:信息可通过直观识别、比较识别和间接识别的方法,并采用某种度量单位进行度量,还可以从一种形态转换为另一种形态。

(2) 可存储,可处理,可传递性:信息可以文字、摄影、录音、录像以及计算机存储器等多种方式存储,并且可以进行决策、设计、研究、写作、改进、发明、创造等多种信息处理活动。同时,信息可以通过多种传输渠道、采用多种传输方式进行传递。信息传递需要借助于物质载体,传输渠道可以是报纸、书籍、无线电广播、电话,也可以通过计算机网络和卫星等进行传输。实现信息传递功能的物质载体形式多种多样,称为信息媒介。

(3) 可压缩:信息可以压缩,进行集中、综合和概括,而不会丢失信息的本质。由于受计算机处理速度、通信带宽、存储容量等的限制,很多时候没有能力也没有必要收集、处理和存储一个事物的全部信息,这时,就要对信息做一定的分析,根据管理的目

笔记栏

标提取和保留主要本质信息,舍弃其他次要信息。

(4) 价值性:信息是经过加工的、有意义的数据,是一种资源,提供人们决策的依据,因而是有价值的。

(5) 共享性:信息具有扩散性,因此可共享。同时,尽管我们在生活中经常使用"交换信息"这个词汇信息表示信息共享,但这里的信息交换不同于一般意义上的物质交换。严格地说信息只能共享而不能交换。

2. 信息系统的概念

从技术角度对信息系统的定义是:为了支持组织决策和管理而进行信息搜集、处理、储存和传递的一组相互关联的组成部分。随着科学技术的进步,信息的处理越来越依赖于计算机、通信、网络、数据库等现代化信息技术,使得以计算机为基础的信息系统得到了快速发展,极大地提高了人类开发利用信息资源的能力。因此,目前普遍认同的信息系统是指基于计算机、通信网络等现代化工具和手段,服务于管理领域的信息处理系统。它是信息科学、计算机科学、管理科学、决策科学、系统科学、认知科学以及人工智能等学科相互渗透而发展起来的一门交叉学科。信息系统的原理框图如图 1-1 所示。

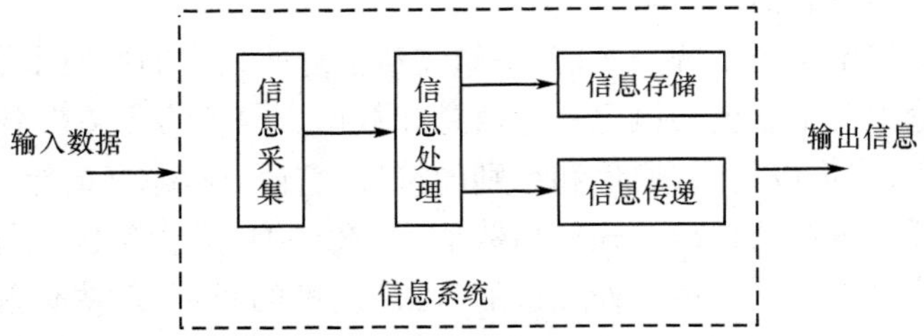

图 1-1 信息系统的原理框图

完整的信息系统必须有类型明确的输入与输出,即输入是数据,输出是信息。而且,信息系统必须有明确的处理目标,即输出的信息必定是有用的,这样的信息系统才能服务于管理决策,成为有价值的系统。

1.1.2 医院信息系统

医院信息系统是指利用计算机软硬件技术、网络通讯技术等现代化手段,对医院及其所属各部门的人流、物流、财流进行综合管理,对在医疗活动各阶段中产生的数据进行采集、存储、处理、提取、传输、汇总、加工生成各种信息,从而为医院的整体运行提供全面的、自动化的管理及各种服务的信息系统。医院信息系统是现代化医院建设中不可缺少的基础设施与支撑环境。医院信息系统在国际学术界已公认为新兴的医学信息学(medical informatics)的重要分支。

笔记栏

在国外,20 世纪 60 年代初美国少数医院引进大型计算机应用于医院管理,主要是以整个医院为对象进行数据处理,对耗费时间的一般业务实行自动化,如会计、科研病案、具体事务管理等。由于当时计算机不仅价格高、处理功能低,而且专业技术人员和软件数量极少,影响了计算机在医院信息管理中的应用。进入 20 世纪 70 年代,廉价的小型机迅速普及,发达国家多数医院大量引进使用,主要内容是以医疗信息的记录、存储、传递、检索为中心,使医院各部门均应用计算机进行信息管理。不少医院建成了各部门之间的信息可以共享的计算机网络化的医院信息系统。

到了 20 世纪 80 年代,由于价廉物美且功能较强的微型计算机和微型计算机局部网络、用于数据处理的高速计算机和用于数据储存的大容量磁盘和光盘等出现,使计算机网络化的信息系统费用大幅度下降,从而大大促进了医院信息系统的推广应用和发展。20 世纪 80 年代后期以来,医院信息系统的开发、应用,经过 30 年的艰辛历程,正向广度和深度发展,达到了前所未有的新高度、新水平。这主要表现在建立大规模一体化的医院信息系统,不仅包括一般信息管理的内容,还包括以计算机化的病人病历(也叫电子病历,computer-based patient record,简称 CPR)、医学图像档案管理和通信系统(picture archiving and communication system,简称 PACS)为核心的临床信息系统(clinical information system,简称 CIS),以及管理和医疗上的决策支持系统、医学专家系统、图书情报检索系统、远程医疗等。

从功能及系统的细分讲,医院信息系统一般可分成三部分,如图 1-2 所示。一是满足管理要求的医院管理信息系统 HIMS;二是满足医疗要求的临床信息系统,包括放射科信息系统 RIS,图像存档与传输系统 PACS 等子系统,检验信息系统 LIS,电子病例系统等;三是满足以上两种要求的信息服务系统,即办公自动化部分。各分系统又可划分为若干子系统。此外,许多医院还承担临床教学、科研、社会保健、医疗保险等任务,因此在医院信息系统中,也应设置相应的信息系统。

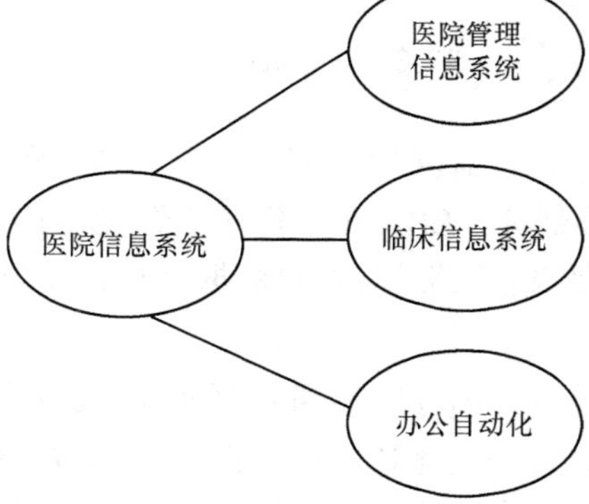

图 1-2　医院信息系统构成

本书从工程学的角度介绍了医院信息系统的基本理论和知识,内容涉及现今数字医院的主要信息子系统,包括医院信息管理系统 HIMS、放射科信息系统 RIS、图像存档与传输系统 PACS、检验信息系统 LIS、医学信息传输标准及系统集成,以及临床路径和电子病例等,将在以后章节详细介绍。

笔记栏

1.2 现代信息技术

1.2.1 计算机技术

计算机是人类最伟大的发明之一,计算机技术的飞速发展,极大地改变了人们的生活和工作。计算机最早的应用领域是科学计算,后来其应用领域越来越广泛,逐渐渗透到各行各业中,特别是在办公自动化、生产自动化、数据库应用、网络应用和人工智能领域的应用,极大地促进了计算机技术的发展和人类社会的繁荣与进步。

1. 计算机硬件组成

计算机硬件系统由控制器、运算器、存储器、输入设备、输出设备五大基本部件组成,这些部件通过数据总线、地址总线和控制总线连接起来,并按照冯·诺伊曼的存储程序控制的原理进行工作,如图 1-3 所示。通常人们将运算器和控制器称为中央处理器(CPU),将中央处理器和内存储器合称为主机。将输入设备、输出设备和外存储器称为外部设备(简称外设)。

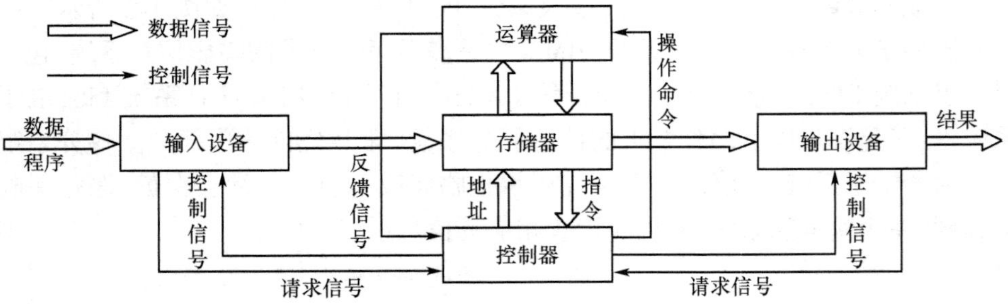

图 1-3 计算机组成框图

(1) 中央处理器:中央处理器(CPU)是计算机内部对数据进行处理,并对整个计算机系统进行控制的核心部件。CPU 在工作中不断地从内存中获取指令、分析并执行这些指令;根据指令的要求获取数据,并对数据进行运算;再将运算结果返回内存中存储起来。

(2) 内存储器:存储器分为内存储器和外存储器,通常简称为内存和外存。内存是计算机的主要工作存储器,一般计算机在工作时,所执行的指令及处理的数据均从内存取出。内存的速度快,但容量有限,主要用来存放计算机正在使用的程序和数据。外存具有存储容量大、存取速度比内存低的特点,所以它用于存放备用的程序和数据等。外存中存放的程序或数据必须调入内存后,才能被计算机执行和处理。常用的外存有磁盘机、磁带机、光盘机等。

(3) 输入设备:键盘是用户用来键入命令、程序、数据的主要输入设备。常用的标准键盘按键的个数有 101 键、103 键和 105 键等。按键盘开关类型分为:机械式、薄膜

笔记栏

式、电容式和导电橡皮4种。

鼠标是快速输入设备,对于现代的图形用户界面软件是必不可少的输入设备。一般鼠标有左、右两个键,目前使用的鼠标有机械式和光电式两种。机械式灵敏度较低,但价格便宜;光电式灵敏度高,价格也贵。

扫描仪是一种用来输入图片资料的输入装置,有彩色和黑白两种,一般是作为一个独立的装置与计算机连接。

(4) 输出设备:显示器是用户用来显示键入的命令、程序、数据以及计算机运算的结果或系统给出的提示信息等的输出设备。显示器按显示颜色分彩色显示器和单色显示器两种,其分辨率一般用整个屏幕上光栅的列数与行数的乘积来表示。这个乘积越大,分辨率就越高,图像越清晰。对应不同分辨率的显示器,有相应的控制电路,称为适配器或显示卡。显示器的 RAM 容量也是一个不可忽视的指标,目前常用 1~32MB。如果希望显示器具有较强的图形输出功能,必须选用较大的容量。

打印机是计算机重要的输出设备,由一根打印电缆与计算机上的并行口相连接。绘图仪是计算机的图形输出设备,分为平台式和滚筒式两种。它是利用画笔在纸上画线,所以适合于绘制工程图,在气象、地质测绘、产品设计中是重要的输出设备。新型的绘图仪也采用无笔的绘制方式,其原理与喷墨激光打印机印字方法相类似。

2. 操作系统

(1) 概念和功能:操作系统是管理计算机资源,为用户程序提供系统服务和执行环境的系统程序。其主要功能包括以下几点:

1) 进程管理:进程可以看作是正在执行的程序。进程完成其任务需要一定的资源,如 CPU 时间、内存、文件、IO 设备等。进程是系统的工作单元。操作系统负责进程的管理工作包括:创建和删除用户和系统进程;暂停和重启进程;提供进程同步机制;提供进程通信机制;提供死锁处理机制。

2) 存储管理:存储管理指分配、收回与保护存储单元。程序在启动执行前必须装入主存,操作系统应当根据程序的大小和当前主存空间的实际情况,为每一个程序分配使之能运行的必要的存储空间。当程序执行完后,操作系统把该程序所占用的全部存储空间收回,以作别用。

3) 设备管理:设备管理主要是对设备进行分配、回收与控制。通信设备在工作过程中的控制尤为重要。用户程序使用外围设备的步骤是先申请再使用最后释放。与此相应,操作系统必须把有限的设备进行优化调度以满足多个用户程序的要求,对分配出去的设备进行有效控制以发挥设备的最大能力,最后还要对用完的设备及时收回。

4) 文件管理:文件管理涉及文件存储空间的分配与回收、文件目录管理、文件读写与保护等。由于现代计算机系统中的信息资源常以文件的形式出现,因此管理好文件就能使软件资源发挥更好的效益。目前,一个全方位的以文档为中心的资源管理方法受到用户的欢迎。用户希望只需要对文档进行操作,而不必关心被操作的文档究竟

笔记栏

是文件、程序、目录、声像数据、磁盘卷标还是操作系统中的其他一些对象。

(2) 操作系统的基本特征

1) 并发性:并发(concurrence)性是指2个或2个以上的进程的执行在时间上有重叠。现代操作系统是并发活动的管理机构,其本身也是并发执行的。并发执行有效地改善了系统资源的利用效率并提高了系统的吞吐量,但却使系统复杂化。操作系统必须具有控制和管理各种并发活动的能力,无论这些活动是用户的还是操作系统本身的。

2) 共享:共享是指系统中的硬件和软件资源能为多个用户共同使用。根据资源属性,通常有互斥共享和同时共享2种方式。一种资源(如打印机或内部链表)只有被使用者释放之后才能被另一使用者使用,这样的资源称为临界资源,它们要求互斥共享。用重入码编制的程序及公告栏信息等资源可被多个用户同时共享。

3) 虚拟:虚拟的本质含义是把物理上的一个变成逻辑上的多个。例如,多线程序设计技术能把一台物理CPU虚拟为多台逻辑上的CPU,动态地址变换机构能把一个统一编址的物理主存变成多个逻辑上独立编址的存储器(虚存)。

4) 不确定性:操作系统控制下的多个作业的运行顺序和每个作业的运行时间是不确定的。系统内部的各种活动是错综复杂的,与这些活动有关的事件,例如从外围设备来的中断、I/O请求、程序运行时发生的故障等都是不可预测的。这是造成不确定性的基本原因。

5) 可重构性:可重构性支持对计算机系统可靠性和配置动态化的考虑。当系统中某台处理机或存储模块等资源发生故障时,系统能自动切除故障资源,换上备份资源,对系统进行重构使之继续工作。现代操作系统允许在系统运行过程中动态地改变硬件的配置。当配置变更时,操作系统截获变更信息,然后自动地重构系统配置信息。

(3) 操作系统类型

1) 单用户操作系统:提供联机交互功能,用户界面友好,采用了虚存、并发、多任务等多种传统操作系统技术。个人计算机(PC)上配置的操作系统大多属于这种类型,常见的单用户操作系统有Windows 98,Windons XP,OS/2等。

2) 多道批处理系统:在这种操作系统控制下,用户作业逐批地进入、处理、离开系统。作业与作业之间的过渡不需要用户的干预。批处理系统的优点是提高了系统资源的利用率和作业的吞吐量,缺点是无交互性。它主要装配在用于科学计算的大型计算机上。

3) 分时系统:它一般连接多个终端,用户通过相应的终端使用计算机。它为每个用户提供适当大小的时间片,采用轮转的方法为用户服务。若能保证足够快的响应时间并提供交互会话功能,则每个用户都感觉到好像独占1台计算机一样。UNIX系统是当今著名的分时操作系统。

4) 实时系统:在这种操作系统的控制下,计算机系统能及时地响应外部事件的请求,在规定的时间内完成对该事件的处理并有效地控制所有实时设备和实时任务协调运行。实时系统往往是专用的,在设计时首先要保证它的实时性和可靠性,其次才是

笔记栏

系统效率。它常有2种类型即实时控制和实时信息处理。前者如生产过程、武器系统的实时控制，后者如银行业务、航空订票等实时事务管理。

5）网络操作系统：计算机网络中的各台计算机配置各自的操作系统，而网络操作系统把它们有机地联系起来，用统一的方法管理整个网络中的共享资源。因此，网络操作系统除了具备进程管理、存储管理、设备管理、文件管理外，还应具有高效可靠的网络通信能力和多种网络服务能力。网络用户只有通过网络操作系统才能享受网络所提供的各种服务。

6）分布式操作系统：是为分布式计算机系统配置的操作系统。它与网络操作系统相比更着重于任务的分布性，即把一个大任务分为若干个子任务，分派到不同的处理站点上去执行。它有强健的分布式算法和动态平衡各站点负载的能力。它是网络操作系统的更高级形式。

1.2.2 网络技术

1. 计算机网络的概念

计算机网络是计算机的互联集合。独立计算机通过有线或无线的传输介质连接起来，实现统一的通信协议。计算机网络可实现信息的高速传送以及硬件、软件和信息资源的共享。

2. 计算机网络的特点

（1）资源共享：能够通过互联线路实现信息的共享以及通信的协调处理。

（2）高可靠性：计算机网络进行数据通信的能力强。

（3）提高效率：系统灵活性及适应性强，易于分布处理。

（4）信息获得更加容易：各计算机既相互联系又相互独立。

3. 计算机网络的分类

按距离划分：

1）局域网（local area network，LAN）：局域网一般用微型计算机或工作站通过高速通信线路相连，但地理范围局限于1~5km的地区，例如学校、企业。

2）城域网（metropolitan area network，MAN）：城域网的作用范围一般是一个城市或者跨越几个街区，其地理范围约为5~50km。

3）广域网（wide area network，WAN）：广域网的作用范围通常为几十千米至几千千米，同一国家或州甚至全球范围，因此又称为远程网。

4. 计算机网络系统的组成

从网络功能角度，计算机网络由通信子网和资源子网组成。通信子网是由具体的

笔记栏

通信线路和结点交换机构成，主要完成信息分组的传递工作，每个通信节点具有存储转发功能。资源子网则包含所有由通信子网连接的主机，向网络提供各种类型的共享资源。通信子网和资源子网可分别建设。

从物理构成角度，计算机网络由硬件系统和软件系统组成。计算机硬件系统主要由终端、物理通信线路以及交换机组成。计算机网络软件系统包括通讯协议软件、网络操作系统、设备驱动软件、网络应用软件等。

5. 网络体系结构

国际标准化组织 ISO 制定的 OSI 开放系统参考模型是目前分层最详细完备的网络协议标准，它采用了七个层次的体系结构（图 1-4）。

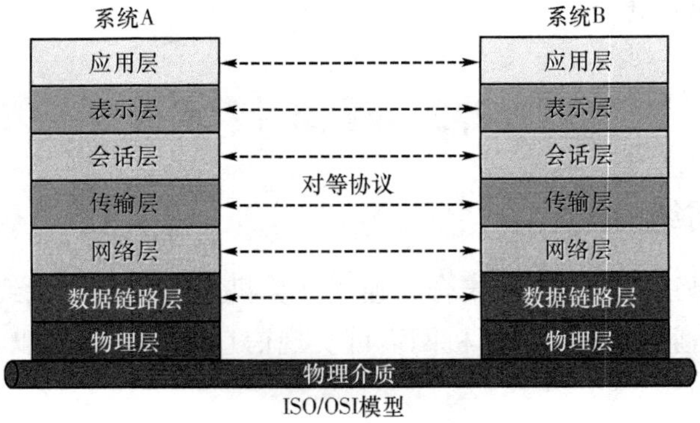

图 1-4　OSI 七层网络参考模型

开放系统互连参考模型各层主要功能为：

（1）物理层：为数据链路层对等实体之间的信息交换建立物理连接，在物理连接上正确、透明地传送物理层数据单元——比特流。物理层提供激活、维持、去活物理连接的所需机械特性、电气特性、功能特性、规程特性的手段。

（2）链路层：该层在相邻结点的一个或多个物理连接上为网络层建立、维持、释放链路连接，并在链路连接上可靠地、正确地传送链路层协议数据单元——数据帧。纠错和流量控制是链路层的两个主要功能。

（3）网络层：提供网络层对等实体建立、维持、终止网络连接手段，并在网络连接上交换网络层协议数据单元——分组。其中，一个重要功能是网络选路和寻址。

（4）传输层：基本功能是为会话层提供可靠的、经济的传输连接手段，并在传输连接上交换传输层协议数据单元——报文。流量控制是传输层的一个重要功能。

（5）会话层：为会话连接提供手段，并利用会话连接组织和同步应用进程之间的会话。

（6）表示层：该层主要解决用户数据的语法表示问题。它将要交换数据的抽象语法（适合于某一用户）转换为传送语法（适合于 OSI 内部使用）——公共表示方法。

笔记栏

（7）应用层：为用户应用进程访问 OSI 提供接口，并负责信息的语义表示。

6. TCP/IP 协议的体系结构

OSI 的七层协议虽然概念清楚，体系结构理论较完整，但其结构复杂不实用，目前得到广泛应用的是 TCP/IP 协议。TCP/IP 是一个四层的体系结构，它包含数据链路层、网际层、运输层和应用层。TCP/IP 协议其实是一个协议集合，内含了许多协议。TCP（transmission control protocol：传输控制协议）和 IP（internet protocol：互联协议）是其中最重要的、确保数据完整传输的两个协议，IP 协议用于在主机之间传送数据，TCP 协议则确保数据在传输过程中不出现错误和丢失。

（1）数据链路层：定义各种介质物理连接的特性，定义在不同介质上信息帧的格式。

（2）IP（internet protocol）层：实现转发和路由功能，根据分组的目的 IP 地址，将分组从源端转发到目的地。

（3）TCP/UDP（传输层）：TCP 协议提供面向连接的、可靠的传输服务；而 UDP 协议提供无连接的、不可靠的传输服务。

（4）应用层：包含了许多应用层协议，如 Telnet、Web、FTP、e-Mail（SMTP）等等。

7. Internet

Internet 是目前世界上最大的计算机网络，几乎覆盖了整个世界。该网络组建的最初目的是为研究部门和大学服务，便于研究人员及其学者探讨学术方面的问题，因此有科研教育网（或国际学术网）之称。进入 20 世纪 90 年代，英特网向社会开放，利用该网络开展商贸活动成为热门话题。大量人力和财力的投入，使得英特网得到迅速发展，成为企业生产、制造、销售、服务，人们日常工作、学习、娱乐等生活中不可缺少的一部分。

Internet 是一种应用广泛的计算机网络，它有两个突出特点：一是促进人们相互之间的信息沟通，二是为人类提供了信息资源的共享。在 Internet 上，共享的资源不是硬件，而是各种信息服务，Internet 之所以发展如此迅速，就是它恰好满足了人们对网络信息服务的需求。Internet 的信息服务可分为 WWW 服务、电子邮件服务、远程登录服务、文件传输服务等。

（1）全球信息网：即 WWW（world wide web），又被人们称为 3W、万维网等，是 Internet 上最受欢迎、最为流行的信息检索工具。Internet 网中的客户使用浏览器只要简单地点击鼠标，即可访问分布在全世界范围内 Web 服务器上的文本文件，以及与之相配套的图像、声音和动画等，进行信息浏览或信息发布。

（2）电子邮件（简称 E-mail）：又称电子信箱、电子邮政，它是一种用电子手段提供信息交换的通信方式。这种非交互式的通信，加速了信息的交流及数据传送，它是一种简易、快速的方法。通过连接全世界的 Internet，实现各类信号的传送、接收、存储等处理，将邮件送到世界的各个角落。到目前为止，可以说电子邮件是 Internet 资源使用最多的一种服务，E-mail 不只局限于信件的传递，还可用来传递文件、声音及图形、图

笔记栏

像等不同类型的信息。

(3) 远程登录:是 Internet 提供的最基本的信息服务之一。Telnet 是远程网络的缩写,在此表示一种网络通信协议。远程登录是在 Telnet 协议的支持下使用本地计算机暂时成为远程计算机仿真终端的过程。用户可通过本地计算机上键盘和显示器与远程计算机交互作用,使用该系统对外开放的功能和资源。Telnet 是一个强有力的远程登录工具。登录时必须事先成为该远程计算机系统的合法用户,拥有相应的账号和口令。目前,国内 Telnet 最广泛的应用就是 BBS(电子公告牌)。

(4) FTP(file transfer protocol):是文件传输协议的英文缩写,是一种与 Telnet 类似的联机服务。允许用户从远程计算机上获得一个文件副本传送到本地计算机上,或将本地计算机上的一个文件副本传送到远程计算机上。FTP 采用"客户机/服务器"工作方式,客户端要在自己的计算机上安装 FTP 客户程序。使用 FTP 可传送任何类型的文件,如文本文件、二进制文件、声音文件、图像文件和数据压缩文件等。

1.2.3 数据库技术

1. 数据库与数据库管理系统

数据库(database,简称 DB)是长期储存在计算机内、有组织的、可共享的数据集合。数据库中的数据是有规则存放的,也就是按一定的数据模型组织的。是结构化的数据,并具较小的冗余度、较高的数据独立性和可扩展性,可为多个用户共享。

数据库管理系统(database management system,DBMS)是实现对数据库进行管理的大型软件系统。DBMS 必须实现对数据库中数据的有效组织、管理和存取。它建立在操作系统之上,提供用户对数据库进行方便操作和维护的工作环境与工具,让用户可以在逻辑层面上处理数据。而不必关心数据的物理存取细节,并保证数据库的完整性、安全性、多用户对数据的并发使用,以及发生故障后的系统恢复。

2. 数据库管理系统的功能

数据库管理系统的主要功能包括以下几个方面:

(1) 数据定义功能:DBMS 提供数据定义语言(data definition language,DDL),用户通过它可以方便地对数据库中的数据对象进行定义。

(2) 数据操纵功能:DBMS 还提供数据操纵语言(data manipulation language,DML),用户可以使用 DML 操纵数据实现对数据库的基本操作,如查询、插入、删除和修改等。

(3) 数据库的运行安全:数据库在建立、运用和维护时由数据库管理系统统一管理、统一控制,以保证数据的安全性、完整性、多用户对数据的并发使用及发生故障后的系统恢复。

笔记栏

(4) 数据库的建立和维护功能:它包括数据库初始数据的输入、转换功能,数据库的转储、恢复功能,数据库的重组织功能和性能监视、分析功能等。

3. 数据库的体系结构

(1) 单用户数据库系统:整个数据库系统,包括应用程序、DBMS、数据,都装在一台计算机上,为一个用户独占,不同机器之间不能共享数据。

(2) 主从式结构的数据库系统:指一个主机带多个终端的多用户结构。在这种结构中,数据库系统,包括应用程序、DBMS、数据,都集中存放在主机上,所有处理任务都由主机来完成,各个用户通过主机的终端并发地存取数据库,共享数据资源。该模式优点是数据易于管理与维护。缺点是主机的任务会过于繁重,可能成为"瓶颈",从而使系统性能大幅度下降;而且当主机出现故障时,整个系统都不能使用,因此系统的可靠性不高。

(3) 分布式结构的数据库系统:分布式结构的数据库系统是指数据库中的数据在逻辑上是一个整体,但物理地分布在计算机网络的不同结点上。网络中的每个结点都可以独立处理本地数据库中的数据,执行局部应用;也可以同时存取和处理多个异地数据库中的数据,执行全局应用。该模式的优点是可以满足地理上分散的公司、团体和组织对于数据库应用的需求。缺点是数据的分布存放给数据的处理、管理与维护带来困难;当用户需要经常访问远程数据时,系统效率会明显地受到网络状况的制约。

(4) 客户/服务器结构的数据库系统:网络中某个(些)结点上的计算机专门用于执行DBMS功能,称为数据库服务器。其他结点上的计算机安装DBMS的外围应用开发工具,支持用户的应用,称为客户机。在客户/服务器结构中,客户端的用户请求被传送到数据库服务器,数据库服务器进行处理后,只将结果返回给用户(而不是整个数据)。该模式的优点是显著减少了网络上的数据传输量,提高了系统的性能、吞吐量和负载能力,而且该模式应用程序具有更强的可移植性,可以减少软件维护开销。

4. 关系数据库概述

关系数据库系统是支持关系模型的数据库系统。关系模型由关系数据结构、关系操作集合和关系的三类完整性约束三部分组成。

(1) 关系数据结构:在关系模型中,现实世界的实体以及实体间的各种联系均用关系来表示,关系模型中数据的逻辑结构是一张二维表。

(2) 关系操作集合:关系模型中常用的关系操作包括:选择(select)、投影(project)、连接(join)、除(divide)、并(union)、交(intersection)、差(difference)等查询(query)操作和增加(insert)、删除(delete)、修改(update)操作两大部分。查询的表达能力是其中最主要的部分。

(3) 关系的三类完整性约束:关系模型允许定义三类完整性约束:实体完整性、参照完整性和用户定义的完整性。

5. SQL 语言

SQL 是关系型数据库中用于对数据库进行查询和修改操作的编程语言。SQL 的含义是结构化查询语言(structured query langage),是一种基于关系代数的结构化查询语言。其功能包括数据定义、数据查询、数据操纵和数据控制四个方面,是一个国际通用的、功能很强的关系数据库语言。

(周　鹏)

笔记栏

第 2 章 医院信息系统(HIS)

2.1 HIS 概 述

从第一台电子计算机诞生后,随着以计算机及其相应技术为代表的信息技术的飞速发展,人类社会以最快的速度进入了信息时代,而信息技术也已经渗透到了全社会的各个领域,形成了气势磅礴、无处不达的信息化浪潮。

随着我国医学水平、医疗技术与设备的不断提高与完善,以及医院规模的不断扩大,医院作为治病救人与科学研究的第一线,已经成为信息量最大、最复杂、最难管理的单位之一,医院信息的管理与利用已经成为制约我国医院发展的重要“瓶颈”之一。因此,医院的信息化改造是当前医院建设的重要问题之一。

随着计算机与网络技术的不断发展,信息技术已在医院的医疗、教学、科研和管理的各个方面得到越来越广泛的应用。数字化的医院信息系统已经成为现代化医院运营必不可少的基础设施与技术支撑。一个优秀的现代化医院一定会有医术高超、技术娴熟的医护人员,功能完整、美观舒适的建筑设施,性能齐全、高精尖的医疗仪器设备等等。而要使这些医院的优质资源实现最优的配置与效率的最大化,物尽所能、人尽其用,就离不开医院信息系统的建设与应用。

2.1.1 HIS 的定义

医院信息系统(hospital information system,HIS)在国际学术界已经被公认为是新兴的医学信息学(medical informatics,MI)的重要分支。

在 1972 年,美国南加利福尼亚大学的两位博士 George A. Bekey 和 Morton D. Schwarts 在其著作“Hospital Information Systems”(医院信息系统)中写到,一个完整的医院信息系统是一个建立在计算机基础上,能为医院中每一项主要的医疗和管理事务服务的通信系统。

1988 年,美国的 Morris Collen 教授曾著文为医院信息系统下了如下定义:利用电子计算机和通信设备,为医院所属各部门提供病人诊疗信息和行政管理信息的收集、存储、处理、提取和数据交换的能力,并满足所有授权用户的功能需求。

1991 年,国际医药信息学会第十工作组在德国哥丁根专门召开的“医药信息系统趋向”讨论会上进一步地指出,“医院信息系统的概念是综合性的,包括管理信息、护理信息、医疗信息和临床辅助设施信息,它是一个支持医院内部所有功能与外界沟通的系统。”

笔记栏

国家卫生部 2002 年公布的《医院信息系统基本功能规范》中对医院信息系统的定义是：医院信息系统是指利用计算机软硬件技术、网络通讯技术等现代化手段，对医院及其所属各部门对人流、物流、财流进行综合管理，对在医疗活动各阶段中产生的数据进行采集、存储、处理、提取、传输、汇总、加工生成各种信息，从而为医院的整体运行提供全面的、自动化的管理及各种服务的信息系统。医院信息系统是现代化医院建设中不可缺少的基础设施与支撑环境。

2.1.2 医院的信息种类

通常，医院的信息大体上可分为三大类：医疗信息、医院管理信息和医学科技信息。

医疗信息是指医务（包括药房）各科室围绕病人所发生的有关诊断、治疗和护理等的各种信息。临床的诊断过程，实质上就是信息的收集、加工与决策过程。医院拥有的大批昂贵的仪器设备，许多都是为了从病人身上获取信息，经过直接的问诊、观察与检查，医生综合分析后，得出疾病诊断的结论。现代化的许多治疗过程也是与信息的获取密不可分的，像危重病人的监控系统、各类导管介入治疗等等。例如，一位病人，他的病史和他身体的当前状况；医生为确诊他患某种疾病所做的各种检查和化验等获得的病人的生理信息；医生拟提出的初步诊断、治疗和护理方案的科学依据和做出的初步诊断、治疗和护理方案；在实施治疗和护理方案的过程中病人产生的各种生理反应信息；医生提出的进一步的诊断、治疗和护理方案……；直至病人康复痊愈或无法医治。医疗信息是医院中直接与病人的生命相关的最重要的信息，也是其他医院信息所需要的最根本的原始信息。因此，医疗信息是医院信息系统的基础信息。

医院管理信息是指对医院的全部工作及其社会活动总过程进行组织、指挥、协调和控制等有关的一切信息。医院的管理过程，实质上就是信息的收集、加工与决策过程。其目的是全面提高医院医疗、教学、科研、管理的水平，为病人提供更多、更好的服务，提高医院效率，增加医院效益。这一切都是通过信息的收集、汇总、加工、分析、处理、决策的不间断的循环实现的。通常，医院的管理工作包括医院的组织管理、医疗管理、医院质量管理、医院卫生学管理、医院后勤管理、医院经济管理等许多方面。随着我国医疗制度的改革，大量的有关病人的诊断、治疗、用药和资源消耗等的信息不仅在医院内部，而且在院外许多部门之间流通和传递。医院管理信息的全面性、真实性、准确性和快速性对于提高医院管理工作的水平是非常重要的。

医学科学技术是医院为病人服务的主要技术手段。当前，医学科学技术主要有六个层次，即机体整体、器官系统、组织、细胞、分子和量子水平。在我国，医学科学技术的发展还有一个很显著的特点，即中医、西医、和中西医结合医学并行发展的特点。医学科学技术信息既包括古今中外的，也包括医院内部行之有效的先进经验。在当今知识和科学文献爆炸的时代，如何将如此众多的先进的医学科学技术信息为医院所用，这对于确保诊断、治疗和护理的科学性、有效性，不断提高医院的医疗技术水平是至关

笔记栏

重要的。

一个完整的医院信息系统所能提供的信息必须包含医疗信息、医院管理信息和医学科技信息三个方面的信息。只有如此，才能全面地提高医院工作的水平，从而产生越来越大的社会效益和经济效益。

2.1.3 HIS的起源及发展

1. 美国

医院信息系统起源于美国。在20世纪50年代中期，计算机开始应用于美国的医院，一开始主要是对医院的财务会计进行管理，并进一步实现了部分事务处理的计算机管理。美国的医院信息系统的发展大致经历了四个阶段。

从20世纪60年代初至20世纪70年代初，美国所开发的医院信息系统的主要功能集中在护理和收费上，目的是为了满足医疗保险制度的要求。20世纪60年代初期，美国医院首先开发了病人护理系统，同时还开发了事务处理系统和收费系统。1966年，美国医学会(American Medical Association)为了使临床服务与操作更加规范，颁布了CPT(Current Procedural Terminology)编码。到20世纪60年代后期，医院信息系统已经包含了病人的诊断和其他信息，包括根据医嘱和护理医嘱编制护理计划。为了发展和完善国家健康数据标准，1969年形成了统一最小健康数据集(uniform minimum health data set，UMHDS)的概念并于1972年被采用。为了实施公众健康计划，麻省总医院开发出了著名的流动护理系统COSTAR(computer stored ambulatory record)，病人的信息可以提供给医疗、财务和管理人员使用。第一个完整、一体化的医院信息系统PROMIS(problem oriented medical information system)从1968年开始开发，1971年投入使用，它的设计是基于病人而不是基于医疗和护理，其内容包括病人诊治等各方面的信息。但是这一系统的应用要求改变管理结构，所以直到20年后才被广泛接受。在20世纪70年代初，Morris Collen等人成功建立了“可集成、可扩展、变长和可变格式”的包含100万病人记录的数据库。在1971～1974年间，美国El Camino医院最先获得了作为国家卫生服务研究和发展中心的AHRQ(the Agency for Healthcare Research and Quality)的基金资助，研究成功了在医院内具有管理和临床功能的医学信息系统(technical medical information system)。美国1972年医院信息化的调查表明，当时美国还没有一个成功的、功能覆盖全院的信息系统。

从20世纪70年代中至20世纪80年代中，由于技术的进步，医院间相互竞争加剧，医院信息系统的发展速度加快，基本覆盖了医院业务的方方面面。由于微型计算机的出现，医院信息系统的发展在硬件上分为两个发展方向，一个方向是继续以小型机为主，走多终端方式；另一个是走微机的道路，通过局域网连接微机。20世纪70年代中期，在成功实现局部医院信息管理的基础上，开始利用在线数据通讯技术开发覆盖全院的整体医院信息系统，对数据进行不间断的操作。这一时期开发出了一个著名的整体集成的医院临床信息系统 Omaha。在这一时期及其之后一系列的医疗与管理标准被公布与实施：1975 年，直接用于临床信息表达的编码 SNOMED（Systematized Nomenclature of Human and Veterinary Medicine）公布；1977 年，世界卫生组织发布了国际疾病及健康相关问题统计分类 ICD-9（International Classification of Diseases），美国为了临床的需要，在此基础上发布了 ICD-9-CM；为了实施医疗保险预付款制度，美国卫生部财务管理署（Health Care Financing Administration）制订了诊断相关分组编码 DRG（Diagnosis Related Groups）；1984 年，美国测试与材料协会（American Society for Testing and Materials，ASTM）E31 委员会公布了检验联机接口标准，其后又公布了很多其他医学信息标准；1985 年，为了解决数字化医学影像的传送、显示和存储问题，美国放射学会（American College of Radiology，ACR）发布了 DICOM（Digital Imaging and Communications in Medicine）标准。1985 年美国全国医院数据处理工作调查表明：100 张床位以上的医院 80%实现了计算机财务收费管理，70%的医院可以支持病人挂号登记和行政事务管理，25%的医院有了较完整的医院信息系统。

从 20 世纪 80 年代末至 90 年代中，医院信息系统的开发重点是在与诊疗有关的系统上，主要目的是提高医院的医疗和护理质量。此时开发的主要是以病人为中心，密切结合临床与医疗设备，并且利用最新的计算机技术和硬件设备的系统。1987 年，为了解决系统之间的接口问题，著名的 HL7（health level 7）首次公布；1989 年，为了方便卫生专家和研究者从繁杂的信息资源中提取和集成电子生物医学信息，解决类似概念的不同表达问题，美国国立图书馆（National Library of Medicine）发布了统一的医学语言系统 UMLS（Unified Medical Language System）；1992 年，世界卫生组织发布了国际疾病及健康相关问题统计分类 ICD-10。

从 20 世纪 90 年代末至今，医院信息系统的开发重点开始转向电子病历、计算机辅助决策、统一的医学语言系统等方面，并且开始对其应用效果进行评价。而且，由于很多系统是不同的开发商在不同的时期完成的，系统的集成与融合也成为研究重点之一。

2. 日本

日本的医院信息系统从 20 世纪 70 年代初兴起，其发展经历了三个阶段。

从 20 世纪 70 年代初至 20 世纪 80 年代中，医院的事务管理人员和检查技师开始使用计算机，医生还没有使用。500 床以上的医院已经全部使用了医院信息系统。

从 20 世纪 80 年代末至 20 世纪 90 年代中，医院的诊疗过程也实行了计算机管理。此时，多数医院信息系统是基于大型计算机构建的，其系统规模非常庞大，其特点是系统化、网络化、综合化，实施自上而下的开发路线，以大型机为中心来支撑整个系统工作。

从 20 世纪 90 年代末至今，日本把电子病历的研究、推广和应用作为一项国策，在电子病历系统的标准化、安全机制、保密制度、法律上的合法性等方面做了大量工作，已经在多家医院推广使用。至1998年,日本有54%的医院使用医院信息系统,其系统主要包括医嘱录入系统、临床系统和财务系统三部分。

3. 欧洲

欧洲各国从20世纪70年代末开始发展医院信息系统,其特点是实现了一些区域信息系统,例如:1995年,丹麦的红色系统(red system)可以管理76家医院和诊所,该系统以IBM3083为主机,利用局域网和1500台微型计算机相连接;法国第八医疗保健中心实现了能管理三所大医院和三所医药学院的一体化医院信息系统。

4. 中国

我国的医院信息系统的发展,从20世纪70年代末萌芽开始至20世纪90年代之前一直非常缓慢。随着我国经济实力的提升和技术水平的提高,从20世纪90年代中期开始,医院信息系统以前所未有的速度高速发展。中国的发展也经历了四个阶段。

从20世纪70年代末至80年代初,由于技术、资金、需求与设备的限制,我国的医院信息系统还只能在个别医院的个别部门进行开发与应用。1976年,上海肿瘤医院利用计算机进行X射线放疗剂量的计算,2年后与复旦大学合作建立计算机病史存储、检索和分析系统。1978年,南京军区南京总医院首家在医院引进DJS-130计算机设备,试图在其上开发计算机化的医务管理系统。1980年,北京积水潭医院在王安VS-80小型机上实现药房财务管理。北京协和医院引进PDP-11/24小型机,并在其上用COBOL语言成功开发出我国第一个ICD-CCD联合编目的病案首页管理系统。解放军总医院在引进的HP3000/48小型计算机上实现了病人主索引、病案首页、药品、随诊、人事及图书的采编、检索、借阅等信息管理,还在这台机器上进行了病房管理的实验。

20世纪80年代中期,我国开发了一大批应用系统,但是大多数仅限于单机作业,功能非常有限。此时使用的硬件系统由小型机(HP3000、HP4500、王安)向微机(APPLE、XT、AT、286)迁移,操作系统以DOS为主,数据库主要使用DBASE。1984年,国家卫生部成立了由上海肿瘤医院、黑龙江省医院、北京积水潭医院和南京军区南京总医院组成的课题协作组,进行“计算机在我国医院管理中应用的预测研究”课题研究。1986年,国家卫生部向10个单位下达研制统计、病案、人事、器械、药品、财务6个医院管理软件的任务委托书。

从20世纪80年代末至20世纪90年代初,是我国医院信息系统发展较快的阶段。国家卫生部医政司主持的医院信息系统开发计划列入“八五”攻关课题。随着网络技术的发展,医院信息系统开始进入了多机、多任务,基于网络服务器的部门级信息系统阶段,少数医院开发并试用了病房医嘱联机处理系统。这一阶段的硬件主要以微机(386、486、586)和微机服务器(486、586)为主,数据库多采用Foxpro、Sybase、Oracle、Informix,网络服务器多采用Netware和Unix操作系统。

从20世纪90年代中至今,随着我国经济水平与科技水平的提高、医院规模的扩

笔记栏

大、软硬件设施的更新换代以及病人对医院服务要求的不断提高，我国医院信息系统的发展如火如荼。1993年由国家计委牵头，电子工业部协调各部委投资100万元，正式下达了国家重点攻关课题——“医院综合信息系统研究”，1995年，卫生部医院管理研究所依托该课题所开发的中国医院信息系统（CHIS）的问世，标志着我国医院信息系统的研制、开发和应用水平进入了一个新阶段：一体化医院信息系统（integrated hospital information system，IHIS）。1996年，国家卫生部正式启动“金卫工程”，开发医院信息系统是其主要内容之一。国家卫生部在“九五”规划中明确规定，到2000年底，全国50%的省级医院要运行医院信息系统，县级以上医院要有25%运行医院信息系统。中国政府的多个部门于2001年联合设立了“中国西部医院管理扶贫项目”，该计划要在3年内，使西部医院的医院信息系统使用率达到70%左右。此时，不仅医院热衷于医院信息系统的开发，高校、科研院所与各类有条件的公司也都加入了开发医院信息系统的热潮。系统运行与操作的软、硬件条件也都与时俱进，整个系统的开发向着大型化、网络化、标准化、细节化、快速化与实用化的方向发展。

2.2 HIS的功能与作用

现代信息技术和管理方法使人类的生活方式和工作方法发生了翻天覆地的变化。完整、有效的医院信息系统的建设是满足医院对于控制运营、管理成本，提高管理效率的需要与病人对高质量服务需求的最重要手段之一。

2.2.1 HIS的主要功能

国家卫生部2002年公布的《医院信息系统基本功能规范》根据数据流量、流向及处理过程，将整个医院信息系统划分为以下五部分：临床诊疗部分、药品管理部分、经济管理部分、综合管理与统计分析部分、外部接口部分。各部分功能综述如下：

1. 临床诊疗部分

临床诊疗部分主要以病人信息为核心，将整个病人诊疗过程作为主线，医院中所有科室将沿此主线展开工作。随着病人在医院中每一步诊疗活动的进行产生并处理与病人诊疗有关的各种诊疗数据与信息。整个诊疗活动主要由各种与诊疗有关的工作站来完成，并将这部分临床信息进行整理、处理、汇总、统计、分析等。此部分包括：门诊医生工作站、住院医生工作站、护士工作站、临床检验系统、输血管理系统、医学影像系统、手术室麻醉系统等。

2. 药品管理部分

药品管理部分主要包括药品的管理与临床使用。在医院中药品从入库到出库，直到病人的使用，是一个比较复杂的流程，它贯穿于病人的整个诊疗活动中。这部分主要处理的

笔记栏

是与药品有关的所有数据与信息。共分为两部分，一部分是基本部分，包括药库、药房及发药管理；另一部分是临床部分，包括合理用药的各种审核及用药咨询与服务。

3. 经济管理部分

经济管理部分属于医院信息系统中的最基本部分，它与医院中所有发生费用的部门有关，处理的是整个医院中各有关部门产生的费用数据，并将这些数据整理、汇总、传输到各自的相关部门，供各级部门分析、使用并为医院的财务与经济收支情况服务。包括：门急诊挂号，门急诊划价收费，住院病人入、出、转，住院收费、物资、设备，财务与经济核算等。

4. 综合管理与统计分析部分

综合管理与统计分析部分主要包括病案的统计分析、管理，并将医院中的所有数据汇总、分析、综合处理供领导决策使用，包括病案管理、医疗统计、院长综合查询与分析、病人咨询服务。

5. 外部接口部分

随着社会的发展及各项改革的进行，医院信息系统已不是一个独立存在的系统，它必须考虑与社会上相关系统互联问题。因此，这部分提供了医院信息系统与医疗保险系统、社区医疗系统、远程医疗咨询系统等接口。

2.2.2 HIS 的作用

完整的医院信息系统实现了信息的全过程追踪和动态管理，从而做到简化病人的诊疗过程，优化就诊环境，改变目前排队多、等候时间长、秩序混乱的局面。如目前多数医院就诊必须经过挂号、等候病历、划价、收费、取药或治疗等一系列过程，一个病人少则排3次队，多则5、6次，用于过程性的时间经常在1个小时以上。若实施 HIS 以后，每个病人用于诊疗的中间过程性时间会大幅度减少。假定一家医院门诊人次为2000人次/天，年门诊250天，每人少花费半小时，则日节约1000小时，一年节约25万小时，其产生的社会效益和间接经济效益是明显的。同时 HIS 也强化了医院内部管理，降低了医护人员的工作强度、减少了工作时间，可以解决伪、冒、漏等现象，也加速了资金周转和减少药品、器械等物资积压。如果全国有2000家医院应用 HIS，每年每所医院增收节支、加速资金回笼和周转、堵漏、减少物资积压的回收资金方面的效益按20万元估计的话（实际比这高），则年效益估计为40亿元，十分可观。当然建立 HIS 更主要的意义还在于它可以对医院管理、医疗质量和医学研究所带来的综合效益。

1. HIS 的建设提高了医院现代管理水平

信息系统的建设，有利于提升医院现代化管理水平，给医院带来彻底性改变。

笔记栏

(1) 随着医学科技的快速发展以及学科的逐渐细分、医疗设备不断更新等变化，来自各方面的信息量越来越大，临床科室仅凭手工和人力来获取和传送信息已远远不能满足需要，只有依靠高效的网络系统，才能实现迅速地获取和传送各类资料与提高工作效率和诊疗水平。

(2) 面临当今竞争日趋激烈的医疗市场，如果没有信息系统做支持，医院管理者仅仅依靠自己的能力，希望及时、准确、全面地掌握以质量、效率、效益为主的医院各类信息，以便实施正确的决策，恐怕难以实现。只有依靠完整、有效的信息系统，才能提升医院领导者的管理水平，帮助管理者实现上述目的，才能有助于增强医院市场竞争的能力。

2. HIS 提高了工作效率

信息化最显著的特点是工作效率的大幅度提高，在医院尤其如此。医护工作中，存在着大量文书的书写和转抄、大量简单的操作和核对，消耗了许多的人力和时间。其实，这一切都可以由信息系统轻而易举地实现。例如：

(1) 每个病人的姓名、性别、年龄、身份证号、科室、床号、诊断、医嘱等信息要在各种文书上出现几次乃至几十次，靠手工抄写不但费时、费工，而且容易出错。应用了 HIS，只要一次录入，就可以在任意时间、任何终端提取利用。

(2) 使用由系统提供的模板，一个医师可以既快又规范地书写出入院病历。

(3) 检验科每天对每台仪器都要用 1~2 人耗用 1~2 个小时来输入病人信息、登记检验结果，如果病人信息全部来源于 HIS，使检验科从手工作坊式的工作模式转变为全信息系统自动化工作模式，检验结果又自动地进入 HIS，可以大量地缩减工作人员与节省工作时间。

(4) 一个科的医嘱处理需要数名护士花费数个小时进行转抄和校对，而在 HIS 中可以既省时又省力地完成医嘱的提取、整理、把关和校对工作。

(5) 病人的各种检查申请、报告单、会诊单、手术通知单等均需人工递送，如果应用了 HIS，所有单据都可在网上递交。

3. 信息化优化了医疗流程

传统的手工作业流程环节多、周期长，通道狭窄，经常发生工作的延误和堵塞。计算机管理彻底改造作业流程，管理部门、工作人员借助信息技术相互沟通，交流灵活，减少了环节，提高了效率，使医护人员从繁重的事务中脱身出来，使“把时间还给医生、护士，把医生、护士还给病人”成为现实。病人的各种相关手续大大简化了，门诊“三长一短”大为改善，住院时间有所缩短，医患双方都受益，真正体现了人性化服务。

4. 信息化促进了医教研质量的提高

程序的优化、繁杂转抄的减少、条形码双向系统的应用不但极大地提高了效率，更重要的是大大地减少了差错事故的发生。图像存储与传输系统（picture archiving and communication system, PACS)的实现,对在不同时间、不同地点所做的各种不同的检查,其影像资料可以在同屏幕进行对比分析,方便有效地提高了诊断质量。医疗质量实时控制系统更是一种过程的、积极的、持续和预防性的改进,使质量管理产生了一个质的飞跃。双向远程医疗的开通,不但使边远、贫困地区疑难危重病得到了及时有效的救治,同时,也使有条件的病人享受到大医院知名专家、教授的会诊待遇。各种工作效率的提高,为抢救急危重病人的生命赢得了宝贵时间。远程教学的实现,使更多的求知者受益,他们不但能在医院聆听著名学者讲课,而且可以面对屏幕开展生动活泼的讨论。医疗科技成果更是离不开科学的统计,而科学的统计又来源于大量的通过计算机采集、加工与整理的宝贵资料,信息化有力地促进了医教研质量的提高。

5. 信息化增加了医院的经济效益

医院医疗经费和卫生物资管理,涉及部门和人员广、流通环节多、管理难度大,是一个十分复杂的问题。应用医院信息系统,可对医疗经费和卫生物资进行有效的管理,在堵塞漏洞、降低成本、增加效益上有其独特的作用。在堵漏上,由于计算机的严密性和一切数据均从源头录入要求,使人情方、人情检查等不规范行为荡然无存。在降低成本上,数字化存储使纸张、胶片、人工成本大为降低。PACS 的实施几乎可以节约所有的胶片费用,办公自动化可以大量地减少文印费用。在增加收益上,主要通过数字化建设和管理措施的增强,尤其是通过计算机对质量的管理,促进了经济收益的增长。医疗中需要及时准确地得到各种病人检查结果,以使医师能及时进行治疗,信息系统的应用能大大提高病情及诊疗结果传递效率,减少病人的平均住院日。病人平均住院日的减少意味着医院可以收治更多的病人,医院的设施得到充分使用,收到更好的经济效益。同时,缩短平均住院天数不但增加了医院的收入,而且降低了病人的费用。有更多的病人更快康复,回到各自的工作岗位上去,其社会效益也是显著的。

6. 信息化有利于医改的落实

医疗保险制度等重大改革成功与否,医院是重要环节之一。医疗保险的成功实施是一项复杂而艰巨的工作,单靠简单的行政命令和原有的手工模式已无法适应,它对医院运行模式与管理提出了新的要求。采用计算机管理手段满足了医疗保险改革的要求,它不但使医院内部就医流程做了改进,而且与医疗保险机构实现了无缝衔接,使病人的各种信息按要求自动采集、归纳、分类整理和传输,能较好地落实医疗保险机构要求的各类收费等管理,使医疗保险改革得以顺利进行。

7. 信息化在突发公共卫生事件中发挥了特有作用

2002 年冬至 2003 年春,一场突如其来的 SARS 风暴席卷全国波及世界,给国家和人民带来了不小的损失。医护工作者不但在这场特殊的战斗中经受了考验,而且取得了胜利。其中,计算机网络的作用功不可没。通过“无片、无纸”以及及时准确的信息传递,有效地解决了人员和物资的隔离,避免 SARS 病毒的扩散,减少了交叉感染,提高了救治成功率。SARS 的防治是如此,其他突发公共事件同样有赖于信息化快速、准确、有效的独特功能。

8. 信息化提升了医院文化

现代社会是信息爆炸的社会,应用计算机来管理和利用信息不但是唯一的选择,而且表达了一种新的先进的医院文化。计算机网络技术在医院各个层次、各个部门、各个方面广泛而深入的应用,促使医院各级各类人员自觉地学、用计算机,改变了医务人员和管理人员的知识结构,增强了标准化观念和现代化意识。网上医学知识的引进、各种科技信息的查询成为医务人员学习和掌握新知识和技能的好帮手,有力地促进了专业知识的更新。符合信息化特点的"优质、高效、低耗"的观念深入人心,医院文化的有效提升,使医院更加适应现代化建设与发展的客观要求。

综上所述,医院信息系统(HIS)把最先进的信息技术充分应用于医疗保健行业。其核心围绕每一个享受医疗保健服务的人,将整个社会的医疗保健资源和各种医疗保健服务,如医院、专家、远程服务、社会保险、医疗保险、社区医疗、药品供应厂商、数字医疗设备供应商等连接在一起,整合为一个系统,以提高整个社会医疗保健服务的工作效率,降低运行成本,更好地为社会服务。如果有了真正的 HIS,根据病人的社会保险或医疗保险号,医生就可以很快获知所有的医疗保健信息,如病史、采集到的医学影像、做过的实验室检查等,提高了诊疗效率和临床质量。

2.3 HIS 的结构

2.3.1 HIS 的系统结构

HIS 是迄今为止世界上最复杂的企业级信息系统之一。从功能及系统的细分讲,一个完整的 HIS 应该包括以医院为中心的医院管理信息系统(hospital management information system,HMIS)和以病人为中心的临床信息系统(clinical information system,CIS) 两大部分。两部分又都可以分为若干个子系统。

HMIS 的主要目标是支持医院的行政管理与事务处理业务,减轻事务处理人员的劳动强度,辅助医院管理,辅助高层领导决策,提高医院的工作效率,从而使医院能够以少的投入获得更好的社会效益与经济效益。如财务系统、人事系统、住院病人管理系统、药品库存管理系统等就属于 HMIS 的范围。

CIS 的主要目标是支持医院医护人员的临床活动,收集和处理病人的临床医疗信息,丰富和积累临床医学知识,并提供临床咨询、辅助诊疗、辅助临床决策,提高医护人员的工作效率,为病人提供更多、更快、更好的服务。比如医嘱处理系统、病人床边系统、医生工作站系统、实验室系统、药物咨询系统等就属于 CIS 的范围。

医院信息系统所包含的内容纷繁复杂,依其在一个医院的实现先后,大体可以分为以下三个阶段:

笔记栏

1. 管理信息系统

管理信息系统一般包括:门、急诊挂号子系统,门、急诊病人管理及计价收费子系统,住院病人管理子系统,药库、药房管理子系统,病案管理子系统,医疗统计子系统,人事、工资管理子系统,财务管理与医院经济核算子系统,医院后勤物资供应子系统,固定资产、医疗设备管理子系统,院长办公综合查询与辅助决策支持系统等。

2. 临床医疗信息系统

临床医疗信息系统可能包括的内容很多,甚至可能是专科、专病、专课题的信息处理系统,这里给出一些的例子:住院病人医嘱处理子系统,护理信息系统,门诊医生工作站系统,临床实验室检查报告子系统,医学影像诊断报告处理系统,放射科信息管理系统,手术室管理子系统,功能检查科室信息管理子系统,病理卡片管理及病理科信息系统,血库管理子系统,营养与膳食计划管理子系统,临床用药咨询与控制子系统等。

3. 医院信息系统的高级应用

医学图像存档与通信系统(picture archiving and communication system,PACS),病人床边信息系统,电子病历系统,科研支持系统,教学支持系统,Internet 医学情报系统,远程诊断与教学系统等。

2.3.2 HIS 的层次结构

HIS 的组成主要由硬件系统和软件系统两大部分组成。在硬件方面,要有高性能的中心电子计算机或服务器、大容量的存储装置、遍布医院各部门的用户终端设备以及数据通信线路等,组成信息资源共享的计算机网络;在软件方面,需要具有面向多用户和多种功能的计算机软件系统,包括系统软件、应用软件和软件开发工具等,要有各种医院信息数据库及数据库管理系统。

HIS 是一个复杂的大系统。它的具体构型、分系统和子系统的划分、功能和规模的大小以及实施途径可以是多种多样的。但是从系统论和信息论的角度来看,HIS 是医院这一实体在数据(信息)结构和信息处理概念上的抽象,可以用一个简单的模型来描述其基本组成。

第一个层次是用户;第二个层次是用户实际使用的终端,可以根据用户的应用作业给以不同功能的终端(如无盘或有盘微机、多媒体微机、图形工作站等);第三个层次被称为应用环境,也就是医院信息系统的硬件和系统软件提供给用户应用时的各种装置的混合体,诸如窗口操作、屏幕表格处理、键盘上的功能键、打印工具、辅助设备等;第四个层次是应用程序或医院信息系统的子系统,在这个层次,用户得以进入医院信息系统的应用程序,完成相关的功能;第五个层次是数据库管理系统(data base management system,DBMS),它实施来自下设层次对数据库的要求,应用层次的所有应用程序都可以与 DBMS 通讯并访问数据库,数据库中的所有数据也能被各种应用程序访问、共享,并符合一致性的要求;第六个层次是实在的数据库,其中大量存储着医院各部门有关管理、病人诊疗等各类数据。这些数据来自用户、应用程序并通过 DBMS 而获得。

2.3.3 HIS 的逻辑结构

医院信息系统的核心就是一个计算机系统,它可以有不同的逻辑结构。若只考虑 HIS 的系统逻辑结构时,可以把系统的子程序模块分为两大类:一类是面向用户的专用系统程序,另一类是面向 HIS 的公共子系统。逻辑结构就是确定如何安排这些子系统,使系统的性能优化。随着技术的进步,HIS 的逻辑结构大致有以下三种:

1. 集中式结构

自 20 世纪 70 年代到 20 世纪 80 年代末,美国、西欧与日本在开发综合医院信息系统时基本上都是选择主机加上终端分时系统。许多成功的 HIS 都是基于这样的结构开发出来的。集中式结构把系统的逻辑模块以子程序的形式组合在单一的系统主程序中,因此它的系统安全性、效率和稳定性都很好;但是系统的灵活性和可扩充性就比较差,这类系统往往可谓牵一发而动全身。

2. 分散式结构

分散式应用程序的体系结构,是医院信息计算机管理建设发展历史过程的中间产物。当 PC 机以其廉价和功能较为强大而拥有广大用户的时候,单机、单用户管理系统曾经风靡一时。这种系统基本是手工作业的计算机化,严格说不算是 HIS。

3. 分布式结构

自 20 世纪 90 年代起,随着宽带局域网技术、高性能微机服务器技术和大型分布式数据库技术的成熟和客户机/服务器(C/S)网络服务方式的成熟,国内外都开始研究使用优良的 HIS 结构——可组合式系统。这种结构是按照用户的需求和若干系统优化的原则,把系统划分成物理上和结构上相对独立的子系统,因此它们都有比较健壮的系统特性。但是它们在逻辑上又属于同一个系统,在宽带网、高性能服务器和一体化软件平台的支持下,子系统之间的数据和功能调用几乎是无缝的。它是一体化和灵活性的完美结合。因此要随着医院业务发展的需求和信息服务内容的增减修改系统,只是子系统模块增撤的问题,比较容易实现而不会影响原系统的运行。

它的优越性在于:①极高的性能。Server 端一定有一个完整的高效能的关系数据库管理系统(relational database management system,RDBMS)。CPU 只管 DBMS 的使用,不管任何客户端应用功能,支持并发控制,确保多个用户同一时间内处理相同的表、行、列数据,这就显著地改善了运行性能,特别是医院中以高频率更新数据的应用环境。②集中式数据管理。这是该结构的关键环节，是医院环境之高层管理和病人医疗数据管理的至关重要的需求。所有数据均用集中式 DBMS 加以管理和存取，Server 所负责 DBMS 功能完全等同于大、中型计算机中的 DBMS。③扩充升级方便灵活。前后台任务的分离使得前端的应用程序不依赖于后台的软、硬件平台。无论用户升级更换后台的操作系统、Server 硬件，应用程序都无须变动。这一方面保护了用户对应用程序及使用培训方面的投资，同时也为用户提供了一种低消耗地逐步更新设备的途径。④开放式平台有利于加速系统的开发。一方面，开放式后台数据库拥有强大的数据管理功能；另一方面，开发者又可以在前端用各式各样所熟悉的微机环境下的开发工具进行应用程序的开发工作，当然也可以使用数据库所提供的 API 方式来开发前端应用。

2.4 HIS 的开发与建设

医院信息系统是当今最复杂的信息系统之一，HIS 中存在着“管理”和“临床”两个重心，这就为 HIS 的开发与建设带来更高的难度、更多的复杂性。

2.4.1 HIS 的总体规划

医院信息系统的开发与建设是一项投资大、周期长、覆盖面广的工作。在开发前做好系统的总体规划对于成功开发系统是至关重要的。此过程需要开发人员与医院的各级领导以及各个科室和各个部门的负责人进行大量的、充分的交流。

1. 要明确系统的应用目标

对于医院来说，就是要明确需要什么样的系统，对于开发人员来说，就是要做好用户需求分析。这项工作对于 HIS 来说就像为一幢即将建设的大楼画出总体设计图。它决定了将要开发的 HIS 的最主要的内容与功能以及整体结构。应用目标一般包括两方面：一是近期目标与远期目标；二是局部目标与整体目标。通常的做法是，从近期急需的项目着手，同时要考虑到长远发展目标，考虑到全面应用时的系统集成。要防止只注意解决当前的和急需的问题，忽视了远期的和整体的全盘考虑，导致进一步发展时集成、扩充或升级的困难，甚至不可解决。

2. 在设定目标时，还要考虑到医院的具体情况

如财政情况、现有设备情况、人员情况等。HIS 的开发与建设需要投入大量的人力与物力，医院不能一味地追求面面俱到与新技术、新功能，需要根据自己的实际情况来设定合适的目标。首先，网络建设不宜过分超前。这是由网络技术快速发展的特征决定的。医院信息系统的建设是一个不断发展的过程，网络建设无法一步到位。而网络技术在快速发展，价格在不断下降，因此过分超前必会造成资源的浪费。要把网络建设的目标定位在一个合理需求的基础上,不能脱离应用的需要而空谈网络技术的选择,应用的需要也不能脱离目前医院信息系统的现状。其次,恰如其分地应用各种技术手段来解决应用中的问题。应纠正这样一种错误观念:只有采用最先进的技术,才能体现系统建设的先进水平。实际上,解决同样的问题,水平的高低应体现在合理利用技术的程度、资源的利用水平和代价的大小上。

3. 要制定出合理、合适的实施计划

开发与建设一个完整的医院信息系统是一个相对漫长的过程,需要投入大量的资金,组织、协调大量的开发人员与辅助人员,建设完毕后还要对其进行维护与更新换代。因此,需要根据目标与需求制定一个较为合理与详细的实施步骤。包括:将整个过程分解为适当的建设阶段,确定各个阶段的目标与任务,评估各个阶段所需的资金投入与其他相应的辅助工作等等。举一个分期实施的例子:第一期工程。完成覆盖全院信息的网络综合布线。实现以经济信息为主的系统,包括:门急诊管理系统、药品管理系统、住院病人管理系统、院长查询系统、医院财务核算系统。这部分包括了医院的大部分窗口系统,规范了收费标准,解决了药品管理问题,财务核算准确快速,可全面提升医院形象,为下一步应用打下基础。第二期工程,在一期工程的基础上实施医院固定资产管理系统、医院材料管理系统、病房管理系统、病案统计分析系统。第三期工程。实施以医疗信息为主线的系统,包括:临床用药咨询系统、检验报告处理系统、检查报告处理系统、远程会诊系统、PACS 系统与医院办公自动化系统等临床信息系统。第四期工程,逐步以专科开始实施电子病历系统。

2.4.2 HIS 的开发策略

开发医院信息系统是一项复杂和浩大的工程,应分批分期有计划有目的地进行。为了做好这项工作,必须选择和确定适当的开发策略,对要开发的系统有总体上的规划,然后逐步地实现各个子系统或应用部分。常用的开发策略有以下两种:

1. “自下而上”的开发策略

“自下而上” 的开发策略是从现行系统的业务状况出发,先实现每个具体的功能,逐步地由低级到高级,自下而上地实现信息系统的总目标。因为任何一个信息系统的基本功能都是数据处理,所以“自下而上”的方法首先从研制各项数据处理应用开始。然后,根据需要逐步增加有关计划、控制和决策方面的功能。这种策略可以概括为以下五个阶段:

(1) 在文件管理系统的支持下,实现每个单独的应用系统,其主要功能是数据处理。

(2) 把有关文件综合到数据库中,并使用数据库管理系统中的管理数据。

笔记栏

(3) 在数据库系统的支持下,增加医疗质量控制分析模型和病历分析模型。

(4) 把各种模型综合成为模型库,同时数据库也因数据需要量的增加而扩展了。

(5) 在 HIS 运行成熟后,逐步引入影像传输、远程诊断、医疗辅助决策等系统,使医院系统的医疗管理更加完备。

在各种条件(设备、资金、人才、技术等)不具备的情况下,采用"自下而上"法设计信息系统可以避免大规模系统可能出现的不能运行的危险。但是缺点是不能像想象的那样完全周密。由于缺乏从整体系统出发考虑问题,随着系统的发展,往往要做出许多重大修改,甚至重新规划设计。

2."自上而下"的开发策略

"自上而下"的开发策略强调从整体上协调和规划,由全面到局部,由长远到近期,从探索合理的信息流出发来设计信息系统。由于这种开发策略要求很强的逻辑性,因而开发难度较大。但这是一种更为重要的策略,是信息系统的发展走向集成和成熟的要求。这种方法可以概括为以下六个阶段:

(1) 分析医疗单位的目标、环境和系统运行的条件。

(2) 根据总体目标确定各项具体功能。

(3) 确定需要决策的内容。

(4) 根据每项决策内容确定所需要的信息。

(5) 划分子系统。即把各项决策的内容和信息需要分别归纳、组织到各个子系统中去。

(6) 为要研制的子系统和数据库规定先后顺序。

"自上而下"的方法的优点是协调和规划从整体上考虑,能保证系统整体最优。但缺点是难以制定这样大规模的方案,因为它需要从医疗单位的目标开始,一直分解到具体的子系统和模块。

通常,"自下而上"的策略用于小型系统的设计,适用于对开发工作缺乏经验的情况。在实践中,对于大系统的开发往往把这两种方法结合起来使用。即先自上而下地做好信息系统的战略规则,再自下而上地逐步实现各系统的应用开发。这是建设信息系统的正确策略。

2.4.3 HIS 的开发与建设过程

一般来说,HIS 的开发过程可以分为以下几个步骤:

(1) 准备项目计划书。

(2) 软件及软件供应商、硬件及网络集成商和合作伙伴的选择。

(3) 系统的需求分析。

(4) 系统的可行性分析与开发计划。

(5) 系统的设计:总体设计与各个部分的详细设计。

(6) 系统的实现:各部分系统的实现与整体系统的实现。

笔记栏

(7) 系统的整合与组装。

(8) 系统的测试。

(9) 用户培训。

(10) 系统的使用与维护。

(11) 系统的升级与更新。

国家卫生部2002年公布的《医院信息系统基本功能规范》规定医院信息系统开发应提供以下技术文档:

(1) 总体设计报告。

(2) 需求分析说明书。

(3) 概要设计说明书。

(4) 详细设计说明书。

(5) 数据字典。

(6) 数据结构与流程。

(7) 测试报告。

(8) 操作使用说明书。

(9) 系统维护手册。

2.4.4 计算机网络方案的选择

完整的医院信息系统依赖于覆盖全院的计算机网络系统的支撑。当前选择网络系统时应该着重考虑网络数据传输速度的选择。网络数据传输速度有时也称为网络的带宽,是指单位时间可以通过网络传送的数据量。医院信息系统如果仅容纳几十台微机,并且是以传送数字、文字信息为主,极少传送图像信息,那么可以考虑选择仅支持10MB/s的传输速度的网络。如果医院信息系统拟包含100台到几百台微机,即使它仍然是以传递数字、文字信息为主,偶尔传递静态图像(CT片、X线片等),亦应该考虑建立主干网为100MB/s以上,工作站速率为10MB/s的交换以太网。主干网较高的传输速率可以解决客户机/服务器体系结构中服务器与网络数据交换的瓶颈问题。如果某些工作站是以处理图像为主要任务,例如放射科的影像工作站,病房的读片工作站等,则应该考虑不仅主干网,而且这些工作站也应能直接以100MB/s以上的速率与服务器进行数据交换。

1. 10MB 以太网(ethernet)——Novell 网

目前国内运行的10MB/s局域网(local area network,LAN)绝大多数是Novell网。市面上出售的各种各样廉价的支持IPX通讯协议的以太网卡,它们可以用于ISA或EISA总线,可以支持总线型,或者星型拓扑布线,可以使用粗/细同轴电缆或者双绞线作为传输介质。Novell网设备价格低廉,无论布线、安装、运行支持均简单易行,软、硬件产品的成熟度与可靠性均很高。缺点是网络输出速率低,如果考虑的是几十个网

笔记栏

段、几百台微机，多台服务器的完整医院信息系统环境，10MB 的 Novell 网则难以胜任。

2. 快速以太网(fast ethernet)

快速以太网技术是近几年在原以太网的技术上发展起来的，它仍然采用原来以太网广播/冲突检测的基本协议，但在无屏蔽双绞线(UTP)介质上的传输速率可高达 100MB/s。如果采用光纤连接不同的建筑物，距离一般要小于 410m，双绞线的连接距离则不能大于 100m。网卡的价格通常是 10MB 网卡的 2～3 倍，目前只能用于 PCI 总线。快速以太网通常选用星型布线，采用交换技术(即选用适合的交换式集线器)可以将服务器以及主要的交换 HUB 之间用快速以太网连接构成 100MB 主干网，而工作站与集线器的连接采用 10MB 以太网。这是一种经济、实用的组网技术，由于是星型连接，将来过渡到 ATM/快速以太网混合网络十分容易。

快速以太网的缺点来自它的基本传输协议，由于是广播/冲突检测方式，因此首先 100MB 带宽的使用效率不及 FDDI 的令牌环网方式。另外，它也不适于动态连续图像数据的发送。当一个站点发送了一个图形包以后，下一个包什么时候能够继续发送取决于网线的忙闲程度。理论上说，该站点有可能无限期等待下一个网线空闲的状态。这与 ATM 传输协议是有着根本不同的。

3. FDDI(fiber distributed data interface)

FDDI 常被称为光纤环网。它是一个令牌环网(token-ring)的体系结构。由双环构成，从而实现双向通行及线路故障时的容错。环的带宽为 100MB/s，从而可以同时携带来自多个结点的高速度和大容量的信息包。FDDI 环网通常能满足高速度、大容量的主机、超级小型机、服务器互联的需要，也能满足静态图像工作站高速数据传输的需要。这种技术在 20 世纪 80 年代被广泛地用于校园网的互联技术，即在校园范围内构造起一个理想的分布式数据库的网络环境。

FDDI 技术的优点是技术稳定、成熟、可靠。与最新的网络交换技术相结合，目前仍有许多网络方案采用 FDDI 为主干环网，通过交换集线器同 10MB 以太网互连构成覆盖全院的局域网。这样的网络方案在当前支持几百个微机工作站，以文字数字及静态图像为主要信息传输/交换内容的系统需求是没有问题的。而且具有双环容错、抗电磁干扰、系统稳定性好的优点。

FDDI 技术的缺点是：价格相对较高，因为一定要处理光纤双环网，因此连接施工难度大。它是双环结构，拓扑与快速以太网及 ATM 的星型布线不同，将来转换比较麻烦；令牌环虽然较广播/冲突检测的以太网效率更高，但仍然不适合于动态多媒体数据的传输。由于以上缺点，学术界普遍认为，FDDI 最终会让位于新兴的 ATM 技术。

4. ATM(asynchronous transfer mode)

ATM 是 20 世纪 90 年代才发展起来的新一代网络传输协议。非同步传输模式

笔记栏

(ATM)是一种以细胞(cell)为基础的高速分封多工交换(multiplexing and switching)标准,现今已被CCITT及ANSI认可,与同步光纤网络(SONET)共同成为宽带广域服务数字网络(broad ISDN,B-ISDN)的基础。它主要是面对大范围网络互连中如何处理动态图像、多媒体数据传输而设计的。它与以太网及令牌网均不相同的地方在于它采用的是连接技术(pre-connection),在目前实现的带宽范围内,当网络上的两个结点要相互交换信息时,ATM协议要求首先把一定的带宽分配给这两个结点,先实现它们之间的连接,然后开始它们之间的通讯,直至通讯完毕让出带宽。这样的协议就保证了一旦两点连通,就不会有第三者干扰两点间的数据传递。显然,这样的协议特别适合于语音、动态图像等连续动态多媒体数据的传递。例如远程会诊、远地学术会议、远地手术、现场动态教学等应用。

ATM的标准尚不完善、统一,ATM论坛(ATM forum)正在制定各种界面规格与广域ATM网络传输标准,目前各厂家的产品还缺乏互连性,ATM产品价格较贵。但可以认定,若干年内ATM将成为最流行的网络互连标准。

以ATM为网络主干,某些特殊用途的多媒体工作站直接按ATM方式连接在网上,同时辅之以快速以太网的网段或工作站。这可能就是今后医院信息系统的主要网络结构模型。

2.5 HIS子系统实例

本节以国内某医院自主开发,并且已经投入使用的HIS为例,具体说明其中一个主要子系统——住院管理系统的功能设计与使用方法。

2.5.1 住院管理系统处理的业务

住院管理系统主要是用来记录病人在住院期间发生的所有业务,包括病人的用药情况、医疗情况、转科转床、交款情况、消耗费用情况等等。主要业务如图2-1所示。同时,住院管理系统还为管理部门提供交款日报表、入院日报表、出院日报表、费用分科月报表、人数天数分科月报表。

2.5.2 住院管理系统操作菜单

如图2-2~图2-4所示,菜单选项包括了入出院、费用管理、情况查询、编码维护、财务统计、病员统计、系统维护,其中入出院、费用管理是主要的录入操作,情况查询、财务统计、病员统计主要是用于查询、统计病人费用及用药情况。编码维护是用于维护编码基本信息,一方面是减少录入量,另一方面是方便管理。系统维护主要包括操作员管理、权限管理、基础参数配置。

笔记栏

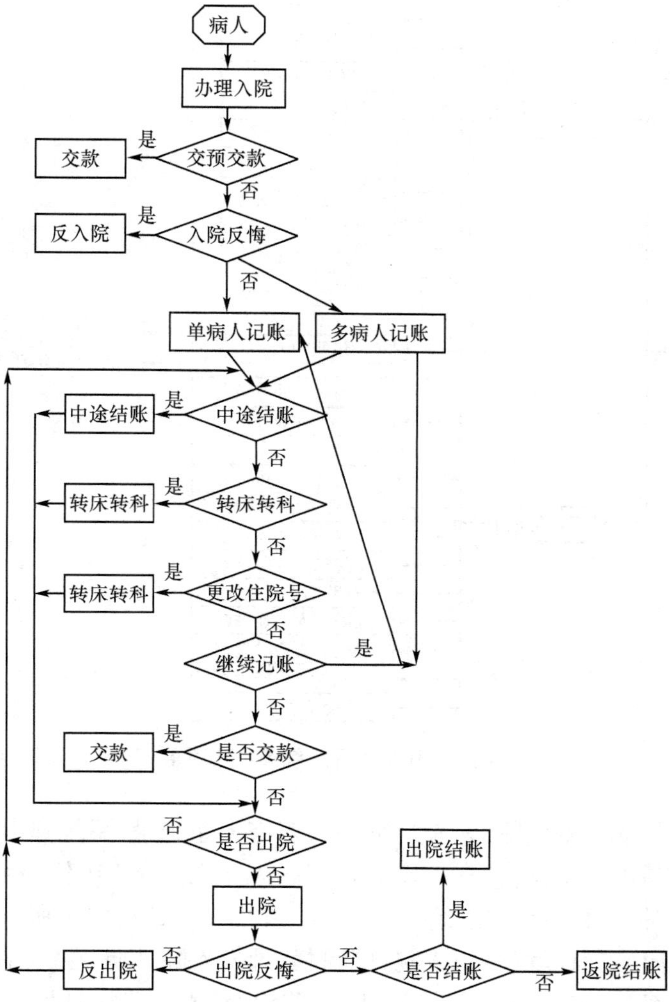

图 2-1　住院管理系统的主要业务

2.5.3　住院管理系统操作步骤

1. 病人入院

选择菜单[入出院]下的病人入院，就出现如图 2-5 的窗口，主要用于录入新病人或历史病人的基本信息和住院信息。两者是通过住院号相关联。

在[住院号]处录入住院号，若该住院号为历史病人，则光标还停留此处，若为新病人，则在[病人类别]处选择病人类别(公费、自费、本院)，然后录入病人姓名、性别、年龄等等信息。这是病人基本信息的录入操作。

在[入院科室]栏，可以通过查询码、录入关键字方式来提取科室名称，若不存在

笔记栏

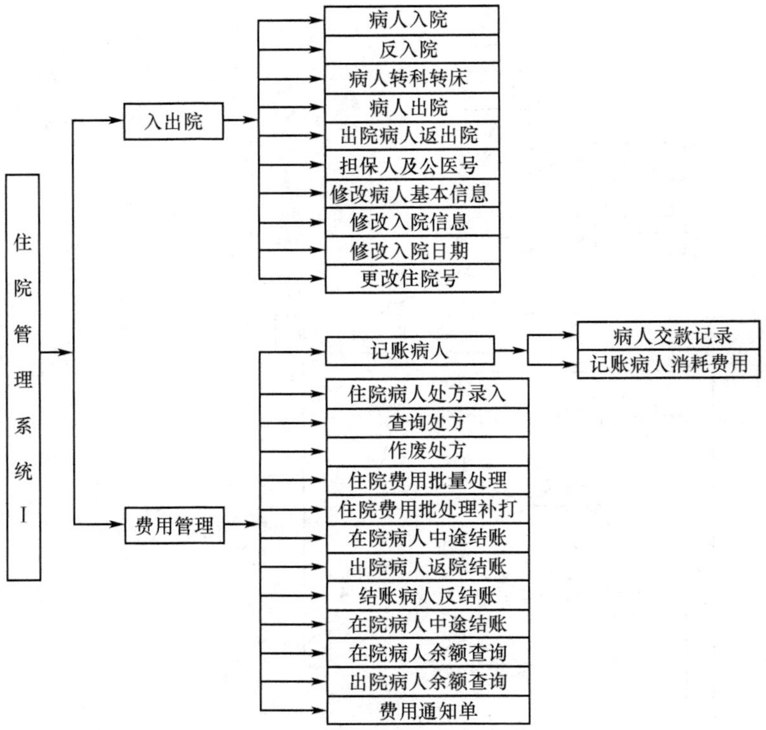

图 2-2 住院管理系统菜单选项Ⅰ

符合条件的记录,光标就停留[入院科室]栏;若有多条记录,系统弹出一个科室窗口供选择,选择相应的科室;若只有一条记录,则光标直接跳到[床位]栏。在[床位]栏时,若床位没空的,操作就无法继续,床位不空,弹出一个该科室下所有空床记录窗口供选择。选择床位,光标就跳到[入院日期]栏,录入入院日期,在[入院情况]栏选择情况(一般、急、危)。依次录入门诊诊断、入院诊断、入院确诊日期、科主任、主治医师、住院医师、门诊医师。

这个窗口主要用于办理病人入院。新病人与历史病人的录入区别在于新病人要用新的住院号,填写病人的基本信息,而历史病人的基本信息可以通过[划卡]按钮来完成,具体操作是,点[划卡]按钮,弹出一个窗口,录入历史住院号,相应就把病人以前住院时的基本信息提到基本信息窗口中,可以根据实际情况修改相关项目。

2. 病人反入院

当病人办理入院后,没消耗费用,又不想住院,可以通过反入院来完成。具体操作界面如图 2-6。

在住院号处填写住院号,若该住院号存在为住院病人,在下面的病人信息窗口就有详细的内容,若该住院号不存在或为出院病人,下窗口为空。提取到病人信息,按[反入院]按钮,处理该住院病人为反入院。

笔记栏

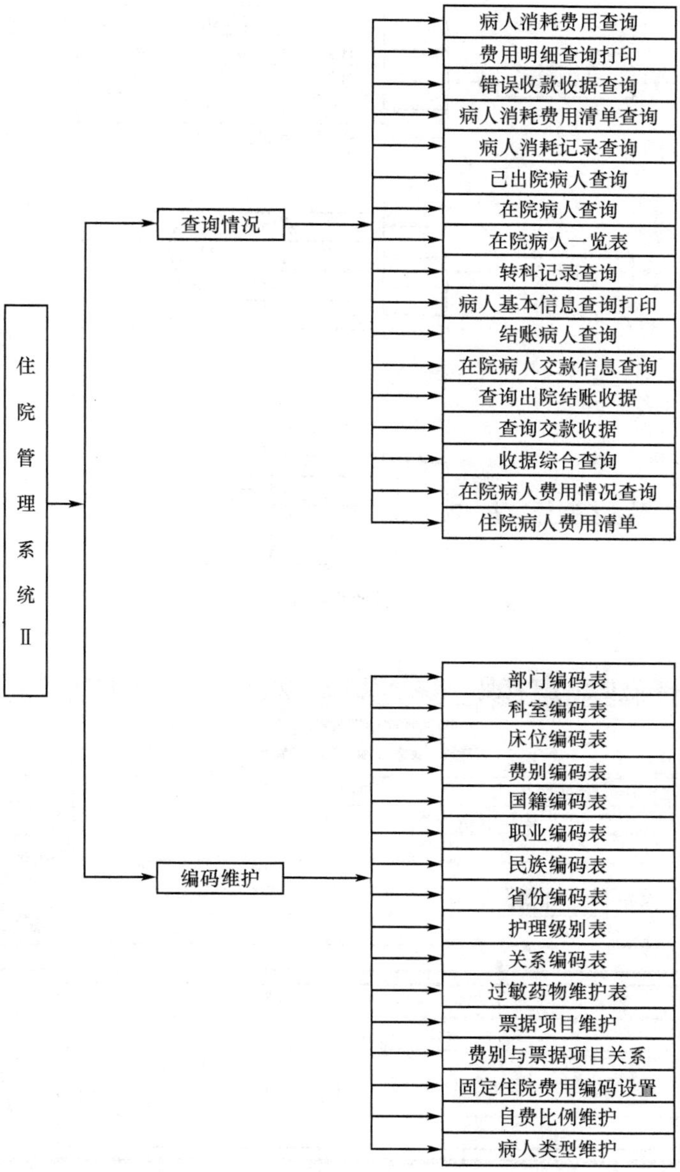

图 2-3　住院管理系统菜单选项Ⅱ

3. 病人转科转床

该功能主要处理病人转科转床需求,处理的结果是该病人换了科室或床位,同时生成一条转科转床记录。具体操作分两种方式:一种是按住院号提取病人的科室床位;另一种是按科室、床位来提取病人的科室床位。图 2-7 是第一种方式的界面。

在住院号处录入住院号,则提取病人在院的科室、床位信息。在[转入科室]栏通过查询码或科室名称来提取科室信息,在[转入床位]栏列出所有当前科室空床位,选

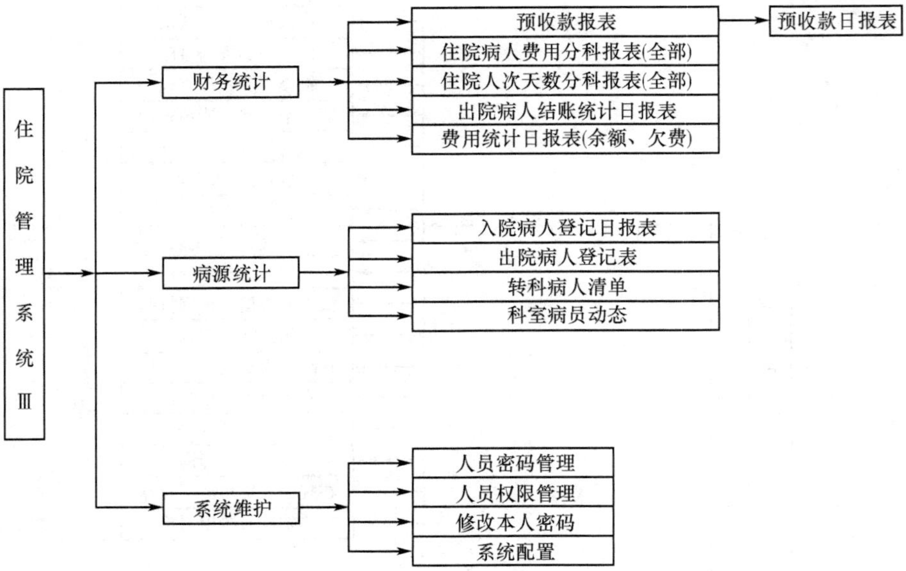

图 2-4　住院管理系统菜单选项Ⅲ

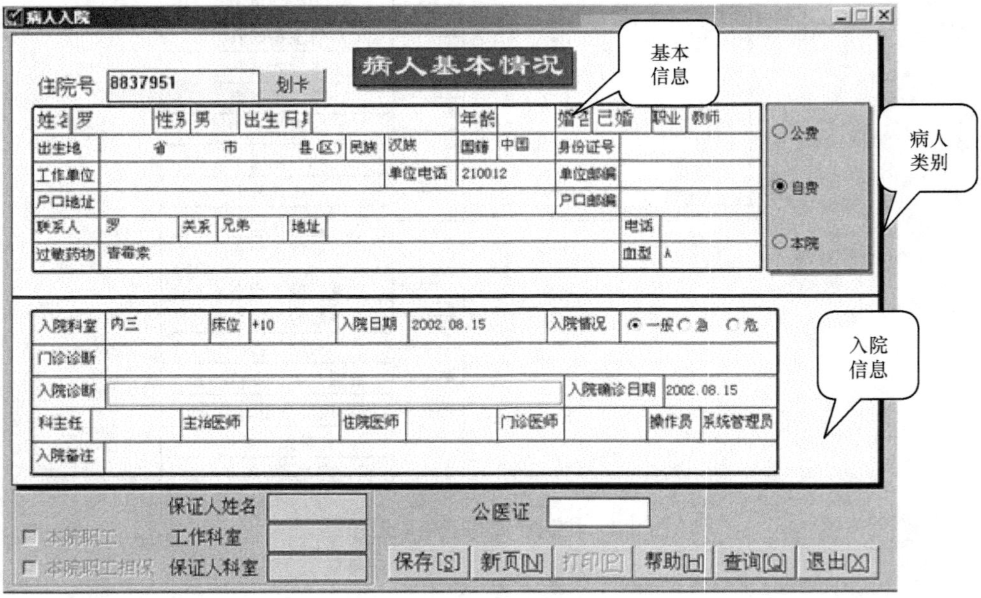

图 2-5　病人入院界面

择床位。按[转科转床]按钮完成转科转床操作。

图 2-8 是按科室、床位来提取病人的科室、床位信息。

选择[按床位]这个选项,则[住院号]栏屏蔽,[原科室]、[原床位]可修改,在[原科室]栏通过查询码或科室名称来提取具体的科室信息,在[原床位]栏列出所有当前

笔记栏

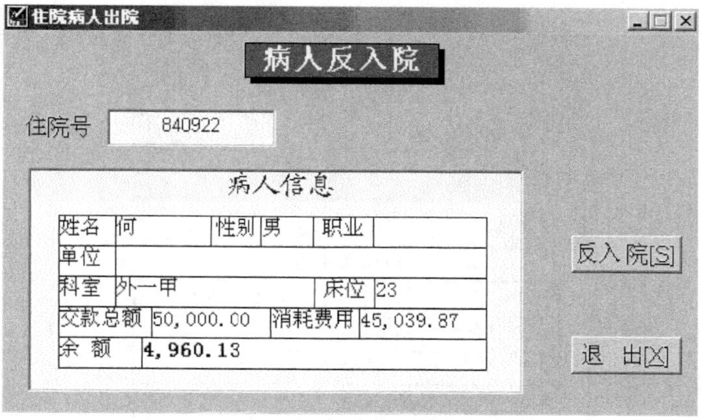

图 2-6 病人反入院界面

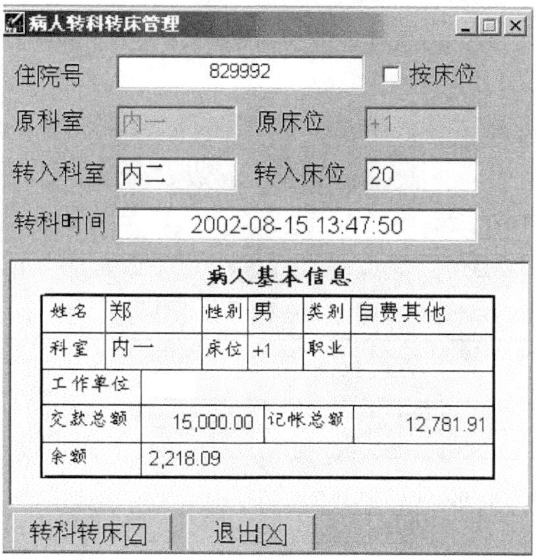

图 2-7 按住院号提取病人的科室床位界面

科室有病人的床位,选择床位,相应就提取了病人的基本信息。在[转入科室]栏通过查询码或科室名称来提取科室信息,在[转入床位]栏列出所有当前科室空床位,选择床位。按[转科转床]按钮完成转科转床操作。

4. 住院病人出院

完成在院病人出院操作,处理结果为,病人所在床位清空,基本信息中的标志为出院标志,核算病人的交款、消耗费用,若没结账,提示是否结账。操作界面如图 2-9。

在[住院号]录入住院号或按图标选择病人提取在院病人基本信息,选择[出院诊断](痊愈、其他)、[出院原因](痊愈、其他、转院),更改出院日期,按[出院]按钮完成出院处理。若病人没结账,提示操作员是否现在结账。

笔记栏

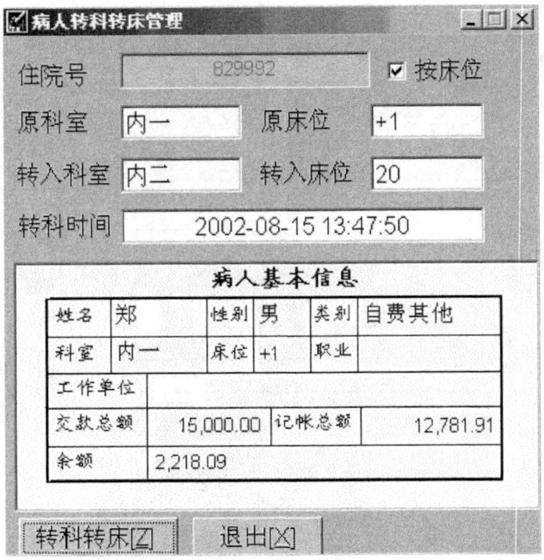

图 2-8　按科室、床位提取病人科室床位界面

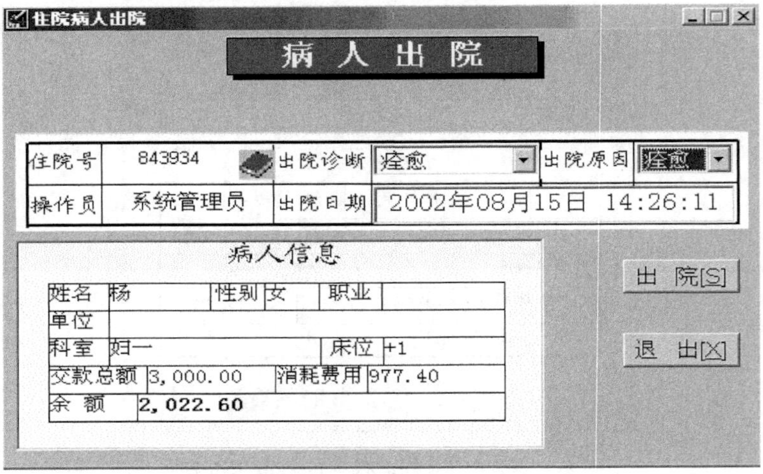

图 2-9　住院病人出院界面

5. 出院病人反出院

在病人办理出院后，由于某些原因又不想出院，可以通过出院病人反出院操作来完成，具体操作界面如图 2-10。在［住院号］栏录入出院病人的住院号，提取病人的基本信息，按［返院］按钮完成操作。

6. 担保人及公医号录入

对于医院要求担保的病人，可以在此窗口中完成担保人及担保科室的录入。具体操作窗口如图 2-11。

笔记栏

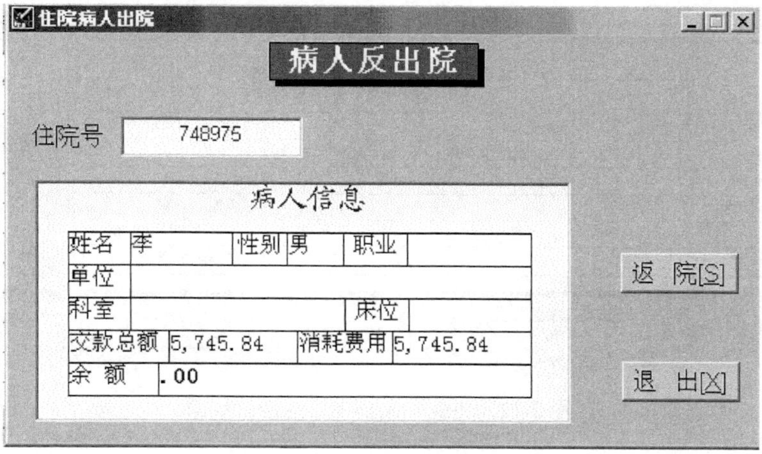

图 2-10 出院病人反出院界面

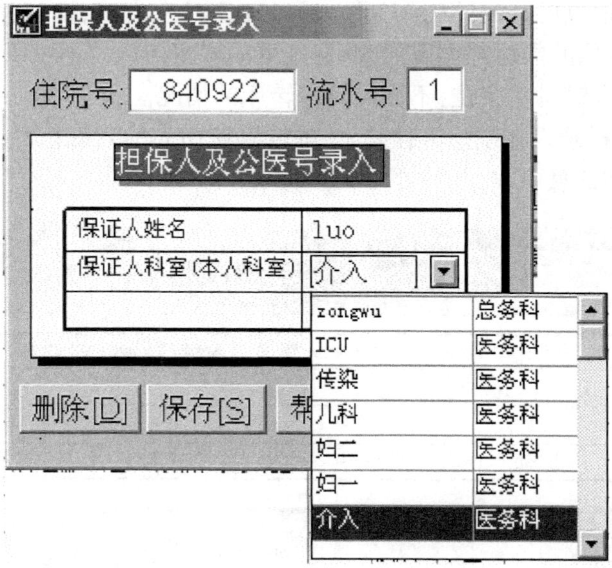

图 2-11 担保人及公医号录入界面

在[住院号]栏录入在院病人的住院号,在[保证人姓名]一栏,填写担保人姓名,在[保证人科室]栏选择担保人本人所在科室,按[保存]按钮完成操作。按[删除]可以删除担保人信息。

7. 住院病人基本信息修改

修改住院病人的基本信息,具体可以修改的内容如图 2-12 所示。

在[病人住院号]栏录入住院号或者按[查询]按钮,病人的基本信息就显示出来,上面的所有内容除了住院号外都可以修改。修改完后按[保存]完成修改操作。

笔记栏

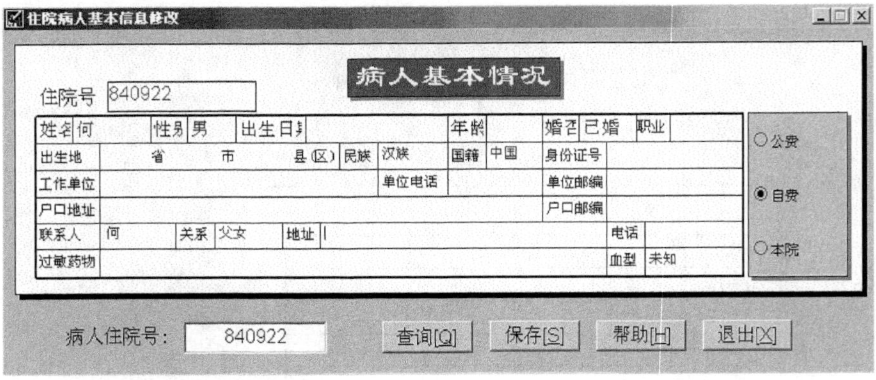

图 2-12　住院病人基本信息修改界面

8. 修改病人入院信息

对于有入院信息要修改的病人,可以通过此窗口来完成,操作界面如图 2-13。除了入院日期外,其他的内容都可以修改,但这里的科室与床位不可以任意修改,只针对入院完成后发现入错科室床位,不针对转科转床的情况。

在[住院号]栏录入在院病人住院号,提取到该病人的入院信息,修改内容,按[保存]按钮完成入院信息修改。

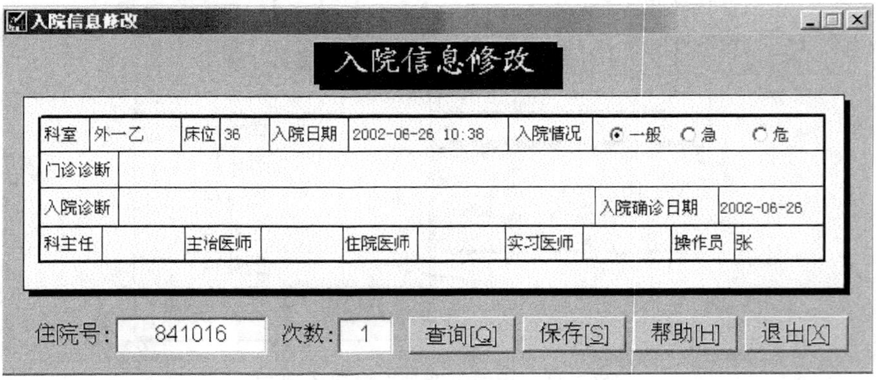

图 2-13　病人入院信息修改界面

9. 入院日期修改

对于入院日期办错、还未结账的在院病人,可以通过此操作完成入院日期修改,修改的结果完成了修改入院日期,作废过期的固定费用。操作界面如图 2-14 所示。

在[住院号]栏录入住院号,病人的入院日期提出来(还可以通过按图标来提取病人的入院日期)。提取的入院日期在[旧入院日期]栏显示,在[新入院日期]填写新的入院日期,新的入院日期确定后,在“固定费用”窗口列出旧入院日期与新入院日期

笔记栏

之间的固定费用记录。按[保存]按钮完成入院日期的修改。

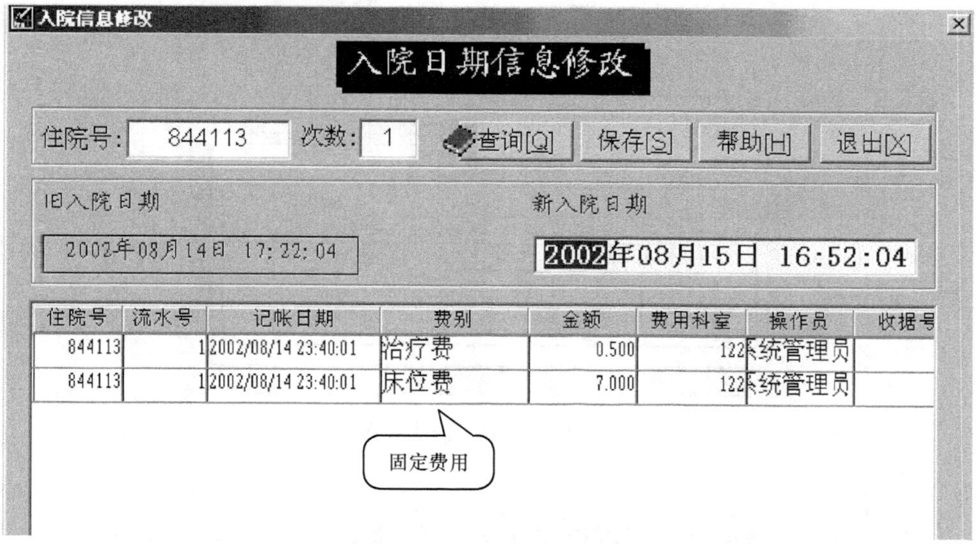

图 2-14　入院日期修改界面

10. 更改住院号

从管理方面来说,入院建立的住院号不符合管理要求时,可以通过此操作完成住院号的修改。操作的结果为,新的住院号取代旧的住院号。操作界面如图 2-15 所示。

在[原住院号]栏填写要更改的住院号,该住院号的病人信息就在下面的窗口显示出来。在[新住院号]栏中填写新的住院号(该住院号未使用),按[保存]按钮完成住院号更改操作。

11. 病人交款

处理病人的交款,交款结果为病人交款总金额增加。操作界面如图 2-16。

在[住院号]栏录入住院号提取病人的基本信息(也可以通过图标来提取病人的基本信息)。在[金额]栏填写交款金额,在[收据号]栏填写收据号,在[付款方式]中选择付款方式(现金、支票、汇款、刷卡。若为支票类别,还要填写支票号)。按[保存]按钮保存交款记录。按[打印收据]打印交款收据。

12. 退回错误的收款单据

在交款处录入完后,发现交款记录有错,可以通过本窗口来完成退款操作。只针对收款人本人有权限。操作界面如图 2-17。

在[住院号]栏录入住院号,提取病人的基本信息与交款记录(也可以通过床位方式来提取)。在“交款记录”窗口中选择要退的收据,详细内容会在“收款单据”窗口中显示。按[退款]按钮完成退款操作。

笔记栏

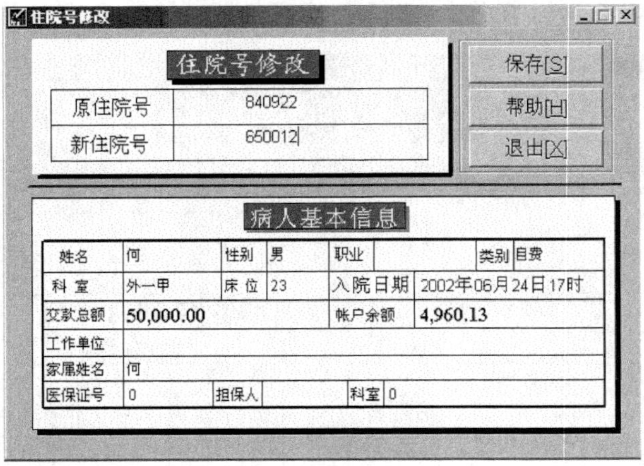

图 2-15　住院号修改界面

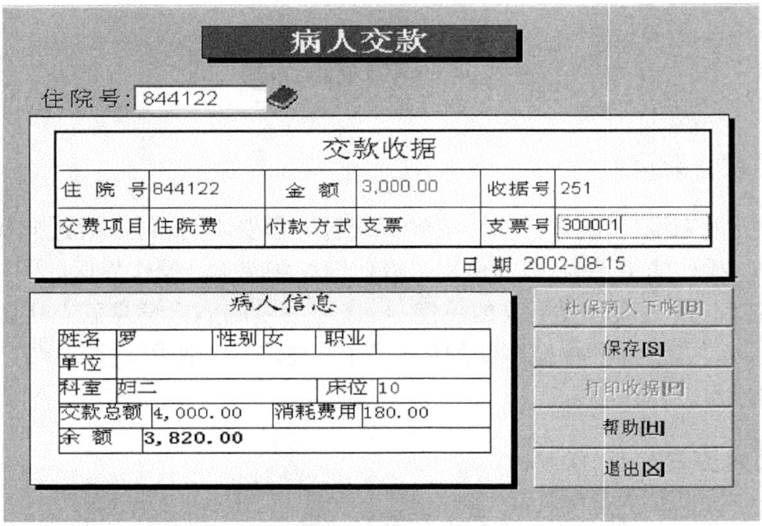

图 2-16　病人交款界面

13. 记账病人消耗费用记录

本窗口主要是针对单个病人的费用记账，是病人的药品费用与医疗费用记录到个人消耗账上，每次消耗费用记账后，产生的结果是：生成病人消耗记录，修改病人消耗总金额。所有的数据变动可以通过有关查询来确认。操作界面如图 2-18。

在[住院号]栏录入住院号，提取病人的基本信息（也可以通过图标来提取病人的基本信息）。

药品费用的录入，在[处方号]栏录入该病人的处方，相应的药品费用就添加到了“本次记账项目”窗口中。

笔记栏

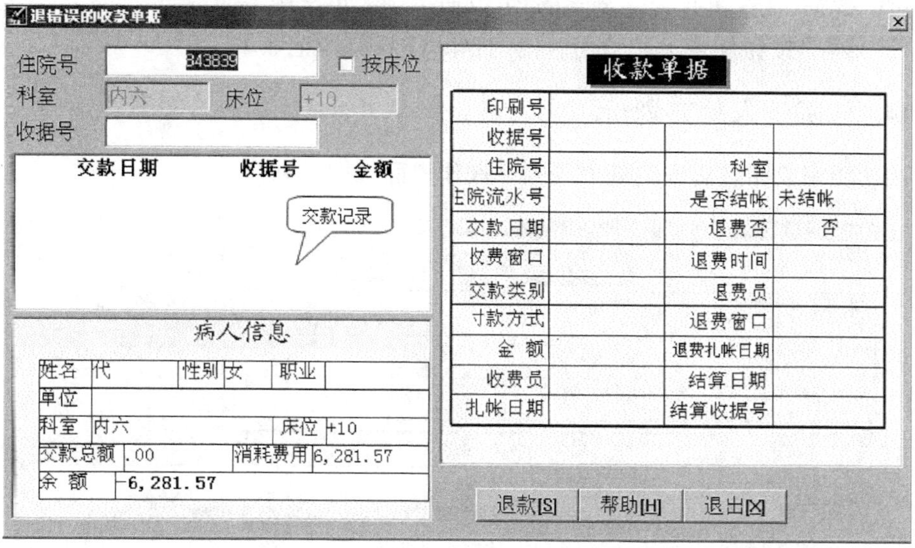

图 2-17 退回错误的收款单据界面

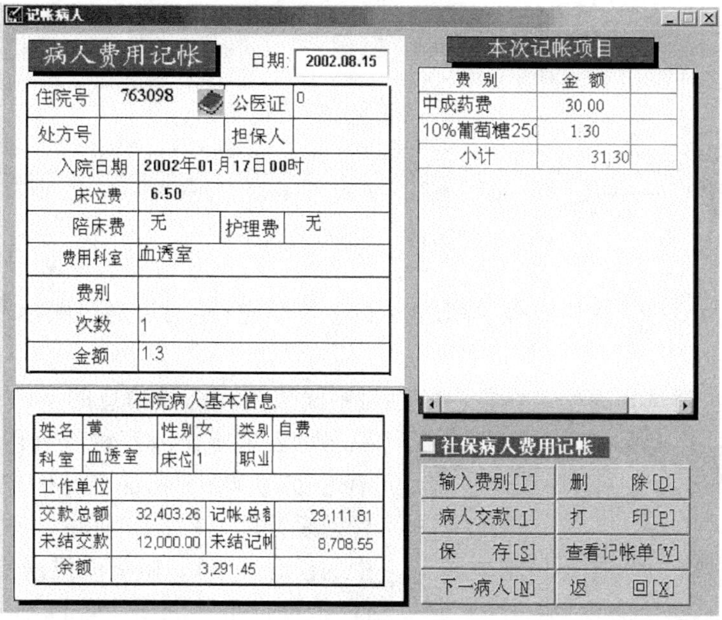

图 2-18 记账病人消耗费用记录界面

医疗费用录入，在[费别]栏录入查询码或相关字，相应的符合条件的费别名称就显示出来，选择对应的费用，光标就跳到[次数]栏，一般默认为 1，一条新的费用就添加到“本次记账项目”窗口中。

对于“本次记账项目”窗口中的费用，若录错了，可以先用鼠标选中费用记录，再按[删除]按钮完成删除操作，也可以用鼠标双击费用记录，直接删除。（注：对于已经保存过的数据，在这里是无法删除的，可以通过录入负金额来冲销。）

按[保存]按钮保存记账费用。按[打印]按钮打印记账单。

14. 住院病人处方划价

该功能完成住院病人的处方录入。操作界面如图 2-19。

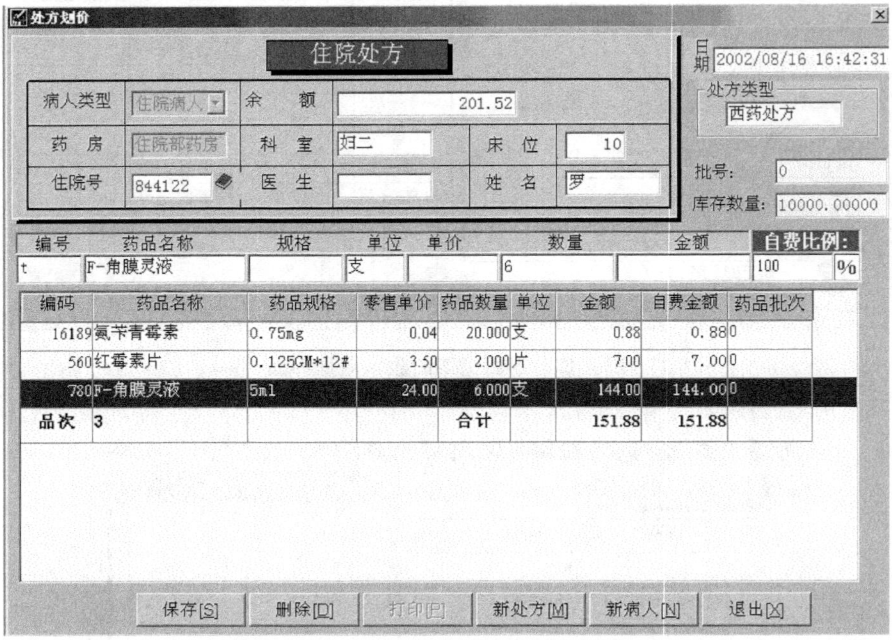

图 2-19　处方划价界面

在[住院号]栏录入住院号，提取病人的基本信息（也可以通过图标来提取病人的基本信息）。

在[医生]栏选择医生。在空白的栏目中输入查询药品信息的条件，一般包括药品名称表中定义的三种查询码（拼音码、五笔码、数字码）和药品名称的模糊字（例如：青霉素，可以填写 a. 青 b. 青霉 c. 青霉素中的任意一个）。微机就根据当前录入的条件，把符合条件的所有药品清单显示出来，若清单中的数据多，可以通过上、下光标键来选择，也可以用鼠标来选择。若有错误的记录，可以用鼠标选中错误的记录，按[删除]按钮完成删除操作。按[保存]按钮保存处方数据。弹出窗口如图 2-20。

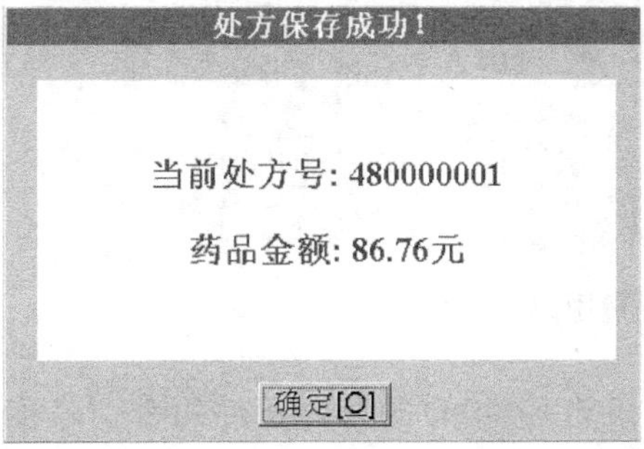

图 2-20　处方确认界面

15. 住院处方作废

操作员要作废处方,必须要符合下面的条件才可以作废:

开的处方没有发药,没记账;对于已经记账的但还没发药的处方,要记账票据作废后才可以作废该处方;对于发药的处方要退药,必须记账票据作废才可以作废该处方。

16. 病人费用批处理

对于病房,每天都有很多病人要记账,为了方便、操作简捷,可以在此窗口中批量完成费用记账。操作的结果是,此处记账的所有病人费用消耗记录增加,各自的消耗总金额增加。操作界面如图 2-21。

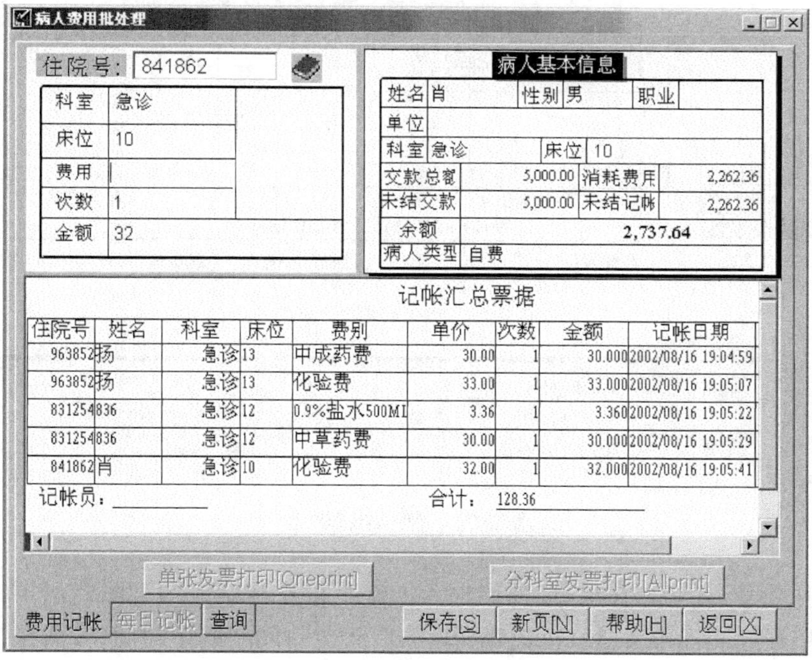

图 2-21　病人费用批处理界面

在[住院号]栏录入住院号,提取病人的基本信息(也可以通过图标来提取病人的基本信息)。

在[费用]栏录入查询码或相关字,相应的符合条件的费用名称就显示出来,选择对应的费用,光标就跳到[次数]栏,一般默认为 1,光标就跳到[金额]栏,一条新的费用就添加到下方的窗口中。按[保存]按钮存储费用消耗记录。通过按钮[单张发票打印]打印单张记账单据,通过按钮[分科室发票打印]打印科室汇总记账单。通过按钮[新页]继续下次的单据录入操作。

17. 住院病人中途结账

对于需要中途结账的在院病人可以通过此窗口来完成。处理的方法根据费用记账的日期统计交款信息,然后确定哪些交款是用于本次记账,再统计费用信息。操作界面如图 2-22 所示。

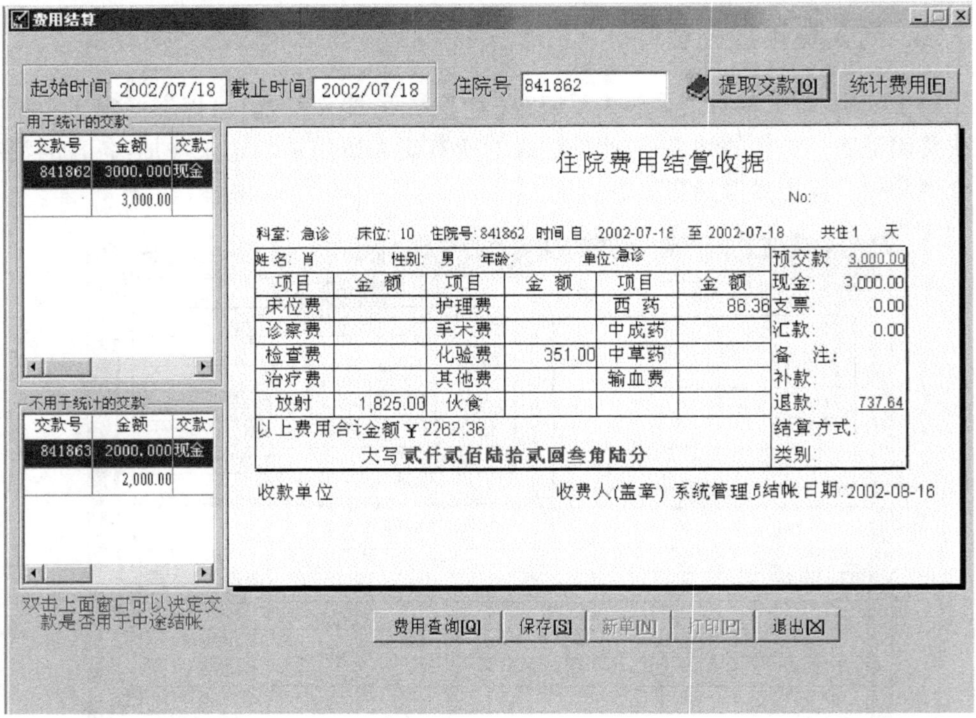

图 2-22 费用结算界面

在[住院号]栏录入住院号,提取病人的交款信息与病人的记账费用第一天的时间(也可以通过图标来提取),记账费用第一天的时间在起始时间栏,所提出的交款记录放在"用于统计的交款"窗口中。按[提取交款]可以刷新"用于统计的交款"窗口中的交款记录,修改费用截止日期(注:"用于统计的交款"与"不用于统计的交款"的区别在于"用于统计的交款"的交款记录用于本次结账,而"不用于统计的交款"窗口中的交款记录不用于本次结账)。按[统计费用]按钮提取时间段间未结账的费用,汇总到下面的窗口中。按[保存]按钮保存窗口中的数据,不管是有余款还是有欠款都会弹出一个对话框,上面显示退款或补款的金额,让操作员进行确认。按[打印]按钮打印结账票据。

18. 出院病人返院结账

对于出院未结账的病人,可以通过本操作完成结账,操作的结果是把该病人所有在院未结账的消耗费用与交款记录做结账汇总，修改结账标志。

运行出院病人返院结账会弹出如图 2-23 的窗口，在空白处填写出院未结账病人的住院号，系统根据该病人的住院号把未结账的消耗费用与交款汇总到如图 2-24 窗口中。

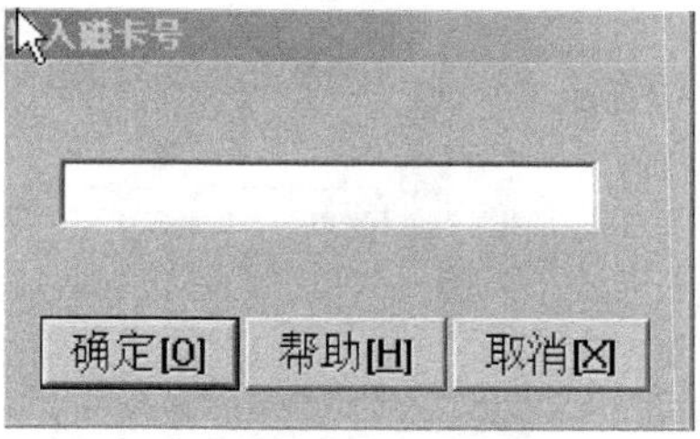

图 2-23 输入磁卡号界面

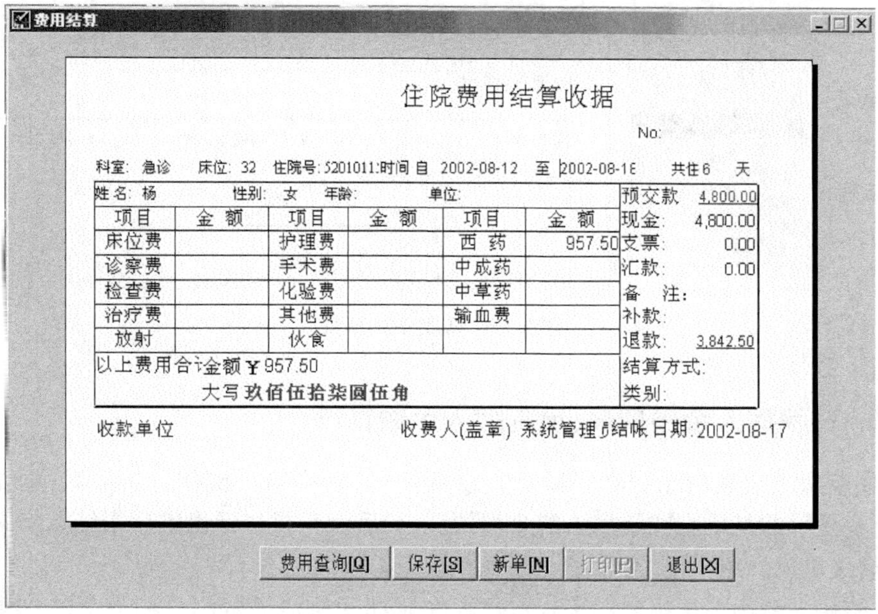

图 2-24 费用结算界面

按[费用查询]按钮可以核对一下此处的消耗汇总与交款汇总是否和实际消耗的一致。按[保存]按钮保存结账单，系统根据本人的消耗和交款来确定是补款还是退款。按[新单]初始化本窗口，继续下一病人的结账操作。

19. 结账病人反结账

无论是中途结账还是出院病人结账，若发现结账有错误或其他原因反悔，可以通过本操作把病人最近一次结账数据返回到未结账状态。处理结果是把最近一次结账单作废，把最近一次结账的消耗费用与交款记录返回为未结账状态。操作界面如图 2-25。

提取结账单。有两种方法：在[收据号]栏中填写结账单号或者用鼠标从“结账单”窗口中选取。具体明细记录在“结账单明细”窗口中显示。确认作废结账单号后，按[退结账]按钮作废结账单。

笔记栏

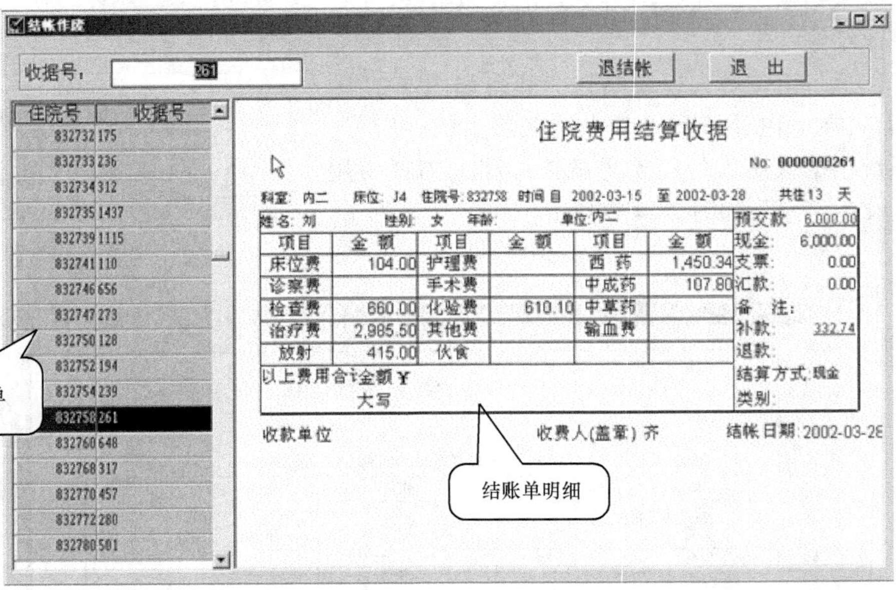

图 2-25　结账作废界面

20. 住院病人余额情况、出院病人余额情况

“住院病人余额情况”与“出院病人余额情况”两个窗口操作方法一样，主要区别在于前者显示的是所有在院病人的余额情况，而后者只是显示出院后未结账病人的余额情况，这里只介绍一下“住院病人余额情况”窗口。

住院病人余额情况主要用来查看病人在院期间所消耗费用总额与交款总额的差额，有欠款与余额两种情况，可以根据条件来查询，打印欠款病人清单到病房去催款。具体的操作界面和操作方法如图 2-26 所示。

选择“科室”窗口中的科室，在“住院病人余额清单”窗口中列出当前所有病人费用信息。设置过滤条件(窗口左下角)：a. 全部。选择该选项，在“住院病人余额清单”窗口中显示所有病人的费用情况，有欠款有余款。b. 余额小于等于。选择该选项，弹出如图 2-27 的窗口。

在该编辑框中填写统计的上限金额(若填写 0，统计的是所有欠费情况)。按[科室打印]按钮打印的是“住院病人余额清单”窗口中的内容。按[单张打印]是打印“住院病人余额清单”窗口中当前选中的病人余额情况。

21. 费用通知单

费用通知单主要是针对出院未结账病人。可以打印通知单进行催款。操作界面如图 2-28。

运行费用通知单，若没有默认的病人，程序弹出如图 2-29 窗口。

填写住院号，汇总的消耗费用与交款添加到“费用通知单”窗口中。[费用查询]

科室名称	姓 名	床 位	住院号	交款总额	费用总额	余 额	起始日期	担保人
外三	王	41	837429	1,961.00	1,568.00	393.00	2002/04/27	
外三	龚	19	834338	5,000.00	5,192.88	-192.88	2002/04/12	
外三	李	10	837553	2,000.00	1,509.04	490.96	2002/04/30	
外三	李	24	834799	18,385.00	16,686.38	1,698.62	2002/04/09	
外三	卞	+10	834672	5,200.00	8,039.71	-2,839.71	2002/04/18	
外三	李	42	834407	10,000.00	5,930.84	4,069.16	2002/04/15	
外三	王	26	832119	0.00	49,071.68	-49,071.68	2002/03/04	
外三	韦	3	834648	5,000.00	6,074.30	-1,074.30	2002/04/18	
外三	苟	17	837672	8,000.00	3,147.50	4,852.50	2002/05/04	
外三	顾	21	834967	3,000.00	908.66	2,091.34	2002/04/29	
外三	陈	+1	834133	17,500.00	19,785.53	-2,285.53	2002/04/09	
外三	刘	46	837733	0.00	582.50	-582.50	2002/05/06	
外三	陈	T1	834332	8,100.00	8,730.41	-630.41	2002/04/12	
外三	李	50	837767	10,000.00	2,175.34	7,824.66	2002/05/07	

图 2-26　病人住院余额情况界面

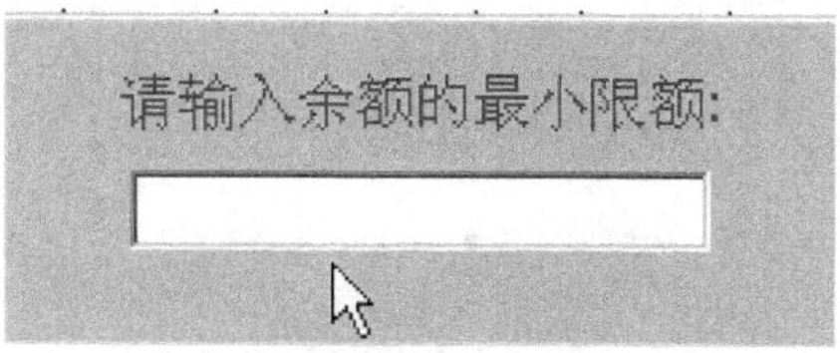

图 2-27　余额限制条件输入界面

按钮可以核对一下此处的消耗汇总与交款汇总是否和实际消耗的一致。按[新单]按钮继续下一病人操作。

22. 病人消耗统计查询

该功能主要是用来查询单个病人的费用明细。查询的主要内容包括病人的基本信息、交款信息、消耗费用记录、处方信息。操作界面如图 2-30。

在[住院号]栏录入住院号(也可以通过图标来提取,但只能查看在院病人),查询的内容放在“交款记录”窗口、“消耗费用记录”窗口、“未发药处方信息”窗口中。

过滤条件(右下角):a. 所有记账信息。选中此项,“交款记录”窗口、“消耗费用记录”窗口中的内容为全部(结账和未结账)。b. 未结账记账信息。选中此项,“交款记录”窗口、“消耗费用记录”窗口中的内容为未结账内容。

按[处方明细查询]按钮,系统就弹出了如图 2-31 的窗口。

笔记栏

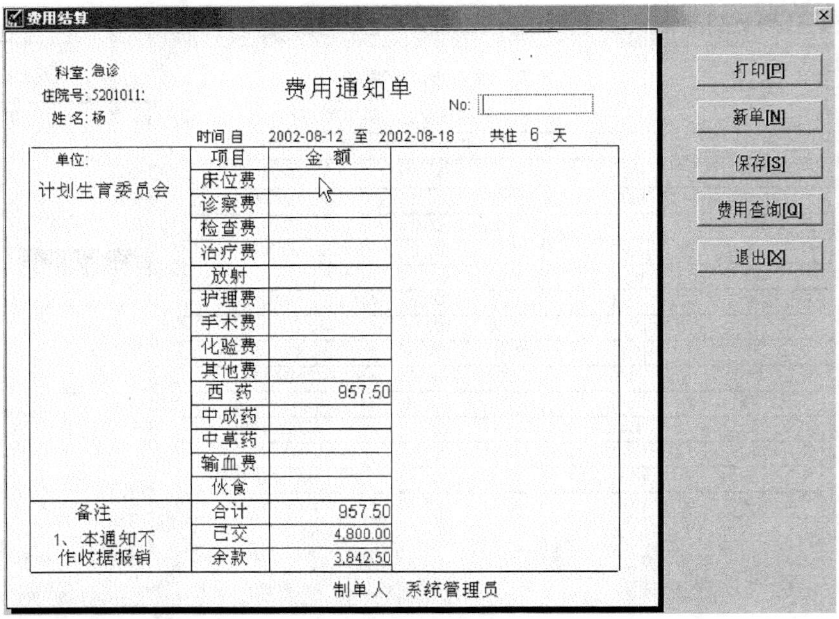

图 2-28　费用结算界面

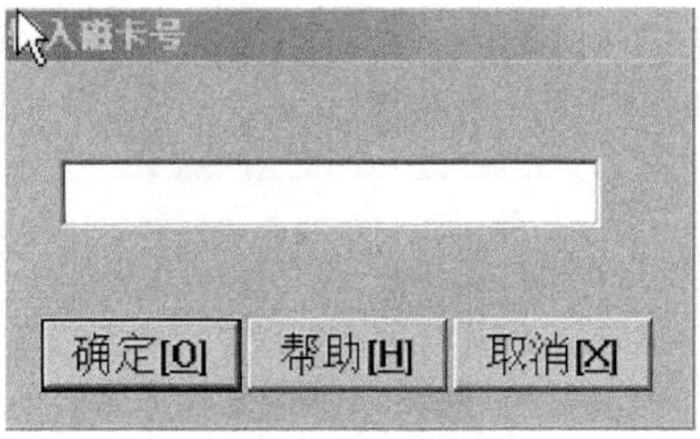

图 2-29　病人磁卡号输入界面

在窗口中,可以通过选项 a. 已发药 b. 未发药 c. 全部来查询内容。按[打印]按钮打印处方内容。按[返回]关闭本窗口。

23. 病人消耗费用清单查询

根据病人的消耗,每天可以打印一日清单。具体的操作如图 2-32。选择统计方法中的〈住院号〉,在[住院号]栏填写住院号。修改费用日期的时间段(间隔可以是一天以上)。按[查询],系统把该病人的费用汇总到下方的窗口中。

若选择统计方法中的〈科室〉,系统为如图 2-33 的窗口。在科室栏中选择对应科室。

若选择统计方法中的〈全部〉,系统为如图 2-34 的窗口。该窗口的内容与统计条件为科室时统计的结果区别在于此处的统计表显示的是所有存在费用的科室的病人费用汇总。

笔记栏

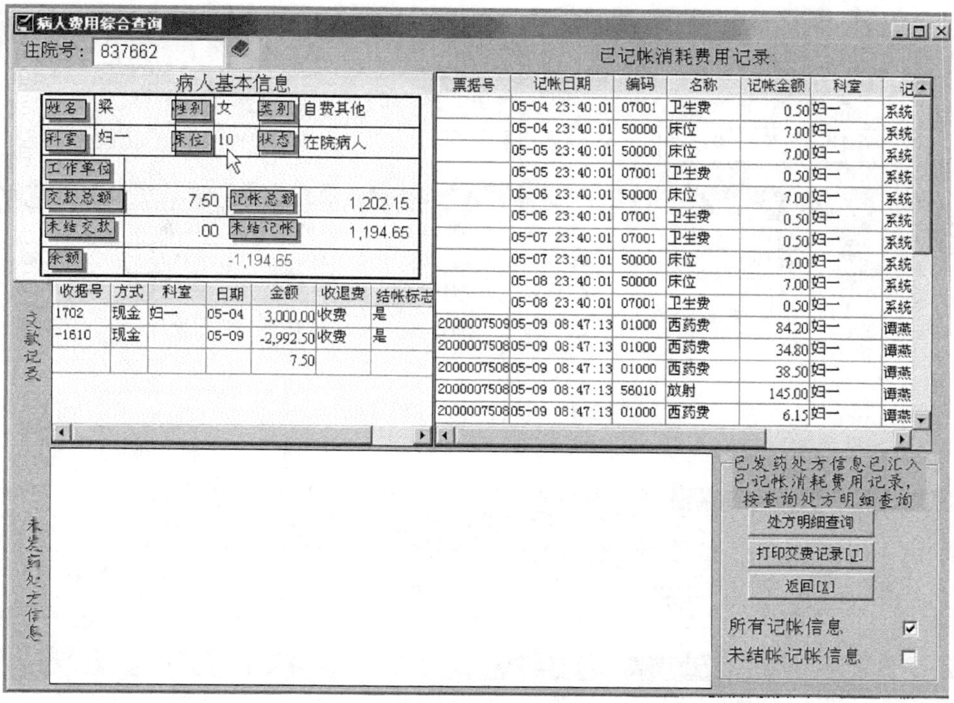

图 2-30　病人费用综合查询界面

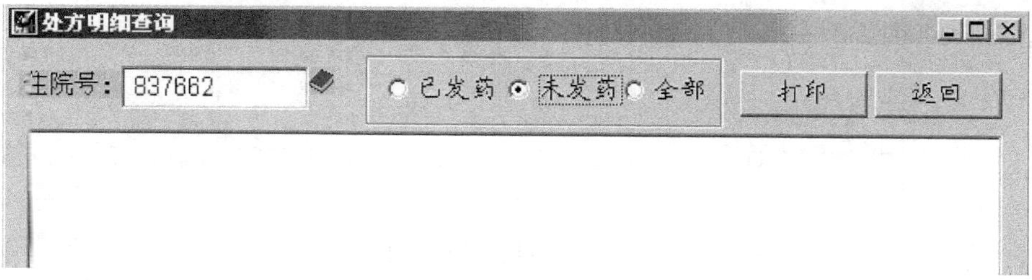

图 2-31　处方明细查询界面

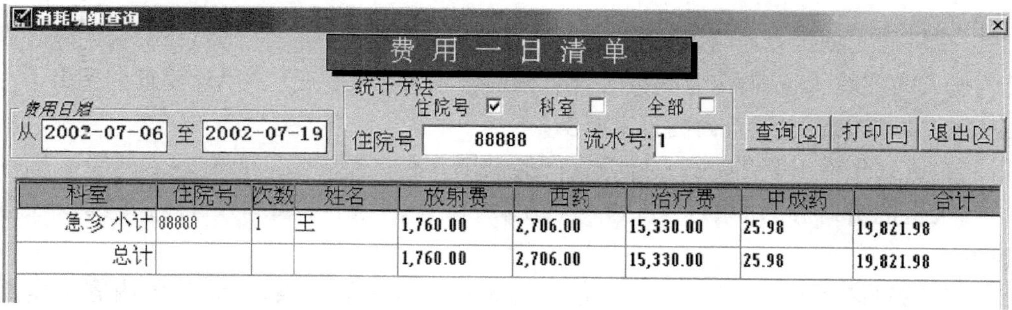

图 2-32　消耗明细查询界面

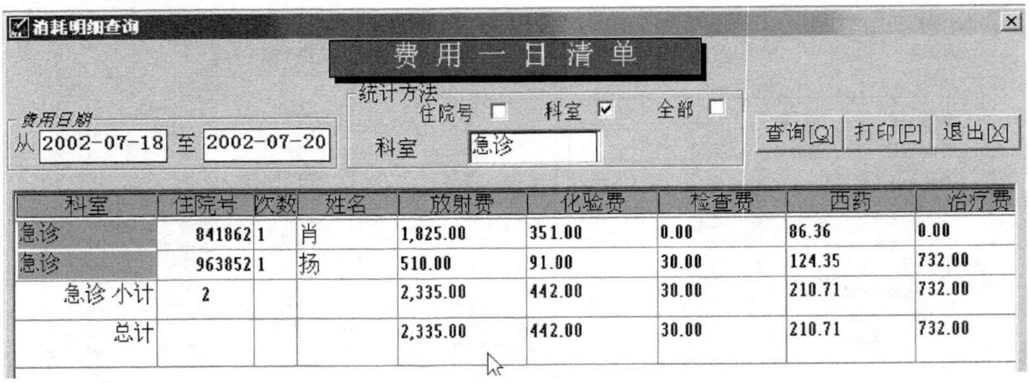

科室	住院号	次数	姓名	放射费	化验费	检查费	西药	治疗费
急诊	841862	1	肖	1,825.00	351.00	0.00	86.36	0.00
急诊	963852	1	扬	510.00	91.00	30.00	124.35	732.00
急诊 小计	2			2,335.00	442.00	30.00	210.71	732.00
总计				2,335.00	442.00	30.00	210.71	732.00

图 2-33　按科室统计消耗明细

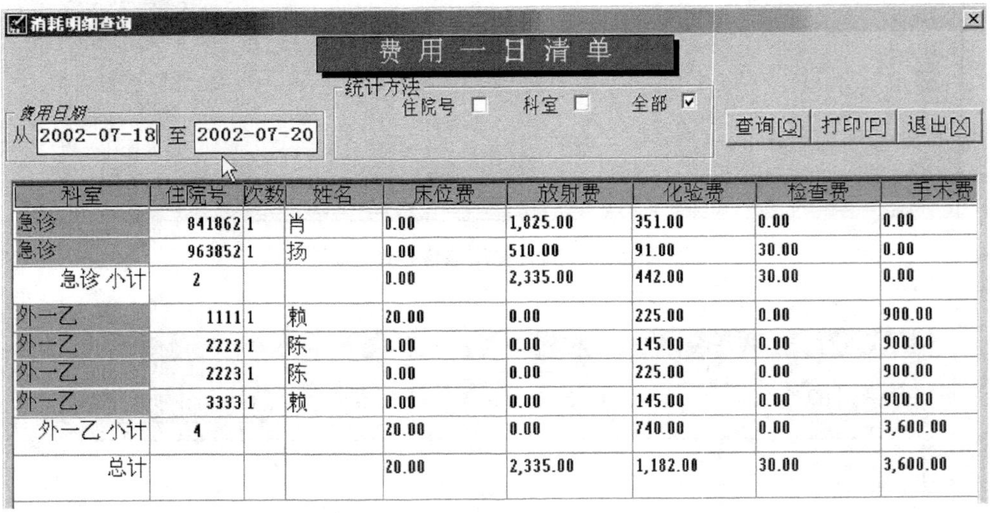

科室	住院号	次数	姓名	床位费	放射费	化验费	检查费	手术费
急诊	841862	1	肖	0.00	1,825.00	351.00	0.00	0.00
急诊	963852	1	扬	0.00	510.00	91.00	30.00	0.00
急诊 小计	2			0.00	2,335.00	442.00	30.00	0.00
外一乙	1111	1	赖	20.00	0.00	225.00	0.00	900.00
外一乙	2222	1	陈	0.00	0.00	145.00	0.00	900.00
外一乙	2223	1	陈	0.00	0.00	225.00	0.00	900.00
外一乙	3333	1	赖	0.00	0.00	145.00	0.00	900.00
外一乙 小计	4			20.00	0.00	740.00	0.00	3,600.00
总计				20.00	2,335.00	1,182.00	30.00	3,600.00

图 2-34　全部科室消耗明细统计

24. 在院病人综合查询、出院病人综合查询

在院病人综合查询与出院病人综合查询的操作方法类似，区别为在院病人综合查询，病人为在院状态，而出院病人综合查询的病人为出院状态，所以出院查询多出了一个条件，可以设置出院查询的日期范围。

这里只介绍一下在院病人综合查询的操作方法。操作窗口如图 2-35。

这里把窗口分为“条件”窗口与“结果”窗口，“条件”窗口中的内容可以任意设置。

在“条件”窗口中，所有列都可以作为条件。若不设置条件，统计的内容为全部在院病人。若想选择哪个科室的病人，那么可以在科室栏选择科室。上面有条注释：横栏之间为“与”关系，纵栏之间为“或”关系。意思是在“条件”窗口中，横着的

笔记栏

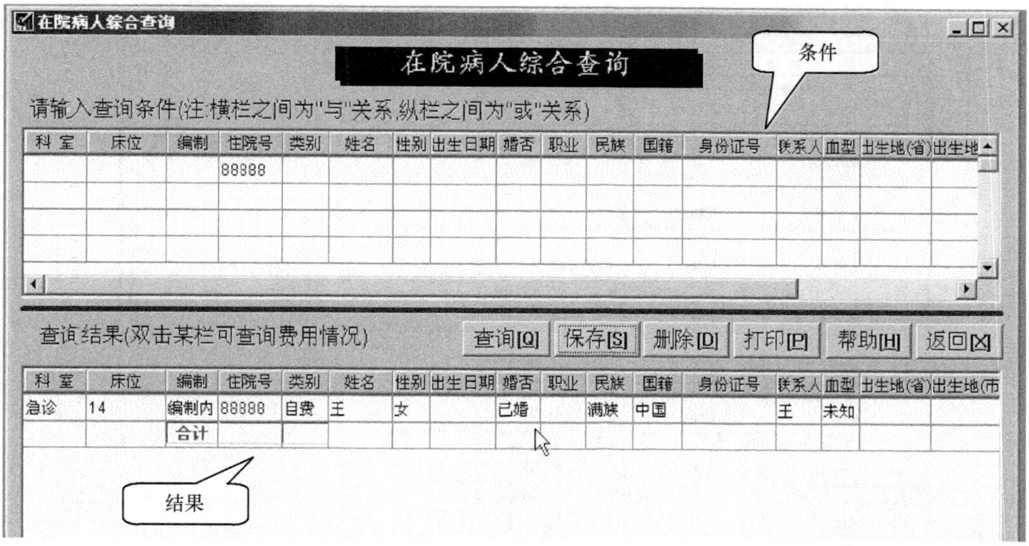

图 2-35　在院病人综合查询界面

一条记录中的所有列的内容要同时作为限制条件，而纵栏是说上下记录都作为条件限制，满足上面一条记录的所有列内容也可以，满足下面一条记录的所有列内容也可以。

在填写完“条件”中内容后，按[查询]按钮完成统计，统计结果放在“结果”窗口。

25. 在院病人一览表

本窗口清晰列出了所有在院病人的在院情况。

如图 2-36，在“科室”窗口中选择一科室，相应所有在院病人信息就显示出来，主要包括病人的科室、住院号、床位、床位价、病人姓名。按[未安床病人]按钮可以查看当前在院而未安床的病人记录。用鼠标双击窗口中的某一个病人，可以查看病人的消耗费用记录，打开的窗口是[二十二、病人消耗统计查询]。

26. 部门编码维护

该功能主要是维护医院较大的部门。系统在正式运行的过程中，只允许添加，不允许删除。

如图 2-37，按[增加]按钮，在窗口中添加了一条空行，根据实际情况，填写[编号]、[部门]，选择[类型]。选中窗口中的一条记录，按[删除]按钮删除一条记录。按[保存]按钮保存窗口中的内容。按[刷新]按钮重新从数据库中提取数据。按[打印]按钮打印窗口中的内容。（注：编号是唯一的，不能重复。）

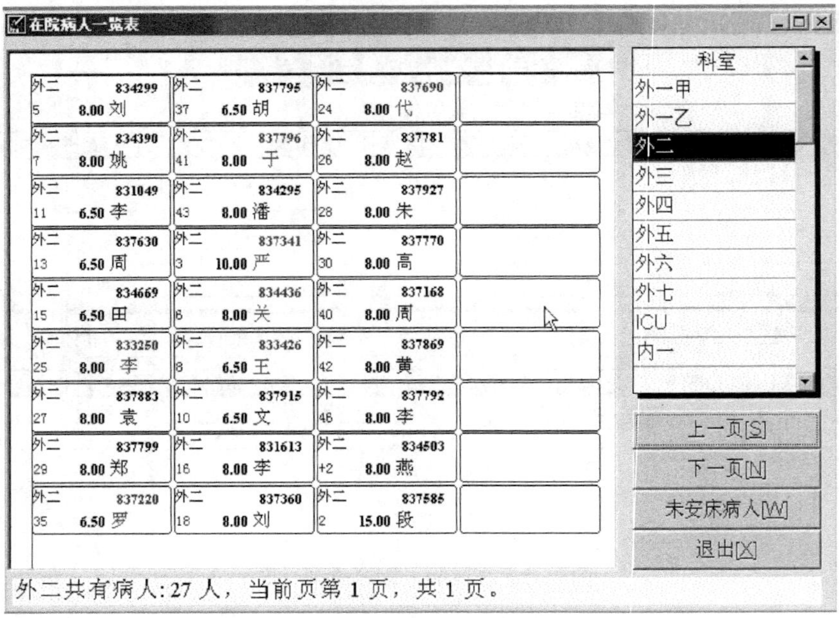

图 2-36　在院病人一览表界面

27. 科室编号表维护

该功能用于管理医院所有住院病房。若系统正式运行,只允许添加,不允许删除。操作界面如图 2-38 所示。具体操作步骤,可以参照(部门编码维护)。

备注:

对于“医生编码表维护”、“床位编码表”、“国籍编码表”、“民族编码表”、“职业编码表”、“省份编码表”、“护理编码表”、“关系编码表”、“过敏药物编码表”、“病人类型维护”、“病人信息维护”等都可以参照(部门编码维护)来操作。所有的都在菜单[编码维护]下。

28. 费别编码表

住院处所有费用编码都是从这里取出的,在系统正式运行后,也是不允许任意修改、删除。费别编码分为三级:一级费别编码,二级费别编码,三级费别编码。它们的关系是:

一级费别编码 ——→ 二级费别编码 ——→ 三级费别编码

一级费别编码产生二级费别编码,二级费别编码产生三级费别编码。例如:费别 X 线片是三级费别编码,它归属于二级费别编码放射费,而二级费别放射费又归属于一级费别医疗收入,具体内容可以在如图 2-39 中查看。

在[定位]栏可以录入费别名称(针对三级费别)或拼音码,相应地在费别窗口中就会查到符合条件的费用明细记录。

笔记栏

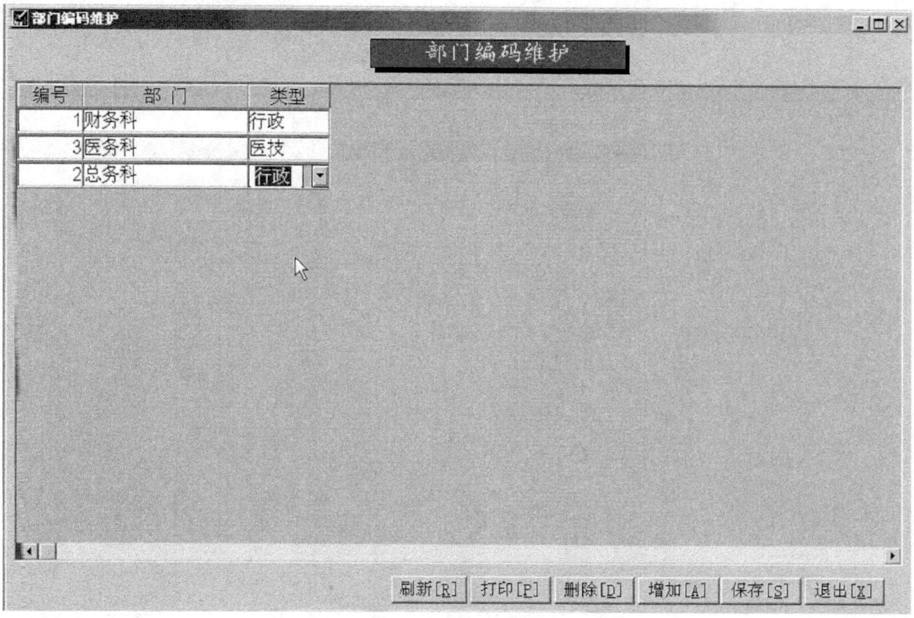

图 2-37　部门编码维护界面

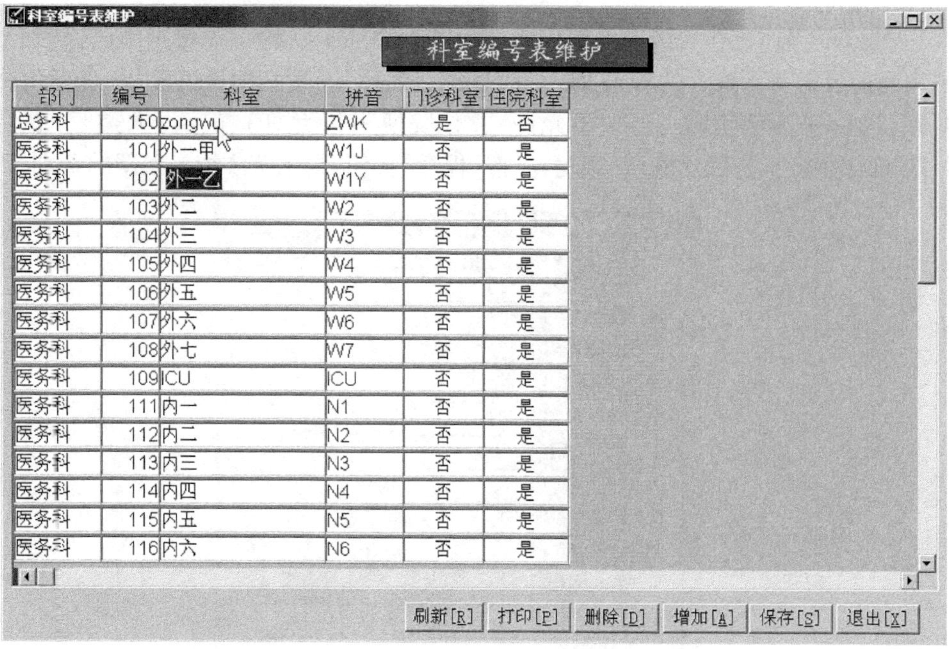

图 2-38　科室编号表维护界面

在费别窗口中选中二级费别(如为放射费)的任意一条记录,按[增加]按钮,系统会弹出如图 2-39 的窗口。

笔记栏

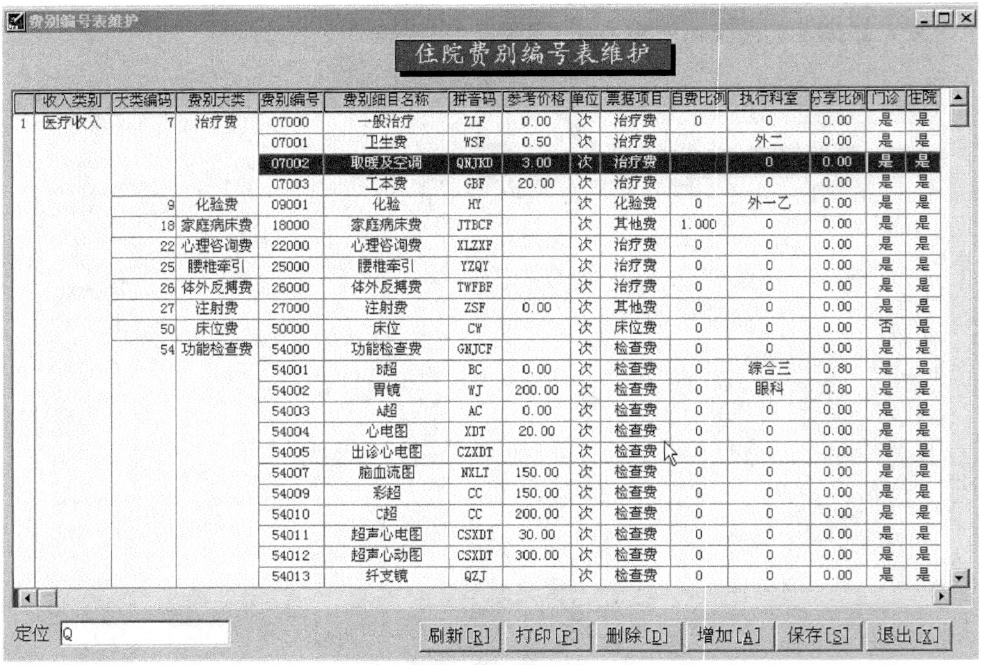

	收入类别	大类编码	费别大类	费别编号	费别细目名称	拼音码	参考价格	单位	票据项目	自费比例	执行科室	分享比例	门诊	住院
1	医疗收入	7	治疗费	07000	一般治疗	ZLF	0.00	次	治疗费	0	0	0.00	是	是
				07001	卫生费	WSF	0.50	次	治疗费		外二	0.00	是	是
				07002	取暖及空调	QNJKD	3.00	次	治疗费		0	0.00	是	是
				07003	工本费	GBF	20.00	次	治疗费		0	0.00	是	是
		9	化验费	09001	化验	HY		次	化验费	0	外一乙	0.00	是	是
		18	家庭病床费	18000	家庭病床费	JTBCF		次	其他费	1.000	0	0.00	是	是
		22	心理咨询费	22000	心理咨询费	XLZXF		次	治疗费	0	0	0.00	是	是
		25	腰椎牵引	25000	腰椎牵引	YZQY		次	治疗费	0	0	0.00	是	是
		26	体外反搏费	26000	体外反搏费	TWFBF		次	治疗费	0	0	0.00	是	是
		27	注射费	27000	注射费	ZSF	0.00	次	其他费	0	0	0.00	是	是
		50	床位费	50000	床位	CW		次	床位费	0	0	0.00	否	是
		54	功能检查费	54000	功能检查费	GNJCF		次	检查费	0	0	0.00	是	是
				54001	B超	BC	0.00	次	检查费	0	综合三	0.80	是	是
				54002	胃镜	WJ	200.00	次	检查费	0	眼科	0.80	是	是
				54003	A超	AC	0.00	次	检查费	0	0	0.00	是	是
				54004	心电图	XDT	20.00	次	检查费	0	0	0.00	是	是
				54005	出诊心电图	CZXDT		次	检查费	0	0	0.00	是	是
				54007	脑血流图	NXLT	150.00	次	检查费	0	0	0.00	是	是
				54009	彩超	CC	150.00	次	检查费	0	0	0.00	是	是
				54010	C超	CC	200.00	次	检查费	0	0	0.00	是	是
				54011	超声心电图	CSXDT	30.00	次	检查费	0	0	0.00	是	是
				54012	超声心动图	CSXDT	300.00	次	检查费	0	0	0.00	是	是
				54013	纤支镜	QZJ		次	检查费	0	0	0.00	是	是

图 2-39　费别编号表维护界面

图 2-40 的操作是在二级费别编码为放射费上添加一新的三级费别编码，费别细目编码为当前放射费下最大的号码，填写[费别细目名称]、[费别细目拼音]、[参考价格]、[单位]，选择[门诊使用]（允许、不允许）、[住院使用]（允许）、[票据大类]、[执行科室]、[分割比例]、[自费比例]。填写完，按[保存]按钮，则系统添加一条新的费别。

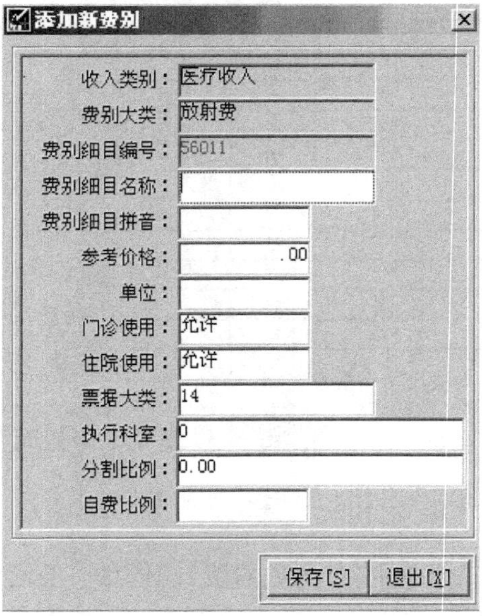

图 2-40　添加新费别界面

笔记栏

29. 固定住院费用设置

对于不同医院、不同季节，都有一些固定的费用想要系统自己去执行，方便管理。这里的窗口就是完成一些设置，系统会根据设置执行每天的固定费用。操作界面如图 2-41。

若要添加一条新的费别，先在窗口上点一下鼠标，系统自动增加一条空记录。选择[费用类别]，填写金额，用鼠标选中[记入否]的记账。按[确定]按钮保存数据。若要删除窗口中的一条费别，用鼠标双击该费别记录，系统就提示是否真的要删除。删除后按[确定]按钮保存数据。

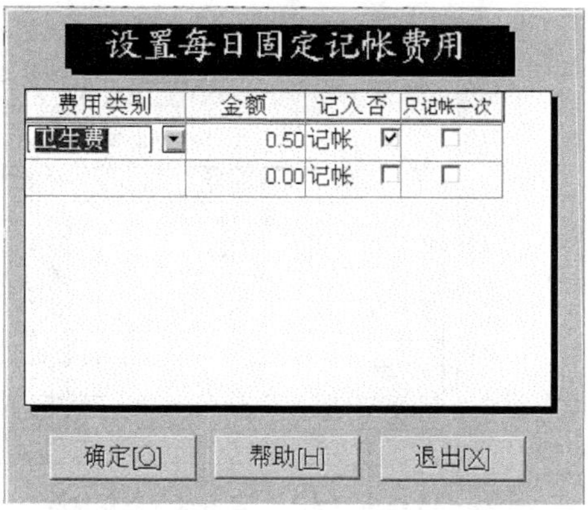

图 2-41　设置每日固定住院费用界面

30. 病人预交款日报表

统计每天或一段时间内的交款报表。方便报表与实际收据对账。这里的报表统计方式有两种：日期与票据号。

图 2-42 是按日期统计的窗口。用鼠标选中左下角的[日期]方式，系统就显示出[交款日期]，填写日期范围，按[查询]按钮，在日报表中统计时间段中的交款记录。分支票、汇款、现金、刷卡的汇总。按[打印]按钮打印报表内容。

住院病人预交款报表

2002年07月19日至2002年07月20日　　第 1页 共 1页

科　别	住 院 号	姓 名	付款方式	金　额	收据号	备　注
外一乙	1111	赖	现金	5,100.00	20001111	入院预交款
外一乙	2222	陈	现金	5,000.00	20002222	入院预交款
外一乙	2223	陈	现金	5,100.00	20002223	入院预交款
外一乙	3333	赖	现金	8,000.00	20003333	入院预交款
外一乙	6666	赖	现金	5,100.00	20006666	入院预交款
外一乙	1111	赖	支票	3,000.00	40001111	在院预交款
外一乙	2222	陈	支票	4,000.00	40002222	在院预交款
外一乙	2223	陈	现金	3,000.00	40002223	在院预交款
外一乙	3333	赖	支票	4,600.00	40003333	在院预交款
合　计				42,900.00	其中	支票 11,600.00
人民币（大写）：肆万贰仟玖佰圆整						汇款 0
						现金 31,300.00
						刷卡 0

出纳　　制表　　收款

图 2-42　病人预交款日报表界面(按日期统计)

图 2-43 是按票据号统计的窗口。用鼠标选中左下角的[票据号]方式,系统就显示其[起始号],填写票据号范围,按[查询]按钮,在日报表中统计时间段中的交款记录。分支票、汇款、现金、刷卡的汇总。按[打印]按钮打印报表内容。

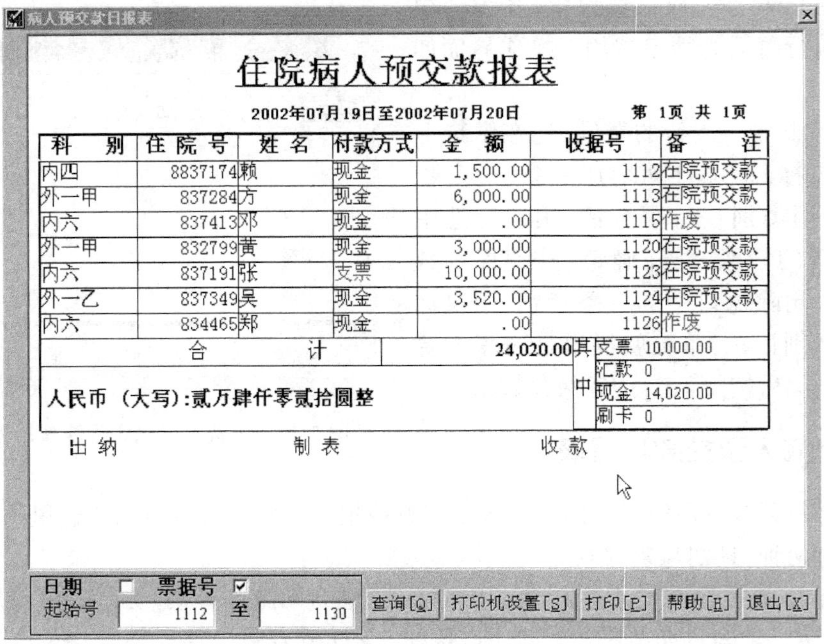

科　别	住 院 号	姓 名	付款方式	金　额	收据号	备　注
内四	8837174	赖	现金	1,500.00	1112	在院预交款
外一甲	837284	方	现金	6,000.00	1113	在院预交款
内六	837413	邓	现金	.00	1115	作废
外一甲	832799	黄	现金	3,000.00	1120	在院预交款
内六	837191	张	支票	10,000.00	1123	在院预交款
外一乙	837349	吴	现金	3,520.00	1124	在院预交款
内六	834465	郑	现金	.00	1126	作废
合　计				24,020.00	其中	支票 10,000.00
人民币 (大写):贰万肆仟零贰拾圆整						汇款 0
						现金 14,020.00
						刷卡 0

图 2-43　病人预交款日报表界面(按票据号统计)

31. 住院费用分科日报表(全部)

根据时间统计病人消耗费用,作为医院收入的凭证。如图 2-44。

设置日期范围,任意定。按[统计]按钮提取数据。[显示比例及页号]中的比例栏,可以调节缩放比例,[翻页按钮]中的按钮可以选择页码。按[打印]按钮打印报表内容。

32. 住院人数/天数分科报表

统计一段时间内病房中的病人人数与病人住院天数。如图 2-45。操作步骤参照项目[三十]。主要区别是本窗口统计的是人数以及住院天数。

33. 出院病人结账统计日报表

本报表主要是统计结账单数据。窗口如图 2-46。具体操作步骤可以参照项目[三十]。

34. 入院病人登记表

笔记栏

统计一段时间内办理入院的病人,操作窗口如图 2-47。

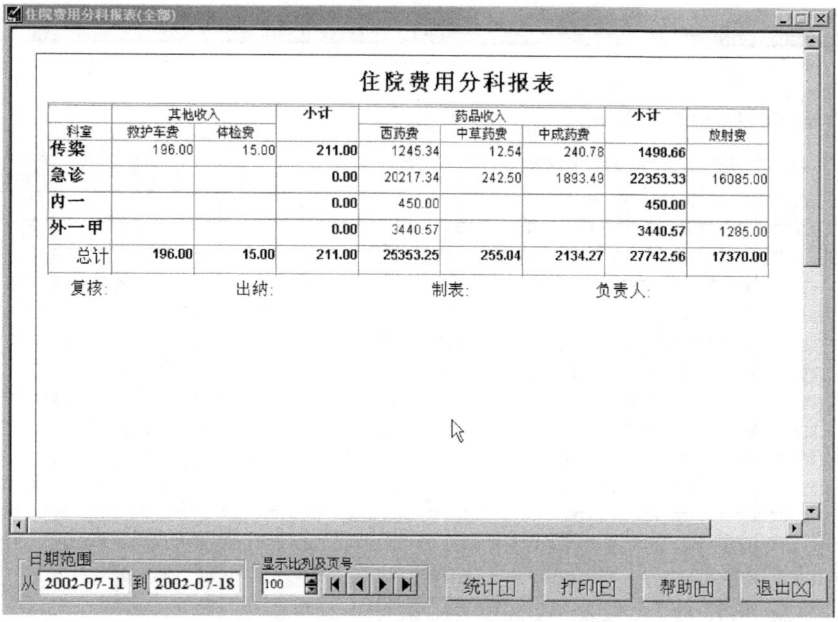

住院费用分科报表

科室	其他收入		小计	药品收入			小计	
	救护车费	体检费		西药费	中草药费	中成药费		放射费
传染	196.00	15.00	211.00	1245.34	12.54	240.78	1498.66	
急诊			0.00	20217.34	242.50	1893.49	22353.33	16085.00
内一			0.00	450.00			450.00	
外一甲			0.00	3440.57			3440.57	1285.00
总计	196.00	15.00	211.00	25353.25	255.04	2134.27	27742.56	17370.00

复核: 出纳: 制表: 负责人:

图 2-44　住院费用分科报表界面

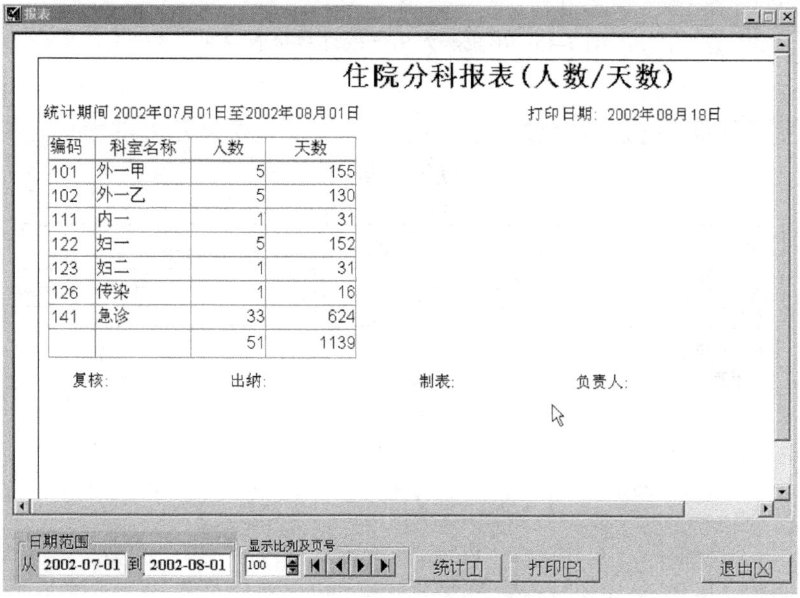

住院分科报表(人数/天数)

统计期间 2002年07月01日至2002年08月01日　　打印日期: 2002年08月18日

编码	科室名称	人数	天数
101	外一甲	5	155
102	外一乙	5	130
111	内一	1	31
122	妇一	5	152
123	妇二	1	31
126	传染	1	16
141	急诊	33	624
		51	1139

复核: 出纳: 制表: 负责人:

图 2-45　住院人数/天数分科报表界面

设置日期范围,按[统计]按钮提取数据。主要是病人基本信息。按[打印]按钮打印报表内容。

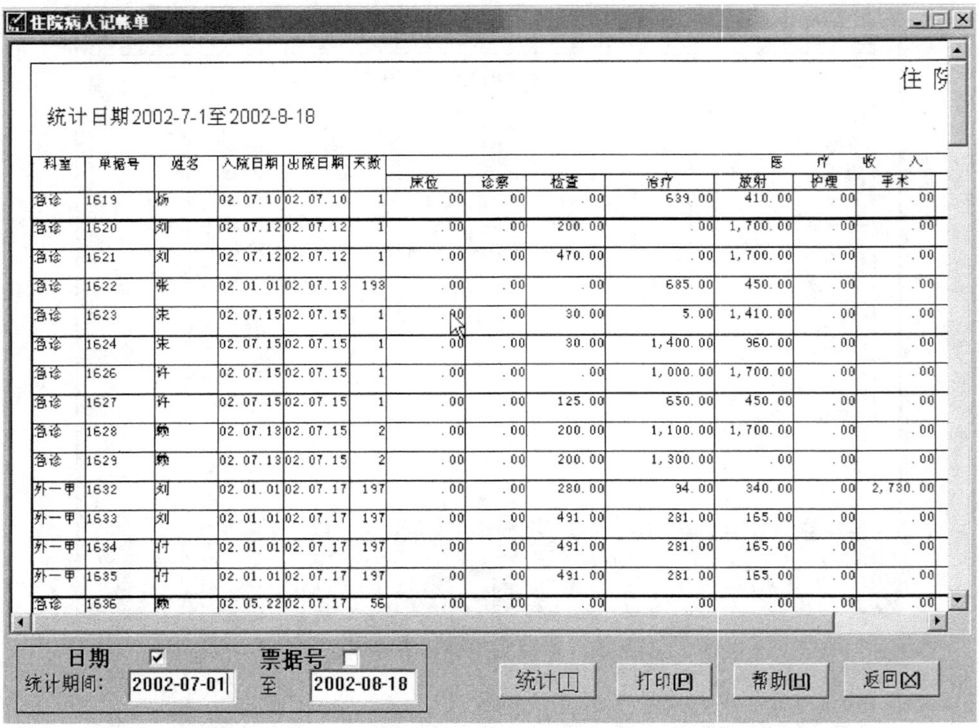

科室	单据号	姓名	入院日期	出院日期	天数	医疗收入						
						床位	诊察	检查	治疗	放射	护理	手术
急诊	1619	杨	02.07.10	02.07.10	1	.00	.00	.00	639.00	410.00	.00	.00
急诊	1620	刘	02.07.12	02.07.12	1	.00	.00	200.00	.00	1,700.00	.00	.00
急诊	1621	刘	02.07.12	02.07.12	1	.00	.00	470.00	.00	1,700.00	.00	.00
急诊	1622	张	02.01.01	02.07.13	193	.00	.00	.00	685.00	450.00	.00	.00
急诊	1623	宋	02.07.15	02.07.15	1	.00	.00	30.00	5.00	1,410.00	.00	.00
急诊	1624	宋	02.07.15	02.07.15	1	.00	.00	30.00	1,400.00	960.00	.00	.00
急诊	1626	许	02.07.15	02.07.15	1	.00	.00	.00	1,000.00	1,700.00	.00	.00
急诊	1627	许	02.07.15	02.07.15	1	.00	.00	125.00	650.00	450.00	.00	.00
急诊	1628	赖	02.07.13	02.07.15	2	.00	.00	200.00	1,100.00	1,700.00	.00	.00
急诊	1629	赖	02.07.13	02.07.15	2	.00	.00	200.00	1,300.00	.00	.00	.00
外一甲	1632	刘	02.01.01	02.07.17	197	.00	.00	280.00	94.00	340.00	.00	2,730.00
外一甲	1633	刘	02.01.01	02.07.17	197	.00	.00	491.00	281.00	165.00	.00	.00
外一甲	1634	付	02.01.01	02.07.17	197	.00	.00	491.00	281.00	165.00	.00	.00
外一甲	1635	付	02.01.01	02.07.17	197	.00	.00	491.00	281.00	165.00	.00	.00
急诊	1636	赖	02.05.22	02.07.17	56	.00	.00	.00	.00	.00	.00	.00

图 2-46　出院病人结账统计日报表界面

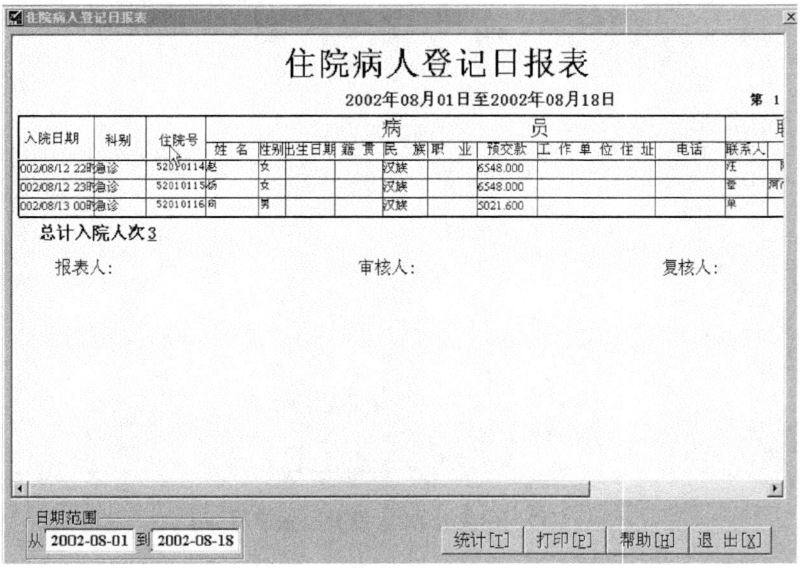

入院日期	科别	住院号	病员										
			姓 名	性别	出生日期	籍 贯	民 族	职 业	预交款	工作单位住址	电话	联系人	
002/08/12 22时	急诊	52010114	赵	女			汉族		6548.000			汪	
002/08/12 23时	急诊	52010115	杨	女			汉族		6548.000			曾	河
002/08/13 00时	急诊	52010116	向	男			汉族		5021.600			单	

图 2-47　住院病人登记表界面

35. 出院病人登记表

统计某时间段内的出院病人信息。如图 2-48。

设置日期范围,按[统计]按钮提取数据。主要是出院基本信息与消耗交款情况。按[打印]按钮打印报表内容。

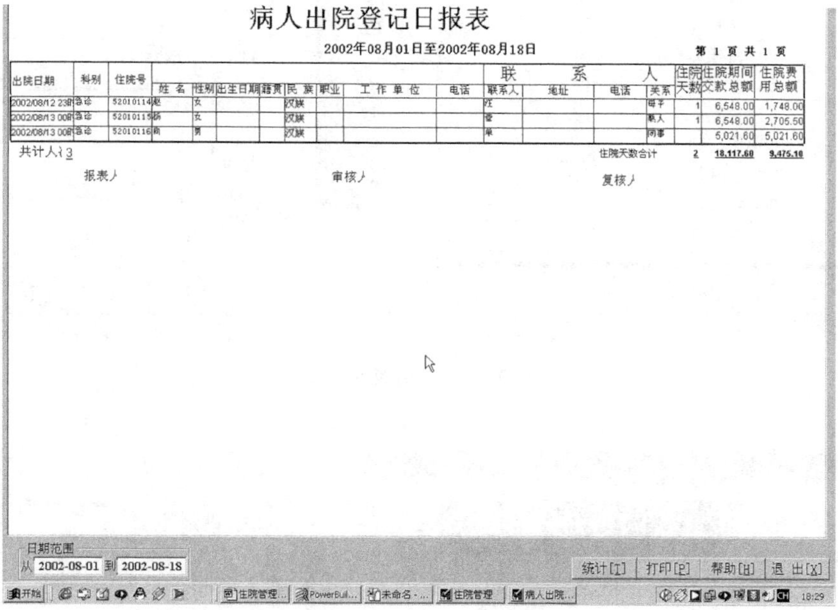

图 2-48　出院病人登记表界面

36. 人员密码管理

该功能主要是为了添加操作员以及设置密码。

如图 2-49 所示,增加操作员。按[添加] 按钮,弹出操作窗口,填写[姓名]、[密码]、[重复密码]。按[确认]按钮保存数据。删除操作员。选中要删除的操作员记录,按[删除]按钮,再按[保存]按钮保存数据。

37. 人员权限管理

人员权限管理是为操作员授予哪些模块能操作,哪些不允许他操作,在安全领域是比较重要的,一般规定管理人员有最高权限,然后管理员可以授权下面的操作员,操作员不能更改自己或别人的权限,只能享有自己权限,比如住院系统,可以只赋予入院、交款、结账等权限给操作员,编码维护只能由管理人员来完成。

如图 2-50 所示,窗口主要包括操作员列表和权限列表。

在操作员列表中选中某一操作员,在权限列表中可以查看该操作员的权限。用鼠标在权限列表打勾,作为权限被赋予操作员,未打勾的是未赋予操作员。如图 2-50 打

笔记栏

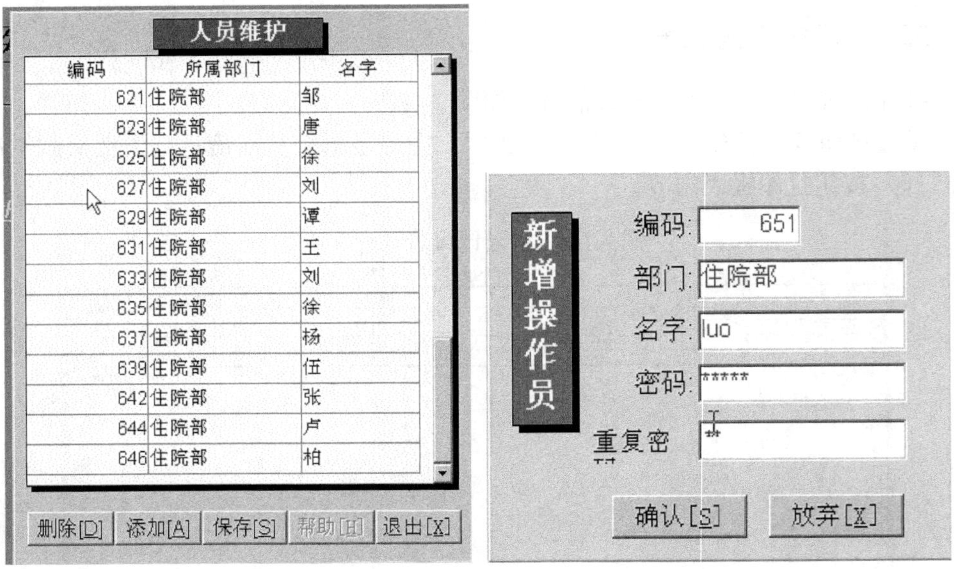

图 2-49　人员维护界面

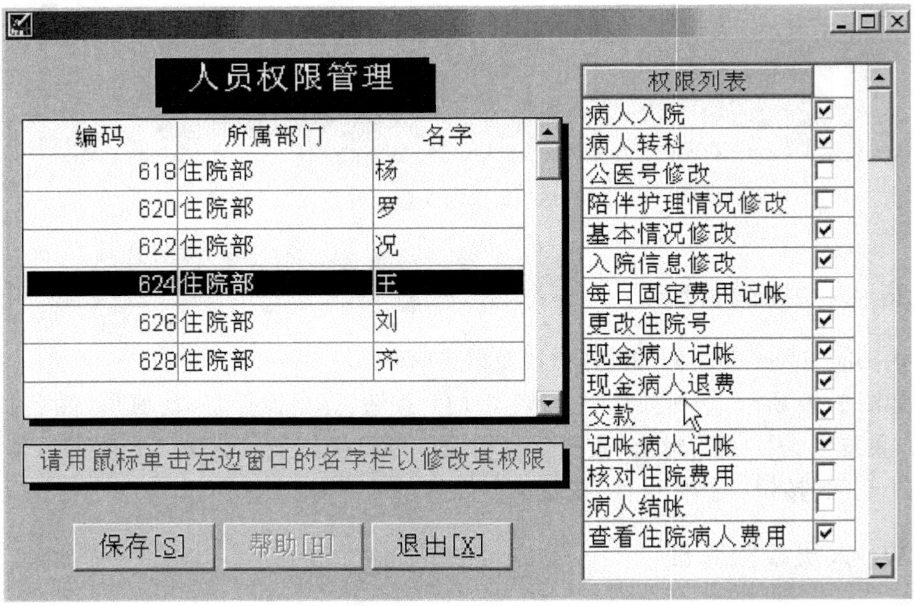

图 2-50　人员权限管理界面

勾的选项(病人入院、病人转科、基本情况修改等)都是赋予给了操作员。按[保存]按钮保存权限值。

38. 修改本人密码

只针对操作员本人的密码修改,图 2-51 是操作界面。

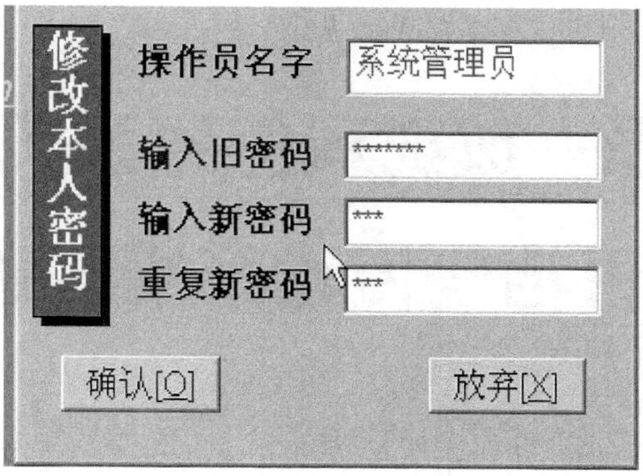

图 2-51　修改操作员本人密码界面

39. 系统设置

系统设置是程序公用参数,设置后程序通用,所以只有管理员来设置。图 2-52 是系统设置的操作窗口。

住院管理系统用到住院病人处方自动记账、在院病人固定费用自动记账、使用套打功能、自动发送打印信息、处方保存后自动打印、预交款打印使用套打等功能。打勾是选□,未打勾表示未选中,保存后修改程序参数。

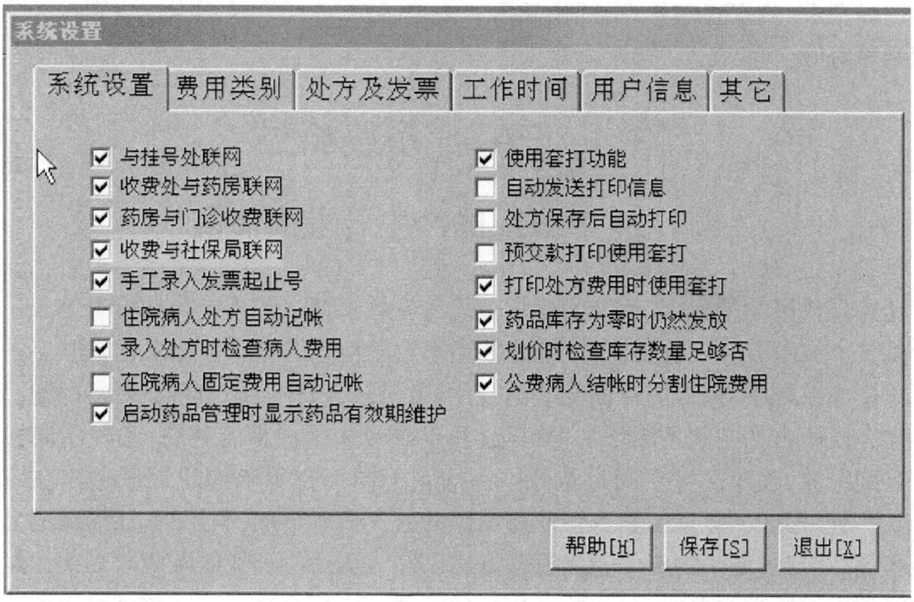

图 2-52　系统设置界面

（赵　欣）

笔记栏

第 3 章　放射科信息系统RIS及图像存档与传输系统PACS

放射科信息系统(RIS,radiology lnformation system)是医院信息系统中非常重要的一个组成部分,它处理的是文字信息,主要功能包括病人登记、预约检查时间、报告、病人跟踪、胶片跟踪、诊断编码、教学和管理信息。放射科信息系统与病房的医生工作站、门诊的医生工作站有密切的信息交换。系统能够存储检查报告和图像。由于放射检查所产生的医学图像数据量大,采集和再现需要专门的技术,所以通常把图像处理部分单独作为一个系统,即图像存档与传输系统 PACS(picture archiving and communication system),来开发和应用。同时由于历史上放射系统中申请和报告等文字信息处理发展较早,因此习惯上放射科信息系统特指处理文字信息部分的系统。

PACS 是近年来随着数字成像技术、计算机和网络技术的进步而迅速发展起来的,旨在全面解决医学图像的获取、显示、存储、传送和管理的综合系统。它主要分为医学图像获取、数据存储管理、图像显示和处理、数据库管理及用于传输影像的局域或广域网络等几个单元。

3.1　PACS 系统概述

3.1.1　PACS 的产生与发展概况

随着现代医学的发展,医院的诊疗工作越来越多地依赖现代化的检查结果。如 X 线检查、CT、MRI、超声、胃肠镜、血管造影等影像学检查的应用也越来越普遍。在传统的医学影像系统中,影像的存储介质是胶片、磁带等,这在使用中存在诸多问题。如图像存储介质所占的空间不断增加,给存放和查找带来了严重的问题;各种不同检查的图像分别存放,临床医生要同时参考同一病人不同检查所产生的影像时往往借阅困难;传统图像存储和管理的独占性使得图像的丢失概率增加、利用率下降,造成异地会诊困难等。因此,传统的医学影像管理方法已经无法适应现代医院中对如此大量和大范围医学影像管理的要求,采用数字化影像管理方法来解决这些问题已经得到公认。

由于医学图像数据量大,需要大容量的存储设备,高性能的显示设备和高速的计算机网络,高昂的费用曾经是建立 PACS 的主要障碍。随着计算机技术的发展,计算机和通信设备的性能价格比提高,高性能的计算机设备的价格已经可以逐步被一些经济条件较好的医院所接受。这为数字化医学影像存储和传输奠定了基础。在经济上

笔记栏

和医疗质量上不断增长的要求,使医院对 PACS 的需求也不断提高。

1. PACS 的发展

PACS 的发展大致经历了三个阶段

(1) 第一阶段(20 世纪 80 年代中期至 20 世纪 90 年代中期):PACS 的概念提出于 20 世纪 80 年代初。建立 PACS 的想法主要是由两个主要因素引起的:一是数字化影像设备,如 CT 设备等的产生使得医学影像能够直接从检查设备中获取;另一个是计算机技术的发展,使得大容量数字信息的存储、通信和显示都能够实现。在 20 世纪 80 年代初期,欧洲、美国等发达国家基于大型计算机的医院管理信息系统已经基本完成了研究阶段而转向实施,在 20 世纪 80 年代中研究工作就逐步转向为医疗服务的系统,如临床信息系统、PACS 等方面。在欧洲、日本和美国等相继建立起研究 PACS 的实验室和实验系统。随着技术的发展,到 20 世纪 90 年代初期已经陆续建立起一些实用的 PACS。

在 20 世纪 80 年代中后期所研究的医学影像系统主要采用的是专用设备,整个系统的价格非常昂贵。到 20 世纪 90 年代中期,计算机图形工作站的产生和网络通信技术的发展,使得 PACS 的整体价格有所下降。

(2) 第二阶段(20 世纪 90 年代中期至 20 世纪 90 年代末期):计算机技术、网络技术快速发展,特别是 PC 机性能大大提高,使 PACS 用户的终端的速度和功能加强了。而显示技术的发展和显示质量控制软件的出现,使图像显示质量基本达到读片要求,PACS 诊断价值开始得到临床的认可。应诊断和信息保存的需求,出现了 RIS 系统。临床的应用使人们关注工作流的问题,即在检查登记、图像存取、存储、分发、诊断等步骤中 PACS 如何与 RIS 沟通,提高工作效率。这阶段人们已经认识到医学影像系统应该是医院信息系统中的一个重要组成部分,PACS 应该与其他系统相互沟通信息,形成一个医院信息的整体。

(3) 第三阶段(20 世纪末至今):随着应用的不断发展,DICOM 标准被广泛接受,PACS、RIS 与 HIS 全面整合,PACS 被用于远程诊断。显示质量控制软件技术进一步发展,新的显示设备出现。PACS 系统中引用临床专用软件,利于辅助诊断和治疗。无胶片化的进程,促使人们开始研究 PACS 系统的安全性。

2. PACS 目前的主要用途

主要用途包括以下几个部分:

(1) 用数字影像数据库(image archival and management)来取代传统的胶片库将图像归档。

(2) 用医生诊断工作站(review station)取代传统胶片与胶片灯。

(3) 数字影像共享(image distribution)取代传统的胶片邮寄。

(4) 用 DICOM3.0 标准将全院各种医疗影像设备联成一网(image communications)。

(5) 影像处理和计算机辅助诊断 (image processing and computer aided diagnoses)。

(6) 通过 internet 或电话 modem 进行远程诊断与专家会诊 (teleradiology)。

3. PACS 的意义

PACS 不只是在数字化,更重要的是实现了以下几点:

(1) 实现资源共享、提高工作效率:由于网络化,在同一显示屏幕上可查看所有包括 CT、MRI、DSA、传统 X 线图像及病人资料,便于分析比较,及时做出诊断,临床医生以最快的速度给予治疗。提高工作效率,最终将有利于提高医疗质量、缩短病人在医院的滞留时间,为医院和病人带来显著的经济效益和社会效益。

(2) 用于教学及学术交流:由于 PACS 系统中的所有数字化图像都符合 DICOM3.0,所以可利用读写光盘将所需要的图像存入光盘,带往异地会诊及交流;极大地推动多媒体技术在医疗卫生事业中发展、从而推动卫生教学及学术的进步与发展。

(3) 是远程放射学的重要组成部分:利用 PACS 系统通过网桥(或路由器)借助于 PSTN(公共交换电话网)、ISDN(综合业务数据网)、ATM(异步传输模式),与异地 PACS 系统实现远程放射会诊。

PACS 的硬件主要由接口设备、存储设备、主机、网络设备和显示系统组成。软件的功能包括通信、数据库管理、存储管理任务调度、错误处理和网络监控等。

3.1.2 PACS 的应用范围

1. PACS 的应用分类

PACS 可以指任何一种放射医学图像管理系统。在实际应用中,可以把 PACS 应用划分为四类:

(1) 在整个医院内实施的完整 PACS 系统,目标是支持在医院内部所有关于图像的活动,集成了医疗设备,图像存储和分发,数字图像在重要诊断和会诊时的显示,图像归档,以及外部信息系统。

(2) 在医院某个部门内实施的 PACS,目标是提高部门内医疗设备的使用效率。

(3) 在医院内部的图像分发系统,目标是帮助医院的其他部门,特别是急诊室(ER)和监护房(ICU)获得放射医疗部门生成的图像。

(4) 远程放射医疗,目标是支持远程图像传输和显示。

根据医院的实际要求,一个实际的 PACS 系统可能包含了上述四类应用中的一类或多类。完整的 PACS 系统应该包括图像获取、数据库管理、在线存储、离线归档、图像显示及处理、与外部信息系统的接口、胶片打印以及用于传输数据的高速局域网络和支持远程数据传送的广域网。

2. PACS 的功能

PACS 系统一般具有以下几方面的功能：

(1) 将医院中已有的医学图像设备产生的图像，通过直接或间接的方式转换为系统能够存储和处理的数字化形式。随着 DICOM 标准的逐步应用，未来的医学影像设备将统一使用 DICOM 标准接口，图像获取会更加方便。

(2) 存储和管理检查所产生的图像数据，这是 PACS 系统最重要的功能。由于 PACS 系统中存储的图像数据量特别巨大，医院每天生成的图像总量可以从几百 M 到几十个 G，需要有能够管理超大规模数据库的数据库管理系统，当前尚无很成熟的产品。受存储器容量的限制，PACS 系统的数据通常要分级存储，常用数据存放在在线设备、过期数据存放在离线设备中，为减少存储容量，还要对数据进行压缩。

(3) 图像显示和处理，这是医生接触和使用最多的功能。在显示工作站上的软件应能满足医生最常用的功能，包括查询数据库中的图像记录，显示图像并且对图像进行一些简单的处理，如放缩、旋转等，有些工作站还有生成和操纵三维图像的能力。在某些情况下，医生还要在工作站上写出诊断报告、注释等文本信息。

(4) 与 HIS/RIS 的接口。PACS 系统在医院中并不是孤立存在的，为与其他系统互连，PACS 系统应当遵循一个信息交换的标准。目前国际上的 HL7(health level 7)标准已为多数厂商认可。

3. 大规模 PACS 的满足条件

一个大规模的 PACS 系统应当满足以下四个条件：

(1) 系统在日常的诊断工作中使用。

(2) 至少有三到四个医学影像设备连接到系统。

(3) 系统中包含位于放射科内和其他科室的工作站。

(4) 系统每年至少能处理 20000 个检查。

符合以上条件的系统首先在一些医院和大学中实验成功，以下介绍几个典型的例子：

Baltimore VA 医学中心

(Baltimore Veterans Administration Medical Center)

Baltimore VA 医学中心所有检查都使用 PACS 系统归档，并有与 HIS/RIS 系统的双向接口。该系统同时为另外三个医院服务，启用该系统后，放射科的检查能力提高了 58%，数据丢失从 8%降低到 1%，效率提高 71%，重复检查降低 60%，阅片时间减少 15%。这表明，PACS 系统的实施，使医学中心和联网的三家医院提高了诊断效率并降低了费用。

Hammersmith 医院

Hammersmith 医院位于英国伦敦,有 500 张病床,为 10 万人提供服务,该医院的放射科实施 PACS 系统的目的是通过提高效率降低费用。当前系统中包括容量为 10T 的长期归档,256G 短期存储容量,168 个工作站。自 1993 年系统运行以来,档案整理人员从 8 个减少到 1 个,放射科医生减少了 33 个,胶片不再保存。

UCSF (University of California, San Francisco)

UCSF PACS 系统的很多开发人员参加了 UCLA 的 PACS 系统开发,系统实现始于 1992 年 10 月,1995 年 2 月投入临床使用。由于该系统是在大学的研究机构中开发,使用的技术相对领先,具有开放的体系结构和互连性与 HIS/RIS 系统集成、系统模块化、采用 ATM (asynchronous transfer mode)通信技术,能够将图像分发到医师的桌面计算机,具有高度可伸缩性。

当前 PACS 系统已经成熟,已有多家国外厂商推出了产品化的 PACS 系统,包括 GE、Agfa、SIEMENS、IBM、Samsung 等。

将 PACS 主要分为以下四个部分,在后续的章节中介绍:

(1) 医学图像获取。

(2) 数据存储以及数据库的管理。

(3) 图像传输网络。

(4) 图像显示和处理。

3.1.3 与图像存档和通信相关的几个医学信息系统及融合

医院信息系统(HIS)、放射科信息系统(RIS)、PACS 是医院中处理不同医学信息的三种系统,它们之间紧密联系。远程放射学系统涉及医学图像的远距离传送,与 PACS 亦密切相关。

1. 医院信息系统 HIS

如第 2 章所述,HIS 是一个计算机化的医院管理系统,其目标是利用计算机和通信设备实现医院内病人护理和管理相关信息的采集、存储、处理、检索和通信等功能。HIS 为 PACS 提供必要的管理信息。

2. 放射科信息系统 RIS

放射科的工作过程可以分为两个阶段,第一阶段是拍片并获得图像,第二阶段是医生读片并做出诊断。放射科信息系统的主要作用是帮助技术人员和医生处理这两个阶段中需要的大量信息,以提高检查的工作效率、减少差错、方便医生获得信息。

笔记栏

放射科的工作是一个完整的流程,包括多个环节,因此放射信息系统在检查预约、检查登记确认、书写检查报告、计价处理等环节上设置了相应的模块来完成信息处理工作。放射信息系统还通过网络与病房、收费处、其他检查科室等部门相连接,交换预约、费用、报告等信息。应用计算机传输这些信息后,可以使得病人申请及时传送到检查科室,报告的结果及时传回申请科室,减少病人等候检查的时间。放射信息系统的主要功能组成如图 3-1 所示。

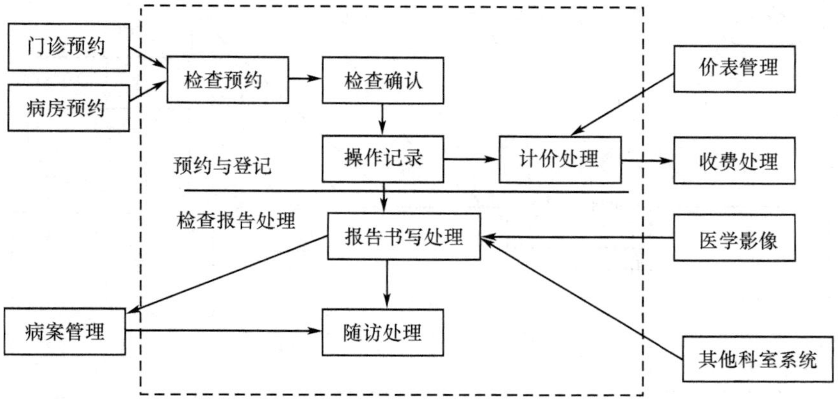

图 3-1　放射科信息系统功能结构

放射科检查的图像与放射检查信息是密切相关的,因此放射信息系统与医学图像管理系统也应该紧密结合在一起。如在 DICOM 标准中就规定了通过工作清单(worklist)和一系列信息对象来传输和描述病人检查过程和报告产生过程中所使用的信息,使放射科信息系统能够与 PACS 很好的结合在一起。

放射科信息系统和其他系统的信息交换方式包括两种,一种是直接通过数据库作为信息交换接口,两个系统都了解对方内部的数据结构,数据的访问可以直接通过 SQL 语言来实现,这种方式信息融合效率高,信息传输及时,但一个系统的变化往往会波及到对方需要进行相应的变化,不具有通用性。另一种方式是通过标准的接口连接,如利用 HL7 标准交换信息。采用这种方法独立性好,但传输效率低。目前利用标准传输信息的方法由于其通用性好而被国内外许多系统采用。

3. PACS 及 HIS/RIS 系统融合

把放射科信息系统和(或)医院信息系统与 PACS 系统进行连接是非常重要的,这便于输入病人的统计资料(如姓名、日期、时间、病历号——用以区分不同的病人,登记号——用以区分不同的影像检查、检查类型、成像参数),并且使 PACS 系统能够与 RIS-HIS 系统记录的资料自动地进行对照和修改。一些成像设备(如 CR)与 RIS 系统紧密相关,通过条形码阅读器从 RIS 中自动下载统计信息传送到设备和 DICOM 的文件头,这消除了手工数据时易出错误的现象。

目前,HL7 语言已被 RIS-HIS 系统广泛接受和遵守,HIS-RIS 数据库的特点是以病人为中心,可以根据病人、研究、序列和图像数据等级进行信息查询和调用。RIS-HIS

数据与PACS连接将增加系统信息,帮助数据在遵照系统"如何、何种数据何时传送到何处"的指令下进行传送。自动完成此前由胶片管理员完成的工作。

图3-2举例说明RIS,HIS,PACS系统如何协同计划一项检查,以便将图像输入PACS系统。

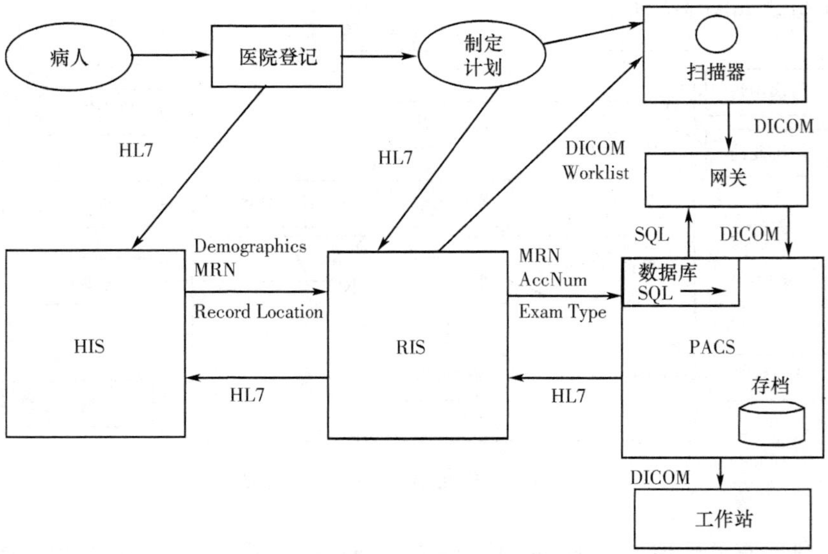

图3-2　RIS,HIS和PACS系统协同计划检查

另外,将医学图像存档与传输系统与医院信息系统整合是医院数字化成功与否的关键因素之一。

一个一般的PACS工作流程是:在医院信息系统(HIS)进行病人登记,到放射科信息系统(RIS)进行检查分类,技师拍片,影像诊断,书写报告及归档处理。PACS/HIS/RIS工作流程如下:

(1)在HIS中进行病人登记,在RIS中进行放射检查的排序,自动给放射科检查号。

(2)RIS输出HIS中的HL7信息,RIS把统计数据送到PACS的Broker/Interface Engine。

(3)病人到拍片机房,拍片设备通过DICOM WORKLIST来查询PACS的Broker/Interface Engine。

(4)技师从检查设备中获得影像并将其传送到PACS中,然后以DICOM的格式将病人的统计数据送到质量控制工作站。

(5)技师调整好影像后将其传送到医生读片诊断工作站。

(6)在PACS中的影像传送到医生读片工作站之后立即自动传到存档服务器,当影像传到存档服务器之后,其数据库就会更新。

(7)存档服务器将PACS影像送到病房的影像阅读工作站,工作站将从RIS/HIS/HL7中获得病人的有关信息。

笔记栏

(8)放射科医生通过放射检查号口述报告,任何改变都将使放射科医生停止书写该影像的报告。对于这种改变,存档数据库都将相应地做出更新。

(9) 放射科的打字员将医生的录音拿来,根据 RIS 中的检查号打出报告。

(10) 报告数据和先前更新的 RIS 数据一起由 RIS 输出到 HL7 中。

(11) 在阅读工作站上查询 PACS Broker/IE 来调阅以前的影像报告。

(12) 在临床工作站上相关的物理师查询 Broker/IE 调阅影像报告。

4. PACS 与远程放射学

远程放射学系统结合数字网络和计算机技术,实现放射图像及相关文字材料由一个地方到另一个地方的传送。其目的是对边远地区及其他缺少放射科医生的医疗机构提供及时的放射图像分析,以辅助临床医生的诊断和治疗工作。远程放射学系统结构与 PACS 类似,由图像采集、传送和显示三部分构成,可以称为微型 PACS。许多远程放射学系统需要 PACS 作为图像发送和接收端,因此两者联系紧密。一般 PACS 通信使用局域网,而远程放射学系统使用广域网。

3.2 医学图像获取

3.2.1 医学成像方法

医学图像涉及从分子到人体、从结构到功能、从静态到动态等多个领域和方式,目前的各种医学成像设备只能反映人体某一方面的信息,且对人体内大到组织、小到分子原子各有不同的灵敏度和分辨率,因而有着各自的适用范围和局限性。以下介绍几种主要的医学图像:

1. X 射线图像

计算机 X 线摄影(Computed Radiography,CR)是 X 线平片数字化的比较成熟的技术。CR 系统是使用可记录并由激光读出 X 线成像信息的成像板(Imaging Plate,IP)作为载体,经 X 线曝光及由信息读出处理,形成数字式平片图像。

数字 X 线摄影(digital radiography,DR)是在 X 线影像增强器——电视系统的基础上,采用模数转换器将模拟视频信号转换成数字信号后送入计算机系统中进行存储、分析、显示的技术。数字 X 线摄影包括硒鼓方式、直接数字 X 线摄影(direct digital radiography,DDR)和电荷耦合器件(charge coupled device,CCD)摄像机阵列方式等。

数字减影血管造影(digital subtraction angiography,DSA)是利用数字图像处理技术中的图像几何运算功能,将造影剂注入前后的数字化 X 线图像进行相减操作,获得两帧图像的差异部分——被造影剂充盈的血管图像。

2. CT 图像

CT(computerized tomography,CT)是以测定 X 射线在人体内的衰减系数为物理基础，采用投影图像重建的数学原理，经过计算机高速运算，求解出衰减系数数值在人体某断面上的二维分布矩阵，然后应用图像处理与显示技术将该二维分布矩阵转变为真实图像的灰度分布，从而实现建立断层图像的现代医学成像技术。概括地说，X 线图像的本质是衰减系数成像。

3. MRI 图像

磁共振图像（magnetic resonance imaging，MRI）系统通过对处在静磁场中的人体施加某种特定频率的射频脉冲，使人体组织中的氢原子受到激励而发生磁共振现象，当中止 RF 脉冲后，检测氢原子在弛豫过程中发射出的射频信号而成像。功能性 MRI 的出现进一步扩大了磁共振图像的临床应用。磁共振血管造影（Magnetic Resonance Angiography，MRA）的研究也取得了重要进展，与三维显示技术结合能够为诊断提供更多的可视化立体信息。

4. US 图像

频率高于 20 000 赫兹的声波为超声波，超声成像（ultrasound system，US）就是利用超声波在人体内部传播时组织密度不连续性形成的回波进行成像的技术。根据波束扫描方式和显示技术的不同，超声图像可分为 A 型显示、M 型显示、断层图像的 B 型显示和多普勒 D 型显示等。

新的三维超声成像技术研究可能会给医学影像领域带来巨大影响。三维超声成像具有图像立体感强，可以进行 B 超图像中无法完成的三维定量测量，并能够缩短医生诊断所需时间，极具发展前景。

5. 放射性核素图像

放射性核素成像技术是通过将放射性示踪药物引入人体内，使带有放射性核的示踪原子进入要成像的组织，然后测量放射性核素在人体内的分布来成像的一种技术。按照放射性核素种类的不同，放射性核素成像可以分为单光子发射成像（single photon emission tomography，SPECT）和正电子发射成像（positron photon emission tomography）。

6. 医用红外图像

利用红外线探测器检测人体热源深度及热辐射值，并将其转变为电信号，送入计算机进行成像。红外图像用来诊断与温度有关的疾病。

7. 内镜图像

内镜是一种直接插入人体的腔管内进行实时表面观察表面形态的光学诊断位置。光纤内镜使用的纤维束有两种，一种是传递光源以照明视场的导光束，一种是回传图像的传像束。

笔记栏

8. 显微图像

一般是指利用显微镜光学系统获得的关于细胞、组织切片的二维影像。

3.2.2 数字图像的获取和前期处理

图像的采集是医学图像进入系统的入口,系统中数字化图像的质量主要由采集部分所决定。如果采集过程中产生图像的失真或丢失,后续的系统将无法弥补。图像采集系统的作用就是将各种来源的图像进行处理,如对模拟的视频信号进行 A/D 转换,读取检查设备上的图像文件,按照 DICOM 标准获取设备的图像等,然后形成统一规范格式或存储形式的图像供医院其他部门应用。

图像采集部分的主要功能包括以下三点:

(1) 从成像设备获取数据图像。

(2) 将图像数据转换成 PACS 所需的标准格式的数据。

(3) 将标准格式的图像和数据传输到数据库服务器和存储管理系统中。

图像格式既有数字的,也有胶片的。有些数字成像设备不符合 DICOM 标准,不同类型图像的应用不同的采集方式。

对于采集胶片或图片上的图像,通常使用激光扫描仪或摄像机,将其转换为电信号输入计算机。主要应用在对历史病历资料进行数字化处理的工作。

对于采集视频信号图像,有许多检查设备的图像是通过视频信号输出的,有标准的和非标准的。如早期生产的 B 超检查设备、各种内窥镜等通常使用标准信号,而多幅照相机、激光照相机等设备使用较高几何分辨率的非标准视频信号。采集这类图像可以使用图像采集卡来完成。

对于数字图像的采集,现代的许多检查设备本身所产生的图像已经是数字化的,如 CT、MRI、CR 等,可以直接采集。其中一些设备具有通用的网络接口,如支持 TCP/IP 协议的网络等,可以通过 FTP、文件共享的方法获得图像数据,然后将数据转换为系统中标准的形式。但一些早期的设备往往没有标准接口,则需要专门增设特殊接口。

近年生产的影像检查设备均配备有标准的网络接口,并有符合 DICOM 标准进行通信的软件,大大简化了数据采集工作,只需通过网络将图像服务器与设备连接。从数字设备(如 CT、MRI)中采集数字图像有两种方法:直接俘获和帧俘获。直接数字接口可以以全部的空间分辨率、位数和固有灰阶度从成像设备中采集和传送图像数据。而模拟的帧俘获是将模拟信号电压数字化输出到图像显示器,如扫描监视器。在帧俘获的方法中,正如将图像打印到胶片上一样,图像质量仅仅被限制在 8 位(256 个灰阶),就不可能使用所有合适的窗宽,窗位、对比度和亮度观察图像。例如胸部 CT 的观察,有的人可能希望分别得到肺窗、纵隔和骨窗图像。直接俘获的数字数据允许在软拷贝显示工作站中实时、动态显示不同窗宽、窗位水平的图像。为了在胶片上观察不同窗宽窗位的图像,也可以进行多张打印,每张胶片显示一个窗水平。如果采集的是模拟图像或者帧俘获的数字图像,观察者只能看到俘获图像的 8 位(256 灰阶)窗宽、窗位,这远远不能满足需要。因此对数字成像设备的数字图像的采集最好使用直接采集法。

现代医学需要存储大量数据。另外,像远程医疗的特殊应用在带宽上有特殊的规定,在一定时间内发送信息量多少有限制。远程医疗使用长途通信从一地到另一地传送医疗服务和信息,长途通信即在标准的电话线,或使用卫星通信,或在局域网中传输医学影像。这不仅包括信息系统和远程会诊的数据,还包括远程放射学的数据。无论是否有空间和带宽的限制,都需要考虑图像压缩。图像通常使医学数据变得很大,所以压缩图像可以有效地减少对空间的需要。

医学中每一种影像都有不同的像素分布,具有不同的模型来转换数据。一般考虑以下的图像类型:

(1) 连续色调的灰阶图像,像 X 线、MRI 扫描或 PET 扫描。

(2) 连续色调的彩色图像,像用于整形外科、牙正畸或微幻灯片的图像。

(3) 连续色调的灰阶动态图像,像用于 CAT 扫描或超声的影像。

(4) 连续色调的彩色动态图像,像多普勒超声或热成像。

(5) 离散的灰阶或彩色调色板的图像,像图表,或其他记录器输出的图像。

(6) 二次文档,像实验报告和病历。

用于医学影像的压缩方法已经被 DICOM 委员会确定。委员会已经建立了一个标准,允许医学影像在设备、计算机、医院间互换规则的一个设定。此协议建立了一个共同的语言,以保证一个厂家的机器产生的医学影像在工作站中可被另一厂家的机器显示。DICOM 委员会已经认可无损 JPEG 和有损 JPEG 作为用于医学影像的压缩技术。

JPEG 是一个关于连续色调静态图像的压缩和编码的 ISO/IEC 国际标准。MPEG 是一个关于连续色调动态视频和音频的压缩和编码的 ISO/IEC 国际标准。G3/G4 是对用于保存二次图像(像文档一样的黑白图像)的无损压缩的国际标准。

在前述列表中的图像类型 1 和 2 可选择有损 JPEG 压缩;图像类型 3 和 4 可选择 MPEG 压缩或动态 JPEG;图像类型 1 和 5 可选择无损 JPEG 压缩,图像类型 6 可选择 G3/G4 压缩或更多的把 ASCⅡ存储也作为 DICOM 标明的部分。

针对医学影像不同的用途,可以大致将数字化后的医学影像分为三个等级:

(1) 影像作为医疗诊断的主要依据。达到这个等级的数字化影像必须是原始影像或量化误差小于允许的范围。由于医生做出诊断的主要依据是图像,因此数字化图像的精度十分关键,通常进行无损压缩处理,且压缩比例有限。

(2) 图像作为医疗工作中的主要参考,例如用于一般的会诊、病历回顾、手术定位等。用于此目的的影像并不会对诊断造成太大的影响,因此数字化后可以进行一定的有损压缩,以减少图像存储和传输时对资源的占用。

笔记栏

(3) 图像作为教学的一般参考,用于此目的的图像主要在于表达已经明确的影像特征,因此可以对无关的内容进行大幅度的压缩,使图像的数据量大大减少。

3.2.3　图像和数据接口的工业标准简介

对于新的数字化成像设备,如 CT、MRI、DR、ECT 等,大多符合 DICOM3.0 的标准接口,可以直接从数字接口采集图像数据,PACS 的连接较为容易;对较早使用的设备,由于无标准的 DICOM 接口,各个生产厂家的数字格式和压缩方式不同,需要解决接口问题才能进行连接。对于模拟图像的采集,后期 DICOM 标准也有相应的规定。本书将在附录中详细介绍。

3.3　医学影像的存储与数据库管理

作为 PACS 的重要组成部分,医学影像的存储是一个关键问题,也是数字化放射学中的重要环节。在整个医学信息系统的信息数据中,PACS 医学影像的数据量占 95%以上。PACS 不仅需要海量的存储,而且对存取数据的能力和安全性也有更高的要求。

3.3.1　PACS 对存储的要求

PACS 中的数据存储不是一种简单的信息存储,而是集存储、归档、图像查询检索、调用等为一体的影像信息存储。因此,PACS 对存储方面的要求,比一般的信息系统的存储要求更高。

1. 遵从 DICOM 标准

DICOM 标准已是公认的数字影像及信息交换的国际工业标准。在 PACS 图像信息存储都是基于文件系统的。为了满足通信安全与数据迁移等要求,图像文件的存储应遵从 DICOM 标准。该标准中详述了介质交换用的介质存储和文件格式;如介质存储模式(包括物理介质层、介质格式层、DICOM 数据格式层)、DICOM 文件格式等。

2. 海量存储

由于 PACS 中存放大量的医学图像资料,而且对图片的质量和精度有较高的要求,每张图片的容量从几兆到几十兆不等。以中分辨率的 CT 图像(512×512×12)为例,一幅原始的 CT 图像容量为 512kB,转换为 DICOM。格式后约为 518kB。病人某次 CT 检查的图像数与所检查器官有关系,对于肺部而言,大约有 25 幅图像,一次肺部检查要占用 12.6MB 的磁盘空间,肝部检查占用 10.1MB 的空间,如果做增强处理,图像数量增加一倍以上,所占空间也相应增加。如果再加上 CR、MR、DR、US 等其他影像设备产生的影像信息的数据量,整个系统的日影像发生量是巨大的,因此要求 PACS

必须是海量存储系统。

3. 高速传输

性能优良的 PACS 要能高速地传输高精度、高质量的影像图片,除了对网络带宽有较高要求外,对存储设备的存取速度和存储结构也有较高要求。

4. 高可靠性和安全性

存储系统的安全可靠是整个系统安全的重要基础和保证,为了系统安全,必须考虑存储冗余备份;也要从医学数字信息安全的角度考虑数据存取的秘密性、真实性、完整和可靠。

5. 可扩展性

医疗技术和医院信息系统的不断发展,对存储医学影像的存储量要求也会增大,这就要求 PACS 所用的存储系统可以方便地在线扩展。

6. 数据可迁移性

存储在磁盘上的数据需要保留一段时间,但磁盘存储的价格昂贵,所以需要将使用频率不高的数据迁移到相对较便宜的磁带或其他可移动存储介质上以做备份。另外,病人或医生往往需要携带数字影像做异地交换用,都需要存储的数据具有可迁移性。

3.3.2 主要存储技术

1. PACS 中常用的存储设备

随机存储器 RAM:RAM 存储器是最昂贵的存储器;其在读和写信息时都具有最大的速度。RAM 存储器被构建在芯片上,此芯片被安置在可插到计算机主板的板卡上。RAM 存储器现在通常以兆字节来度量其容量。大多数的 RAM 中的信息是可变的、易失的,这就意味着其不是永久式存储器并且其必须不断加电来保持存储的信息,当切断电源时,存储在 RAM 中的数据就丢失了。也有非易失性的 RAM(NRAM)并用在特殊的用途上,包括部分计算机系统。

磁盘和独立磁盘冗余阵列(RAID):磁盘技术是普及的存储技术,大部分 on-line RAM 位于磁盘上,磁盘提供快速可靠的数据存储。RAID(冗余磁盘阵列技术)既增加了可靠性又增加了存储。使用 RAID 技术,单盘的错误不会导致所有数据的丢失,因为存在一个多余的数据备份。为了达到稳定性需要写入附加的数据,这必将损失 RAID 的整个存储容量。RAID 的另一个优点是改善的性能。用多盘驱动器来读写数据,RAID 将在平行的多数据通道中累加性地写入数据。这种平行的操作可获得很好的读写性能。

RAID 因其高的价格或性能比,大容量和具有容错功能使其成为大型存储的主要选择,其主要的优点:①安全,除了 RAID 级别 0 以外,所有的 RAID 级别均具有一定的安全系数。它们能在一台驱动器或驱动器的各扇段出现故障时用数学公式恢复文件。②高数据传输率,RAID 的数据传输速率一般在 10~20MB/s,远远超过了目前 8 倍速光盘驱动器的 1.2MB 数据传输速率。③容易扩大存储器容量,只需扩加另外一个机框就可增加 4~5 台以上驱动器。

光和磁性光介质:医学成像应用已使用各种光存储技术好多年了。光学技术依赖于玻璃基的反射能力来记录信息。用激光技术有选择性的在玻璃基上"烧"出凹陷。使用过去的"写一次可读多次"技术(WORM),记录的信息一旦写上就不能改变了。WORM 技术较好地保证了数据不被恶性改变。新的磁光盘介质(MOD)使用磁和光两者的特性来记录和擦除数据。

CD-R,DVD:CD-R 的性能特性和现在的 CD-RW 技术已可以把它们作为记录小到中型放射科档案的可行的介质。每片容量大约是 600MB,写速度大约是 0.6MB/s,设备也更坚固可靠。

DICOM 也包括作为一个数据分配介质的 CD 技术。协议允许在 CD 介质上建立独立于设备的文件和文件系统结构。但 DICOM 不认可 CD 为一个文档介质。DVD(数据通用盘)是即将来临的使用视频标准技术且现在有很多商业性产品。DVD 有消除 CD 技术缺点的潜力,更重要的是,DVD 将大大提高存储容量而明显的读写性能的降低。

磁带:磁带提供了一个廉价的移动式存储介质。早期产品的性能局限性已经使磁带用来进行备份和故障恢复。这些备份计划的意图是把"死"数据写入低花费的介质中,且希望再也不读它。磁带的不断换代提供了有更好性价比的新技术。

2. 架构性存储技术

上述各种存储设备,无论其接口和性能,传统的使用方式都是直接和服务器或工作站相连。近年,随着网络技术的发展和网络应用的普及,出现了新的存储设备连接的使用方式,从架构上形成了几类不同的存储技术,使得存储设备连接更方便、灵活、共享性更好。

目前存储市场主要有三种方式直接附加存储(direct attached storage,DAS)、网络附加存储(network attached storage,NAS)、存储区域网络(storage area network,SAN)。

(1) 直接附加存储:DAS 是指将存储设备通过 IDE 接口、SCSI 接口或光纤通道直接连接到一台存储服务器上。一方面,当存储容量增加时,这种方式很难扩展;另一方面,当服务器出现异常时,会使数据不可获得。图 3-3 和图 3-4 是传统的 PACS 服务器直接存储结构与典型 DAS 结构图。

(2) 网络附加存储:NAS 是将存储设备连接到现有的网络上,提供数据和文件服务。NAS 服务器一般由存储硬件、操作系统以及其上的文件系统等几个部分组成。简

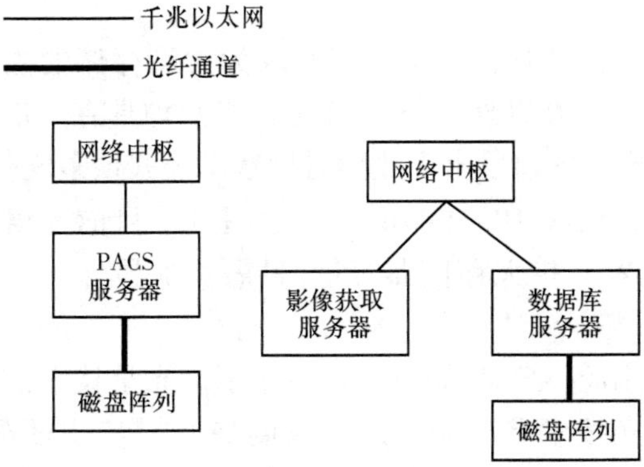

图 3-3　传统的直接存储与典型的 DAS 结构

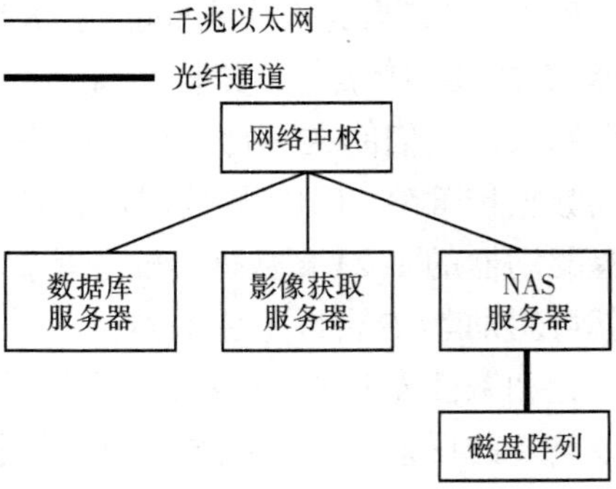

图 3-4　典型的 DAS 结构

单地说,NAS 是通过与网络直接连接的磁盘阵列,它具备了磁盘阵列的所有主要特征:高容量、高效能、高可靠。NAS 将存储设备通过标准的网络拓扑结构连接,可以无需服务器直接上网,不依赖通用的操作系统,而是采用一个面向用户设计的、专门用于数据存储的简化操作系统,内置了与网络连接所需的协议,因此使整个系统的管理和设置较为简单。其次 NAS 是真正即插即用的产品,并且物理位置灵活,可放置在工作组内,也可放在其他地点与网络连接。因此,用户选择 NAS 解决方案,原因在于 NAS 价格合理、便于管理、灵活且能实现文件共享。

（3）存储区域网络:SAN 是一种通过光纤集线器、光纤路由器,光纤交换机等连接设备将磁盘阵列、磁带等存储设备与相关服务器连接起来的高速专用子网。SAN 由三个基本的组件构成:接口(如 SCSI、光纤通道、ESCON 等),连接设备(交换设备、网关、路由器、集线器等)和通信控制协议(如 IP 和 SCSI 等)。这三个组件再加上附加的存储设备和独立的 SAN 服务器,就构成一个 SAN 系统。它是企业存储数据的场所,在被服务器调用之前,所有的数据都驻留在 SAN 上,仅当服务器调用它们时,SAN 才会转化为客户机网络,即在 SAN 中,存储资源在统一管理软件的管理下,被连接到局域网上所有主机共享。这种网络采用高速的光纤通道作为传输媒体,以 FC 应用协议作为存储访问协议,使用户获得不低于 100MB/s 的数据系统访问速率,大大高于传统的 SCSI 技术所提供的传输能力。光纤接口提供了 10kM 的连接长度,这使得物理上分离的远距离存储变得更容易。多个服务器主机通过光纤接口设备连接到光纤互联设备,而光纤通道的互联还可以通过光纤与多个光纤接口磁盘设备或磁带库设备相连。同时,SAN 还具有无限的扩展能力,由于 SAN 采用了网络结构,服务器可以访问存储网络上的任何一个存储设备,因此用户可以自由增加磁盘阵列、磁带库和服务器等设备,使得整个系统的存储空间和处理能力得以按客户需求不断扩大。图 3-5 为一个简单的 SAN 结构图。SAN(存储区域网络)结构具有许多优点:①可实现大容量存储设备数据共享;②可实现高速计算机与高速存储设备的高速互联;③可实现灵活的存储设备配置要求;④可实现数据快速备份;⑤提高了数据的可靠性和安全性。

笔记栏

NAS 和 SAN 的出现适应了网络正成为主要的信息处理模式的发展趋势。在构建

PACS 系统时,人们经常会为是选择费用相对低廉、易于部署的网络连接存储(NAS)还是选择功能更强大,但费用更高并且较难部署的存储区域网(SAN)而煞费苦心。现阶段很多医院都选择的是 SAN,使用光纤交换机将存储设备同服务器连接,组成小的局域网。SAN 和 NAS 经常被视为两种竞争技术,实际上,二者还能够很好地相互补充,以提供对不同类型数据的访问。SAN 针对海量、面向数据块的数据传输,而 NAS 则提供文件级的数据访问功能。随着科技的飞速进步,存储技术也日新月异的快速发展,存储速度越来越快,存储容量越来越大,存储结构的变化也越来越符合人们的需求。DAS、SAN 和 NAS 这三种存储技术已不是独立的存储方法。现今很多知名的存储厂商,同时有 SAN 和 NAS 产品,这便产生了一个新的概念 ESN(企业存储网),即是 SAN+NAS 的结合,使 SAN 与 NAS 两种技术在网络存储中起到相互补充的作用。相辅相成,集合了两种存储技术的优点。

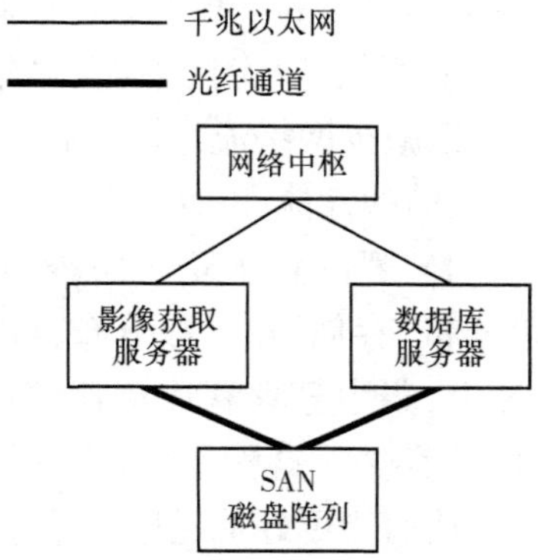

图 3-5　SAN 结构图

3. PACS 存储策略

在规划 PACS 存储方案时,根据网络条件、数据流量和用户分布等,采用不同的存储策略。存储策略决定了存储设备和存储架构的选用。

(1) 集中存储策略:把所有 PACS 影像集中存储在网络较中心的位置,供全院影像设备存储数据和所有工作站存取数据的存储策略。基于此策略的 PACS 系统网络流量大,一般在网络带宽充裕的情况下采用。该策略通过增加网络带宽和存储容量来提高效率。增大网络传输带宽是缩短图像传送时间最直接和最简单的方法。但是,这种方法在高峰数据流量大大高于平均流量时,对于加快高峰传图速度的效果不是特别明显,同时网络带宽的增加会造成建设投资的增加。此策略的最大优势是方便管理,缺点是造价相对较高。小型医院常采用此种策略。

(2) 分布存储策略:按数据来源和用户工作组分布设置存储,PACS 影像数据分布存储于全院各部门,通过一定的应用程序来管理、协调这些存储,以满足全院 PACS 用户的数据读写需求。医院根据图像的种类和使用的频度配备数个图像存储设备,网络也进行适当的分割使对图像数据的访问尽可能并发进行。如放射科主要访问 CT、CR 数据,基本不访问超声数据,临床部门主要访问当前所管属病人的影像数据。如果把他们经常访问的数据集中存储在他们最近的网络节点,将大大减少总网络流量,特别是骨干网的流量。分布存储的机制能够重分利用网络的带宽,但也给系统的设计带来了困难。由于在医疗中,特别是需要对病人情况进行综合分析时,对各种图像数据的访问需求都很大,分布存储图像能够起的作用也是有限的。中等规模的医院,网络带宽和投资规模有限时,可采用此策略。

(3) 逻辑上集中的分布存储策略:此种策略对 PACS 数据用户来说是统一的,但物理上是分布的一种 PACS 存储解决方案。这种存储方案往往通过专门的存储管理系统(应用软件+专门管理)来集中配置、管理存储设备、用户透明地向存储系统请求数据,以减少网络流量。这在一定程度上解决了一般分布存储的管理问题,又保持了分布存储的性能和价格优势。

(4) 逻辑上分布的集中存储策略:SAN 技术的出现,使得可以构建一种集中管理的“分布”存储,在一般分布存储架构的基础上,把分布的服务器上的存储设备转移到 SAN 上,集中管理和连接存储设备,以光纤连接原服务器和 SAN,从而形成了集中的“分布”存储。这种方案和普通分布存储一样,只在网络局部需要占有较多的局域网带宽,从而能更好地适应网络带宽不足的情况,使数据主要在 SAN 光纤网内进行。

3.4 医学影像的传输网络

网络传输指影像或数据和系统指令通过局域或广域网络传送、交换。计算机网络的一个基本功能是对最终用户(如放射科大夫和门诊医生)提供一条路径使其能访问位于不同地方的信息(如图像和报告)。在系统设计中最重要的网络数据包括每个节点的位置和功能,两个节点间信息交换频率,不同速度网络节点间传输费用,通信可靠性需求和吞吐能力需求。设计参数包括网络拓扑结构、通信线容量和流量分配。

网络的设计既要考虑建网及通信费用和计算机资源,同时要满足图像传输速率的要求,因此目前常用几种不同网络来构成,主要有以下三类:

(1) 低速(<10MB/s)以太网。

(2) 中速(100MB/s)光纤分布数据接口(FDDI)。

(3) 高速(≥155MB/s)异步传输模式(ATM)。

网络必须采用标准网络协议如 TCP/IP。由于成像是一件费时的处理过程,因此采用低速网络连接成像设备和图像采集工作站。根据数据交换量和传送费用来确定是采用中速或是高速网络。由于几台图像采集工作站可能同时向 PACS 控制器传送大量图像文件,因此在图像采集工作站和 PACS 控制器间一般采用高速网络。

网络传输指影像或文体数据和系统指令通过局域或广域网络传送、交换。网络构成成分主要包括:

1. 网络拓扑结构

有多种网络拓扑结构可供选择。如总线结构、环形结构和星形结构等。对于总线结构网络,为避免数据传输冲突,一次只允许一个终端发送数据。因此,需要某种网络访问制定协议以确保用户进入和解决传输冲突;环行结构具有总线结构的一般特征,但和总线结构相比,它能够恢复某一单个链接所产生的故障和缺失;在星形拓扑结构中,带有转换设备的中心节点能够提供安全性和多用户同时接入网。此外,单个接点失误不对其他点造成影响,但星形拓扑结构连接较昂贵。

笔记栏

2. 网络传输介质

无论使用何种拓扑结构，网络均可被看成一组用户进入网络的终端，一组带有交换器的网内节点和一组连接上述终端和节点的传输链。传输链物理介质分为两类：一类是普通电线或光纤，前者的优点是价廉，后者则具有较高的数据传输速率和较低的误码率。另一类网络传输链接是利用无线电或微波作介质的无线传输网络连接，这类连接目前存在的局限是抗干扰及安全性较差，有一定的距离限制，但可以预测，这是以后数年将显示快速发展的一类网络连接方式。

3. 网络标准与传输协议

为达成在网络中交换信息、共享网络的资源，就需要实现不同系统(包括计算机、终端和各种外部设备)中的实体(包括用户应用程序、文件传送包、数据库管理系统、终端等)间的通信。网络中实现成功通信的基础是它们具有同样的交流语言，必须遵从有关实体间通信的一些规则。这些规则的集合称为协议，它可以定义为在两实体间控制数据交换的规则的集合。标准则是系统能协调工作的有关功能的描述。

1992 年公布的 DICOM3.0 标准包括概况介绍、一致性说明、信息对象的定义、服务类的定义、数据结构的定义，数据词典以及利用标准的 TCP/IP 网络环境来实现医学影像设备之间直接联网的方式等内容。DICOM3.0 除了与它的前一个版本保持兼容外，还在许多方面进行了扩充和改进。其中最主要的是将点对点的通信标准扩展为医学影像的网络通信标准。这一标准是建立在 OSJ 和 TCP/IP 基础上的。在文件管理方面，原来的版本只限于每个信息单元传送一幅图像，DICOM3.0 允许建立多种文件夹，且每个文件夹可以包含多幅图像。该版本所支持的配备不仅包括 CT、MRI，核医学和超声，而且包括 CR 及胶片数字化系统、视频采集系统、医院信息系统和放射信息系统。目前，人们还在对它不断地补充，并将尽可能扩充到骨骼成像、放射治疗计划和病理学等领域。

3.5 医学影像的重现

影像显示部分是放射科医师和临床医师与 PACS 之间联系的主要构件，由带有局部存储能力的计算机、图像和文件显示器以及用户界面软件组成。

医学影像的显示和处理需要相应的专业图像处理软件，具有对医学图像进行各种后处理和统计分析的各种功能，动态回放、三维重建、多切面重建等。图像显示根据原始图像的不同，需要不同的分辨率，对 CT 和 MRI 的要求相对较低。

3.5.1 影像工作站的硬件结构

图像显示工作站是控制图像显示的主计算机，用户通过它实现图像及其相关信息

笔记栏

的查询和显示。图像软拷贝是PACS系统的一个重要部件,有时也需要实现图像硬拷贝,即将图像印在胶片上。图像显示工作站的硬件由图像缓存和处理器、显示器及存储器三个部分组成,通过通信网络和应用软件实现与PACS控制器相连。图像缓存和处理器用于实现图像数据到显示器的可视化转换,存储器要满足大容量、高性能的图像显示需要,通过通信网络实现图像到显示工作站的数据传送。

图像缓存和处理器常做成插板直接插在计算机总线上,图像处理器由图像存储器、像素处理器和视频输出处理器组成,通过一个共用总线实现图像数据高速转换。视频输出处理器产生的图像信号可以直接送到显示设备。目前常用的显示设备是CRT监视器,根据每屏的扫描线数,可将显示器分成512显示器、1k显示器、2k显示器几种,其扫描线分别为512线、1024线和2048线。

以用途分类,显示工作站主要有两类:即①影像诊断工作站:既可浏览图像,也可做图像后处理,主要供放射科医生做诊断用。这类工作站应具有尽可能高的显示质量,显示MRI或CT图像应达到1k×1k×8Bits分辨率,显示常规放射学影像至少应具备2k×2k×12Bits的分辨率。②影像浏览工作站:主要供临床医师在病房或手术室等场所作病人相关影像浏览之用。一般不做图像后处理,空间分辨1k×1k可满足要求。

显示工作站的存储设备不仅要求容量大,而且需要很高的数据输出能力,以满足图像处理和显示速度要求。普通磁盘从存储介质到视频显示的图像传输速度为1~2MB/s,不能满足显示需要,为了得到高速I/O,显示工作站常用随机存储器(RAM)和磁盘阵列两种高速存储设备。RAM具有非常高的I/O速度,但价格贵,一般作为显示工作站缓存使用。磁盘阵列允许多个磁盘同时进行读写操作,其I/O速度为10MB/s,比RAM慢,但价格便宜。

图像的再现是PACS最终服务于医疗工作的最后环节。对于不同的医学影像,对图像再现设备的要求也不同,我们目前所使用的微机显示器能够显示大部分影像,如CT、MRI、超声、内窥镜等。而一些X线检查,如肺片、乳腺检查等,则需要有高清晰度显示器来显示2k或4k的图像。这些专用设备的价格往往非常昂贵,通常每套设备费用高达5~7万美元。

激光照相机也是PACS中常用的设备,国内很多大医院已经为CT、MRI等大型设备配备了激光照相机用于产生胶片,这些设备同样可以与PACS连接。通过DICOM标准中的打印控制规范访问这些打印设备,将PACS图像服务器中的图像送往激光照相机产生胶片。

在医院建立的PACS所使用的其他设备,如微机、图形工作站、网络交换机等等,都是目前通用的计算机和通信设备。目前计算机的高速发展,通用设备的性能也越来越高,已经能够满足大部分建设PACS的需求。

3.5.2 影像显示和处理

笔记栏

目前,显示工作站一般都具备数字图像管理和图像处理功能,图像处理会提高图像的诊断价值，主要包括以下处理工具：图像勾边（outling）、边界检测（boundary detection）、去模糊（deblurring）、消除噪声（noise cleaning）和滤波（filtering）。显示工作站还具有图像显示和测量功能以辅助医生诊断，包括：缩放和移动（zoom and scroll），窗口和灰阶（window and level）调整，直方图修正（histogram modification），图像反转（Image reverse）及距离、面积和平均灰度测量（distance，area，and average gray level measurements）等。

（1）图像恢复：目的是改进图像质量，将图像中的干扰信息去除。在图像获取时，许多因素会导致图像质量下降，如 CT 扫描时病人的呼吸、心跳等，不仅造成图像模糊，甚至产生伪像。用变换、滤波等方法可以去除干扰。

（2）图像增强：按应用需求对图像进行处理，以加强信息提取。图像增强技术主要包括对比度处理、基于灰度直方图的变换处理、图像减影和平均、空间滤波、频域增强和伪彩色处理。

（3）边缘检测：边缘是图像中具有不同平均灰度的两个区域之间的边界，边缘检测是利用边缘反映局部灰度变化这一特性直接将边缘找出来。

（4）图像分割：是指把一幅图像分成各具特性（灰度、颜色、纹理）的区域并提取出感兴趣的目标。图像分割是图像分析和计算机视觉低层次处理中最基本和最重要的研究内容，是成功进行下一步图像分析和理解的关键技术。

（5）图像测量：测量图像的几何特征（面积、形状、圆周等）、强度特征（灰度分布、均值、标准差）、颜色特征（颜色、颜色分布）、纹理特征（细微结构：定量地表示小距离内灰度值的变化）。

（6）图像压缩：用某种特定的算法将原图像的数据进行压缩，获得与原图像尽量逼真的图像，使存储占用的空间减少，传输速度加快，利用解压缩算法可以近似或完全恢复原来的图像。

（7）图像配准与融合：配准指寻找两幅图像数据集之间的几何变换关系，将两幅图像的坐标空间换到同一个标准空间的过程。如模板配准是把标准图形（模板）放在图像中，观察其相关性，如脑外科手术时手术器械与病人手术部位的配准。图像融合则是将各种图像配准并构成一个统一的数据集，外科手术导航系统中有病人、手术器械和病人的计算机仿真模型之间的配准和融合。

3.6 PACS 的工程实现举例

根据 PACS 的覆盖范围，将 PACS 分为小、中、大三种类型。小型 PACS 指的是单单在放射科或影像科的传输网络；中型 PACS 指的是与 HIS 衔接，覆盖在整个医院内的传输网络；大型 PACS 指的是与院外系统进行图像传输。

（1）小型 PACS：一般指的是单一科室或单一影像模式用的，比如说超声波 mini PACS。

（2）中型 PACS：一般指放射科用的 PACS，一般只管 CT、MRI、CR/DR，有时包括

笔记栏

普通超声波。用于高分辨率组织性灰阶图像看像、简单测量(线性、角度、面积等) 和分析(区域最大、最小、平均值、均方差等)。

(3) 大型 PACS (Enterprise PACS):是全院、全企业(包括所有院区和分支)的 PACS。支持的模式包括五大类 CT、MR、超声波、核医学与正电子和所有 X 线类(如胸、普通、乳腺、DSA、骨质等等)。在国内和亚洲一些地区还可能包括各种内窥镜、显微镜、心电图等。

世界上目前最普及的是放射科灰阶 PACS。比较专业的小型 PACS 有超声波 PACS、心脏 PACS (大都指的是心导管)、核医学/PET。

大型企业 PACS 是最近几年的事情,把放射科 PACS、各科小型 PACS 和多院区远程 PACS 整合加在一起就成了大型企业 PACS。但是整合要求比较高。

1. 与 PACS 实现相关的主要问题

首先,实现 PACS 需要一个与各种不同硬件设备的接口以获取原始数据,而现在医院使用的影像设备如 CT、MRI、CR、PET 等类型复杂,接口的图像输出格式各个公司定义不尽相同,有的是模拟信号接口;有的是数字信号接口,有的根本没有接口,因此影像数据的获取将是一个难题。其次,PACS 中的数据以医学图像数据为主,因此数据量非常大,以一个典型的中型医院为例,一个病人做几项放射科检查,所需数据量大约有 500M 至 2.5G 之多,这不但对网络性能提出了更高的要求,也对存储介质提出了更高的要求。另外设计一个医院的 PACS 系统时,在实现符合标准的前提下,一定要考虑到医院的具体情况和要求,并且要随着科技的发展系统可进一步扩展,界面的设计也要考虑到使用者的专业习惯。

在我国现阶段,实现 PACS 还要考虑到医院的经济能力,不能一步就设计一个大范围的通用 PACS,要与医院的 HIS 结合来考虑。

2. 下面以贵阳医学院附属医院为例来介绍 PACS 建设与应用

i 系统构成

贵阳医学院附属医院(贵医附院)网络系统采用 1000M 主干,100M 到桌面,运用国际标准规范对网络结构进行合理规划,对医院网络系统长远发展的预算做出相应的网络构架方案。医院设立一个数据中心,由中心向病区辐射。各病区采用 1000M 光纤连接,并采用多种网络拓扑形式的交叉结合。整个网络系统连接有 PACS、HIS、CIS、RIS、LIS 等相关医院信息系统,系统间已进行一定的交叉融合,如图 3-6 所示。

ii 影像中心系统构成

贵医附院影像中心包括有数字化成像系统、医学影像存档与传输系统、放射科信息系统、数字影像教学会诊系统及远程会诊系统五大部分。

笔记栏

(1) 数字化成像系统:贵医附院数字化影像设备包括 GE HiSpeed CT 一台,GE

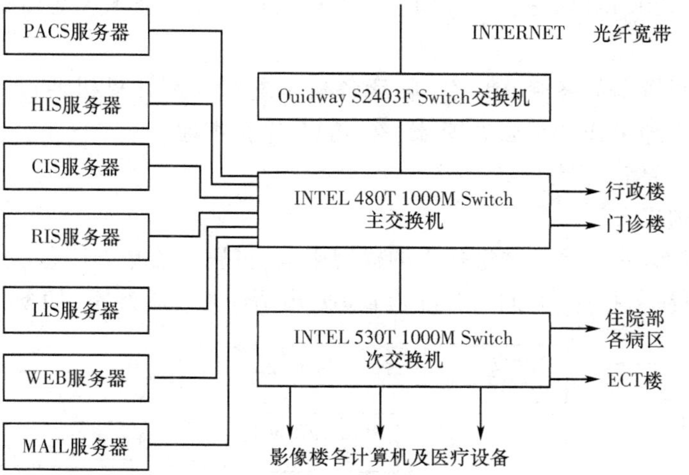

图 3-6 贵医附院网络连接示意图

Sigma 1.5T MRI 一台，GE LCV+DSA 一台，AFGA ADC Compact CR 两套、CANON DR-Thorax 一台，Philips Thorax CT 一台，GE Senographe2000D MG 一台，GE Prestige Ⅱ 一台，均具有 DICOM 影像输出接口，可直接输出 DICOM 影像；两台超声诊断仪是 HP Image Point、Krety 530C 均不具备 DICOM 数据的输出，影像通过 DICOM 网关采集视频有数字化。

（2）医学影像存档与管理系统

1）中央数据存储服务器：Dell 2650 2 套，Intel P Ⅳ 2.8G CPU×2，2GB 内存，配置为服务器集群。利用光纤子卡（HBA）与外部存储设备 CX 400 相连接，提供 680MB 带宽的数据交换能力及 3.8TB 在线存储容量。数据管理软件采用 GE Centricity Archiving1.0 提供 Dicom 存储、连接、数据管理服务。数据压缩采用 GE 专用算法 Compress Xpress 及 TruRez。系统加强对存储的支持，可按需要为 Archive，或特定的用户分配固定的 RAID 空间。数据的安全性有突出的保障，可对存储在服务器的每个数据追踪到谁在查询、提取和更改。具有同意数据管理及分散相关数据节点的高级脚本规则编写功能。另外，我们还采用 DVD 光盘每日增加刻录对影像数据进行备份，进一步提高数据存储安全性。

2）影像后处理工作站：影像科共拥有影像后处理工作站 4 台，分别安装于 GE HiSpeedCT、GE LCV+DSA、AFGA ADC Compact CR 处，提供 DICOM 设备产生数字影像的初步后处理功能，并将后处理的影像传输至中央数据存储服务器存档。

3）影像采集和诊断工作站：均为 Radworks，27 套，其中 4 套配置 BARCO 3M 专用肖像型灰度监视器作为审核报告用，其余工作站配置 Dell 21 英寸 1600×1200 彩色监视器，除超声诊断仪使用 Radworks 采集后数字化影像外，其余 22 套均为图像阅览及初步诊断工作站。

4）远程影像浏览服务器：DELL PowerEdge 4400，Intel P Ⅲ XEON 1GHz，1GB ECC

笔记栏

SDRAM 内存,120GB 热插拔 Wide Ultra2 SCSI 硬盘。提供临床科室远程浏览近期影像数据。

5）远程影像浏览终端:100 套,临床各科室配置终端计算机通过 WEB 方式读取影像并浏览,本地可作初步后处理,影像不能存储在本地。

(3) 放射科信息系统

1）系统构成

a. 登记工作站:2 台。登记病人的检查申请,将病人的基本信息、检查信息等病历信息录入到系统数据库,并同时分配检查 ID,申请序号及检查室,如图 3-7 所示。

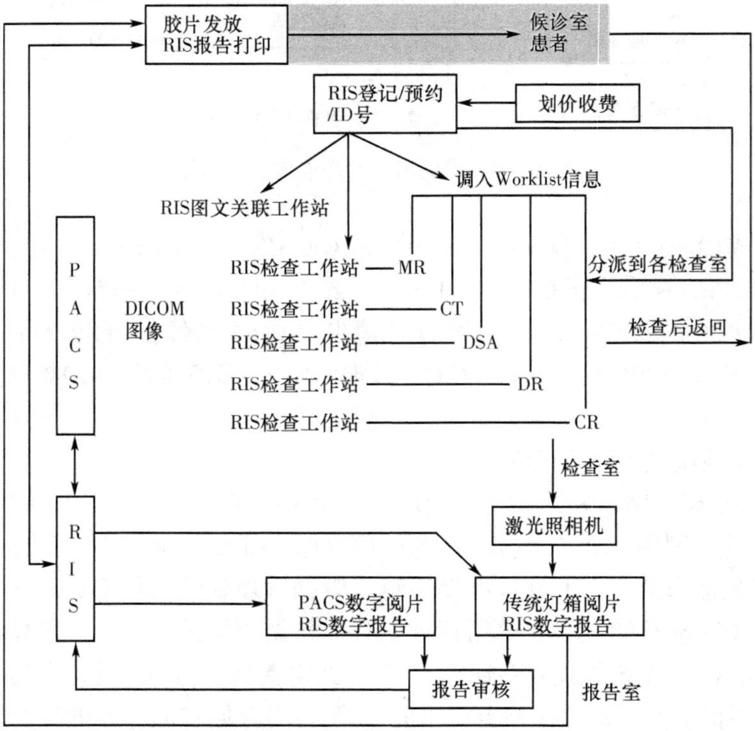

图 3-7　放射科工作流程示意图

b. 检查工作站:9 台。分别安装于每个检查室,确认每次检查并录入检后记录。

c. 关联工作站:5 台。影像检查完毕并将影像数据上传 PACS 服务器后,通过申请序号,病人英文名(拼音),检查 ID 等信息将 RIS 信息与 PACS 影像对应,并将匹配信息保存在系统内,同时改变检查状态。

d. 报告工作站:27 台,RIS 终端软件与 PACS 终端软件本身关联在一起,在同一操作系统中即可完成两个软件的应用,并利用图文工作站录入诊断报告。

e. 报告打印分发:1 台。诊断报告被具有审核权限的医生审核并完成以后,打印分发工作站则可将报告打印给病人。

笔记栏

f. 系统管理工作站:1 台,进行科室工作流程管理、影像质量控制、RIS 工作流程调配。

具体每类工作站均可随时根据需要做实时增减。

2）工作流程：整个 RIS 系统，严格控制了放射科的工作流程，将病人在医院影像科内部所产生的行为，完全按照系统的工作流程定义进行。严格管理系统内的控制权限，三级报告模式，确保报告的真实性，一经发布即无法修改。对大量病例资源按照不同条件进行统计、分析，为教学提供庞大的资料库。

另外，数字影像教学会诊系统，基于 VPN 的远程会诊系统在此不做详细介绍。

对于数字医院的设计，前期的调研、设计及引进要有前瞻性，整个系统配置要高，在线存储量要足够大，要以医院为整体，统一规划，分步实施。规范的网络结构、合理的数据流分配、大容量在线存储空间是 PACS 系统正常运行的前提条件；系统管理维护工作则是应用中不可缺少的关键环节；专业科室的参与使 PACS 能充分应用。

（李　宁）

第 4 章 检验信息系统（LIS）

检验科是医院中最重要的医技科室之一，检验项目涉及生物化学、微生物学、细胞学、免疫学、体液学和分子生物学等众多学科，其所发布的检验报告是临床医师正确诊断不可缺少的重要依据。为医院检验室配置的信息管理系统称为检验信息系统（LIS），它为检验科提供了一套准确无误、方便快捷的管理方法，是医院信息系统（HIS）的重要组成部分。该系统与检验科业务密切相关，它对提高检验科的工作效率、增强检验工作的质量、减轻检验科室的工作强度、理顺工作流程有重要的作用。

本章从 LIS 的开发和实施的角度，重点介绍检验信息系统的基本概念、合理的工作流程、主要系统功能、LIS 的开发实施过程中一些关键问题，以及介绍一个 LIS 系统实例。

4.1 检验信息系统概述

4.1.1 LIS 概念

检验信息系统（laboratory information system，LIS），是指利用计算机网络技术，实现临床检验室的信息采集、存储、处理、传输、查询，并提供分析及诊断支持的计算机软件系统。它是医院信息系统的重要组成部分之一；是结合临床检验科日常工作的需求，按检验室的工作流程设计，将检验室各项工作集合到一起，集分析检测、质量控制和检验室综合管理于一体的模块化、开放化的信息平台；是实现仪器检测与医疗信息自动化、智能化的检验室管理软件系统。

4.1.2 LIS 的意义

医院检验科作为医院的一个重要医技部门，在疾病的诊断和治疗过程中起着重要的作用，其自动化水平体现和制约着医院整体医疗水平的发展。甚至可以说现代医学，特别是循证医学的发展在很大程度上依赖和取决于检验医学的发展。

检验科的检验项目涉及众多学科，检验过程涉及多个科室，并且需要经过开具检验申请单、计价、采样、核收、化验、结果审核和发布检验报告等多个步骤才能完成。其间稍有不慎，便可能出现化验结果出错、报告遗失、计费错误等种种差错，这些可能会造成医生错误诊断，延误病人治疗，给病人和医院都造成巨大的损失。

笔记栏

目前，检验科在日常工作上主要存在以下问题：工作量大，任务繁重；报告结果仍处在原始的手工阶段，手工抄写，手工登记；报告单丢失后结果难以查询；手工绘制质控图；不能动态掌握仪器设备使用情况和试剂的消耗情况；不能对病人的结果进行动态追踪；手工计费，经常发生漏收或错收情况等等。

同时，也应该看到，现在检验技术较以往已经有了长足的进步。基于微处理器自动化检验仪器开始广泛应用，它们不但使检验操作更简便、分析更快捷、结果更准确，更重要的是，许多仪器已经具备了一定数据采集、存储、分析的能力，这为大量检验数据的集中分析处理，为实现检验科的信息化管理提供了必要的物质基础。

因此，数据采集和样本化验已不再是检验室当前最为突出的矛盾，而大量检验数据的管理和传输才是迫切需要加以解决的问题。在这种情况下，建立检验信息系统（LIS）就成了必然的选择。借助计算机技术、数据库技术，以及网络通信技术，将各个分散的检验仪器中的数据集中管理，并依靠网络通信技术实现检验资料的快速传输与共享。以网络化信息系统软件连接各种分析仪器组成的检验信息系统（LIS）在国内已进入一个蓬勃发展的时期。

LIS 的建立，可以高效率处理高速增长的检验数据；充分发挥各种自动化仪器快速、准确的优势；缓解自动化仪器测定的高速度与手工报告结果的低效率之间的矛盾；为临床提供整洁、统一格式的中文报告；提高工作质量和检验学科的整体水平。建立检验信息系统，是检验科由经验管理向科学管理、规范化管理发展，提升管理水平的需要；是从繁琐而凌乱的手工报告检验结果走向简便的计算机报告结果，提高工作效率的需要；是建立测定过程中质量控制的实时监测、分析、预警系统，提高检验质量的需要；是建立规范、统一的报告单，确保不发生分析后误差，提高数据可靠性的需要；是集中管理检验信息，便于查找问题、分析原因，改进工作，加强全过程质量管理的需要；是加快检验结果向临床的反馈速度，提高对危重病人救治水平的需要；是建立完整的医院信息系统，实现检验信息全院实时共享的需要；是检验学科提高自身素质，尽快适用信息化社会发展，实现检验信息社会化共享的需要。

4.1.3 LIS 的发展历程

检验信息系统（LIS）是检验科信息化的必然产物，它的起源与发展与计算机技术发展相适应。由于价格的原因，LIS 最初是在微型计算机（PC）出现后才逐步发展起来的计算机应用软件系统。国内的 LIS 起步较晚，从 20 世纪 80 年代末开始出现。经历了近 20 年的发展，LIS 随着计算机硬件、软件、网络、数据库技术的发展而不断完善。迄今，国内 LIS 的发展历程主要可划分为以下 4 个阶段。

1. 单机阶段（20 世纪 80 年代末至 1994 年）

此阶段计算机硬件配置以 IBM PC 386、486 及其兼容机为主，操作系统以 DOS 3. X 为主流。LIS 一般是以 Foxbase 2. X 开发的单机系统，负责对一些基于微处理器的分析仪器进行控制和记录，以及对检验数据进行存储和简单分析。

2. 小型网络阶段(1995 至 l997 年)

此阶段操作系统开始以 Novell 公司的 Netware 3. X 为主,后来又逐渐被微软的 Windows 95,Windows NT 网络操作系统所取代。主流机型以 IBM PC 586,奔腾 2 为主。此时的 LIS 具备一定的网络访问和管理功能,FoxPro ,Acccss 等简单的关系数据库得到了广泛应用。

3. 大型数据库网络阶段(1998 年至今)

随着计算机硬件、操作系统、大型网络数据库的进一步发展,LIS 进入了大型数据库网络阶段。服务器端程序在 Unix、Linux 或 windows NT 平台下运行,具备良好的系统稳定性;前台程序均为菜单式图形界面,易于安装、维护和使用;使用流行的关系型数据库,如 Oracle、SQL Server、Sybase 等,集中存储病人的检验数据、仪器设备的质控资料以及检验科的管理信息。可与各种检验分析仪器进行对接,借助仪器的通信接口实现检验数据的自动采集;支持检验科需手工处理的项目;具备多种质量控制机制,可实现检验仪器质控数据的采集和处理自动化;提供完善、快捷、灵活的数据查询功能;具备开放的系统架构,具有良好的可扩展性;与管理信息系(MIS)相结合,支持彼此间的信息交换和资源共享,可以实现检验申请接收、检验结果发送以及费用信息传递;能够对检验数据进行各种统计分析处理;具备仪器、试剂、人员的管理功能等。此阶段的 LIS 已趋于成熟,功能丰富而实用,产品也层次化并多样化,以适应不同用户的需求,是目前国内 LIS 系统的主流。

4. 检验室全面自动化阶段(2005 年至今)

近两年,新一代检验室全面自动化的 LIS 正逐渐形成,实现了整个检验室从申请、收费、采样、化验到出具报告的全程自动化。其主要特征是,进一步完善检验信息的管理,提供对临床诊断的辅助决策支持;支持检验信息的深度处理,使其为医院的科研和教学服务;适应新的检验项目和方法,提供对图形、图像结果的处理能力;信息交换向 Internet 延伸,并与样本的处理和开放式的实验室仪器相结合,逐渐实现实验室全面自动化(total laboratory automation,TLA)。TLA 是未来 LIS 的发展方向,目前,在某些发达国家的医院,已有初级全面自动化的 LIS 的实例出现,医师开具检验申请时,电脑可打印条形码并自动将它贴在采样容器上。采集样本后,样本处理和传送全部自动化,检验仪器可依据条形码自动识别检验样本并进行化验。检验的结果则通过网络实时传递至医师工作站,使医师能以最快的速度得到化验的结果。

4.2 LIS 的主要功能和检验流程

4.2.1 LIS 的主要功能

笔记栏

检验信息系统实现了检验业务全流程的计算机管理。从检验申请、标本编号、联机采集、数据存储与分析、出具报告,结果查询到质量控制等,每个环节上都设置了相应的功能模块,实现计算机辅助管理。LIS 的主要功能如图 4-1 所示。

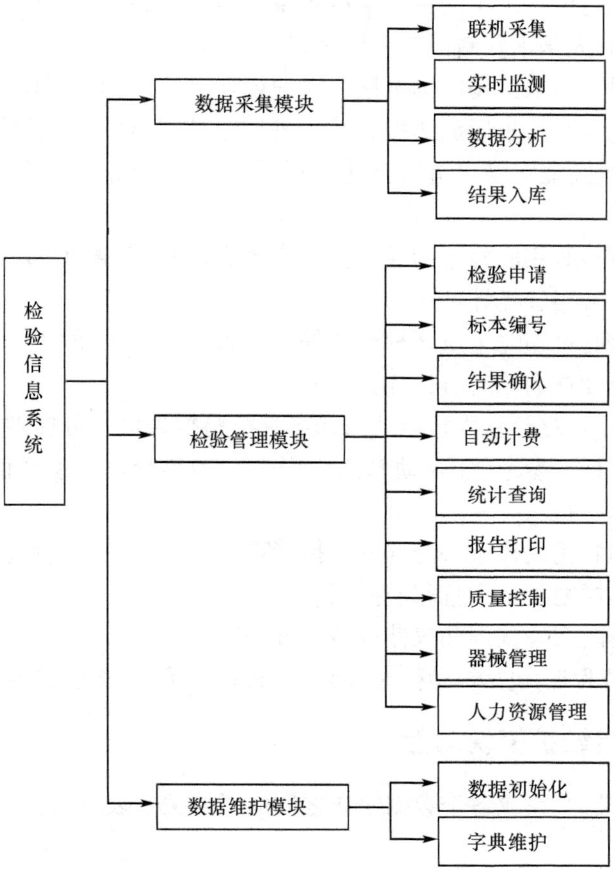

图 4-1　检验信息系统功能结构图

1. 数据采集模块主要功能

(1) 联机采集与结果入库:主要完成检测结果的自动采集、接收分析仪器发出的检验数据,并自动将结果添加到与前台输入的病人资料相对应的数据库中。可使检验结果从检验仪器中直接传入计算机,减少检验人员手工抄写检验结果的过程,并形成初步的报告。

(2) 实时监测:对于特殊的检测项目,LIS 系统还有实时监测功能,在任意的工作站上可以随时对检测仪器的测定结果进行实时监测,便于发现问题,及时进行处理。

(3) 数据分析:某些检测仪器的直接测量结果并不是医疗检验报告中的最终结果,需要做进一步的数据分析处理,才能得到最终的报告结果提交给医生作为诊断依据。

笔记栏

2. 检验管理模块主要功能

(1) 检验申请:根据医生的手工申请单录入申请,或接收医生工作站从网上发出的申请。还包括病人基本资料的输入和编辑。

(2) 标本编号:将采集到的标本按一定的规则编号,便于自动识别。

(3) 结果确认:对初步形成的报名结果进行审核确认并形成最终报告,发往门诊或病区。有的系统还能对结果进行自动判断,对异常的结果给出警示,提供与以往结果对照的功能。

(4) 自动收费:对完成检查的各种项目实现自动计费,避免漏收或错收。根据科室的业务情况,可恰当选择计价点。

(5) 统计查询:可随时生成多种形式的工作量、收费、设备使用情况、试剂消耗等各种报表,方便统计查询,加强科室的管理。

(6) 报告打印:按统一、固定格式打印各种检验报告单。可提供完整的病人资料、标本状态、结果、单位、参考值(自动套用不同性别和年龄段的参考值范围)以及超出参考范围的标记等内容。

(7) 质量控制:完成检验科内部的质控管理功能。可自动接收或手工录入质控数据,并根据相应的规则显示和打印质控图。

(8) 器械管理:实现试剂和仪器设备的统一管理。

(9) 人力资源管理:包括检验科内部职工资料管理、值班表的安排和电子考勤系统。

3. 数据字典维护模块功能

进行字典的维护,完成各个数据字典之间的对照关系表,进行后台数据的初始化。

4.2.2 LIS 的检验流程

检验信息系统是为医院检验科工作服务的,其工作流程和实际检验工作流程基本相似。检验室科学合理的工作流程是:①申请—②收费—③采样—④核收—⑤化验—⑥审核—⑦查询。何时收费可能会变动,如对于住院病人,在样本核收后收费。其中④—⑥属于实验室内部流程,其他步骤是与医院信息系统有关的外部流程。LIS 就是围绕这个工作流程和实验室管理的内容来研究和开发的,不同的步骤可以组成若干工作站。如申请+查询组成医生工作站,采样+查询组成护士工作站,核收组成标本接收站,查询组成服务台工作站,审核组成发布站,还可以根据工作模式需要自由组合。只有清楚地掌握和理解 LIS 的工作流程,才能更好地开发和使用 LIS,下面结合具体框图,分别对门、急诊检验和病房检验的 LIS 工作流程加以介绍(图 4-2,图 4-3)。

笔记栏

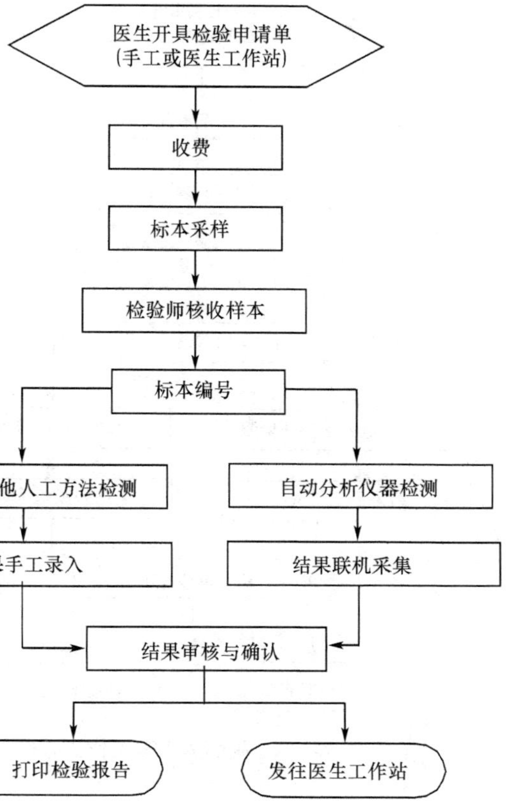

图 4-2 门、急诊病人 LIS 工作流程

图 4-2,图 4-3 分别是门、急诊病人和住院病人 LIS 工作流程,其区别只是收费位置的不同。从图中可以看出,检验信息系统的应用,从检验申请到报告发出,完全实现了计算机网络化管理。检验申请可以有两种途径:手工开具化验单或医生工作站。检验科在收到申请和标本后进行编号,然后进行检测(包括镜检或其他人工方法检测和自动分析仪器检测)。结果出来后,通过手工录入或仪器自动采集把结果录入系统,形成初步报告,结果经过审核后,进行报告确认,形成最终报告。最终检验报告发往门诊、病区,不能再进行修改。

4.3 LIS 主要分系统介绍

LIS 是为检验科室服务的计算机软件管理系统,它的组成和功能取决于检验科的业务需求。随着现代临床医学和检验技术的不断发展,检验项目不断增加,检验流程逐步规范,检验科的业务需求也在不断变化。因而 LIS 的涵盖范围及其基本功能也随之不断扩展和增强。本节仅对 LIS 几个主要的分系统加以概括介绍。

笔记栏

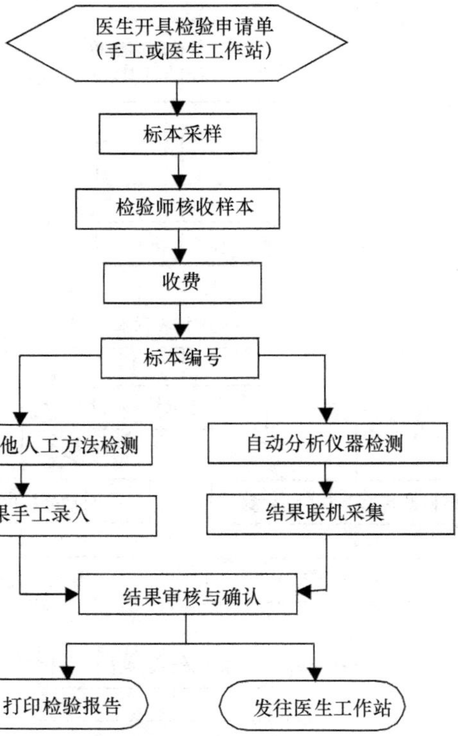

图 4-3 住院病人 LIS 工作流程

4.3.1 检验业务处理系统

检验业务处理系统是 LIS 最基本最核心的组成部分。它为检验申请单的录入、样本核收、检验计费,检验任务安排、检验数据的采集和输入、检验结果审核、检验报告发布以及检验结果统计查询等一系列最基本的业务提供支持,是开发 LIS 时最关键和最先考虑的部分。

1. 检验申请单的录入

检验申请是检验工作的第一步,完善的申请单才能保证后续工作的顺利进行。检验申请分为电子申请和手工申请。电子申请时系统提供病人资料基本信息(包括姓名、性别、年龄、科室等)和检验项目信息(包括检验项目名称、价格、检验部门、注意事项、采样及相应的报告时间等),可以从医生站、护士站、技师站、互联网申请并产生系统唯一的检验医嘱号,最后打印出全程通用的条形码申请单。手工申请是在化验单上填写病人和检验项目信息,并在后继的步骤中产生电子申请单。

2. 样本核收

笔记栏

为了适应检验室管理的需要,越来越多的检验室都成立了专门的标本核收部门。

所有的标本先送到标本接收部门,检查标本的质量,本功能主要是与已有的门诊和住院系统进行信息交换。LIS 可以通过病人 ID、姓名,或者依据检验申请单的流水号和条形码等多种方式获取病人的检验信息,如果发现样本与检验申请不一致,或所采样本不符合化验要求,检验技师可拒收样本并通知申请人。

3. 检验计费

LIS 的收费主要分成门诊和住院两部分。门诊病人的电子申请单在收费处确认后收费,手工申请单在收费处录入产生电子申请单后收费。住院病人的电子申请单一般是在核收时收费,手工申请单在标本接收站录入产生电子申请单后收费。

4. 检验任务安排

当检验技师核收样本后,系统应能生成并打印出检验申请单与样本编号的对照表,以供检验师作为工作任务单使用。门诊采样病人在抽血处按就诊卡或申请单确认检验项目,并提示各项目的采集试管、注意事项、采血次数等,在 LIS 的电子申请单里产生抽血时间、抽血员等信息。可以打印包含有检验医嘱号、取单时间地点等详细资料的条形码回执。住院病人,护士核对申请单后采样。条形码申请单有三联,其中一联贴在样本容器上。每联有医嘱号、姓名、检验项目、采样时间、检验部门等基本信息,通过系统可查询更详细的样本资料。

5. 检验数据自动采集

随着电子技术快速发展和检测方法的改进,检验仪器的自动化程度越来越高。许多检验仪器都内置了计算机系统,具备了数据采集、存储和传输的能力。为了实现对检验数据的统一管理和分析,杜绝结果转抄过程中人为产生的失误,就必须实现 LIS 与检验仪器的信息交换,通过检验仪器的通信端口(通常是 RS232 接口)对分析仪器加以控制。

与检验仪器的信息交换可分成单向通信和双向通信两种方式。一些早期的、具备数据输出端口的检验仪器只支持数据的单向通信,即只允许联机电脑从仪器中读取检验结果。而近年来,已经有部分更先进的检验仪器开始支持数据的双向通信。它们不仅支持联机电脑自动读取检验数据,还允许联机电脑直接向检验仪器发送一些控制命令,例如哪一个样本要进行哪些分析之类的信息。

当然,相对而言,更为主要的是从检验仪器中获取检验数据,即通过检验仪器的通信接口,自动读取仪器的检验结果并将其存入 LIS 的数据库。一个好的接口程序,不仅要保证通信的实时和稳定,还必须能够传送数值、文字、图形甚至图像等多种格式的资料,并且支持漏项、多项及错项的自动检查。

LIS 除支持自动读取检验仪器的检测数据之外,还必须支持利用键盘直接录入、修改检验数据。为保证检验的可靠性和可信性,如果检验技师要修改由联机电脑自动读取的检验数据,则修改过程必须记入日志系统,以防止对检验数据的非正常改动。

笔记栏

6. 检验结果审核

审核由资深工作人员或检验医师来完成，核对操作人员的检验结果并参考病人的历史数据。LIS 能以不同颜色提示结果的警告水平，提示样本在分析过程的警告信息或标志，提供当日成批病人数据的项目平均值、标准差、变异系数最大值、最小值，用来监测检验结果的质量。一般情况下，检验结果一经审定就不允许再行修改。如有特殊情况，也可撤销审定结果，但这时必须将撤销审定的操作记入系统日志，以防止检验技师随意修改检验结果。审核检验结果时，既可以单个报告审核或批量审核，还允许按照事先设定的审核规则自动审核检验结果。

7. 检验报告发布

当检验结果通过审核发布后，各工作站可以查询结果并打印，否则只能查询标本的处理进度。而且检验报告是否已经打印也应记录在系统日志中。门诊病人可以凭条形码通过互联网查询结果及处理进度。如果条件成熟，可通过 Internet 将检验报告自动发送到病人的电子信箱中。

业务系统应能按照不同的优先级对常规检验申请和急诊检验申请区别处理。检验报告单除应列出检验项目的名称和结果外，还应附有该检验项目的正常参考值。若给出的检验结果在正常范围之外，还可印出特别的标记或特殊颜色予以提示。

8. 检验结果统计查询

LIS 能向医师和病人提供高效、便捷的查询服务。查询模块既可置于检验科的各个工作站上，也可集成于门诊或住院系统的医师或护士工作站中。一方面使病人可以通过多种途径获得自己的检验报告单，当条件成熟时，可允许病人通过网站查询自己的检验结果；另一方面，便捷快速的检验报告查询也可为临床医疗工作提供大力的支持。

统计分析也是 LIS 的一项主要功能。LIS 将所有检验数据集中存储，为大样本的统计分析创造条件，它能按特定条件计算指定检验项目的均值、标准差等一般统计值，还可以对不同阶段的检验数值进行诸如 t 检验之类的统计比较，并支持报表、图形等多种输出形式。LIS 能向医师提供某个病人在特定时间内同一项目化验结果的动态分析，可以调出该病人在指定时间内的一系列检测值供医师比较参考，还可以将结果画成图形，使医师能直观地了解病人病情的变化趋势。

4.3.2 质量控制系统

对于检验科来说，主要工作是为临床诊断和治疗提供检验数据。能否向临床提供高质量(准确、可靠、及时)的检验报告，得到病人和临床的信赖与认可，是检验科建设

笔记栏

的核心问题。在检验科日常工作中,每一项检验报告都要经历:医生申请—标本采集与运送—标本编号—检测—记录—审核及发出报告等一系列过程。在检验报告形成的全过程中,任何一个过程的质量都会影响最终检验结果正确性,所以对所有检验过程进行全面质量管理极为重要。因此,一个完善的质量控制系统是 LIS 不可缺少的组成部分。通常,检验的质量控制包括化验前质量控制、化验中质量控制以及化验后评估等内容。

1. 检验前质量控制

指样本采集和传送中的质量控制。保证样本的质量是确保最终检验结果准确性的前提。随着检验医学的进步,检验项目种类繁多,每一项检验对样本都有特定的要求。为防止医务人员在样本采集时因不了解样本的采集方式、采集时间、采样量、抗凝或防腐处理方法、传送及储藏条件而造成样本无效,可以在 LIS 中设计样本采集说明模块以帮助实现化验前的质量控制。需要说明的内容包括:样本采集基本规范、注意事项、可能出现的干扰因素等,以提示采样人员正确采样。

2. 检验中质量控制

指样本检验分析时的质量控制。医院的检验仪器长年处于运转状态,仪器老化、试剂过期、环境污染或检验技师操作不当等各种因素均可能使化验结果偏离正常值。因此在实际工作中,需要不断对整个化验过程进行监控和校正,以保证分析结果的准确可靠。通常的做法是,在普通检验样本中间插入质控物进行检测,并利用质控物的测定结果画出质控图,通过观察质控图的变化,判断当天的测定结果是否失控。

实际质控子系统的数据处理一般包括质控数据输入、失控分析判断、失控处理登记等常规质控操作。质控数据的输入可支持手工输入,但应尽可能联机读取,减少人为误差。当质控物和普通标本混合检验时,可通过一定的标本命名方式和属性设置,自动从检验结果清单中提取质控数据。

失控判断是质控子系统的关键。软件开发者对质控规则的理解程度、质控规则算法是否准确对质控子系统软件质量起决定性作用。一般需要检验专家或实验室管理专家的介入才能开发出真正可用的质控软件。当前常用的失控判断规则算法是根据输入数据的不同类型,系统自动选用一种默认的失控判断规则,或人工选用一种或多种失控判断规则进行分析判断。系统能显示该质控项目当前质控阶段的数据清单和直观的曲线图,标志失控点和失控类型。

由于质控数据关系到对整个实验室工作的评价,其数据安全性特别重要、不能进行随意修改。因此,系统常设置专门的对权限控制的数据修改和删除功能,如当日数据删除、本月数据解锁、本月数据删除等,如遇紧急情况,欲延期执行质控和维护操作时,需要组长,甚至科室主任的授权。

任何检验仪器的检验精度都需要接受权威机构的检查和认可。检验仪器的质控图要定期送往当地的检验质控中心进行核查。而今有 LIS 质控系统就可以通过网络或电话线路直接传到质控中心，或者质控中心主动地通过网络查看某家医院的质控结果。这不仅提高了工作效率，而且还避开了某些人为因素带来的影响，更有利于保证质控质量。

3. 检验后评估

指样本检验结果审核时的质量控制。LIS系统可以使检验师方便地查阅病人近一时期同一项目的化验结果以供审核参考，并参照病人的临床诊断以及多次化验数值的变化趋势，判断本次化验结果有无异常。这样可以避免一些由于样本采集、传送或编码错误导致的检验差错，使检验结果更加可靠。

随着LIS质控子系统的广泛应用，通过上述化验前质量控制、化验中质量控制以及化验后评估等功能，对检验室的质量控制较以前有了很大的提高，具体表现在以下方面：

(1) 超限结果的自动审核：根据检验项目及所使用的仪器、方法设定参考值和紧急警告限，并设定在屏幕上以不同的醒目颜色显示超出审核限值的结果。经自动审核后，检验员根据颜色提示标志就可一目了然地发现这些数据，进行及时核对或重测。对超过警告限的结果，应及时与临床联系。

(2) 关联项目之间数据合理性的审核：检验员通过查阅同一样品各项关联项目之间数据的合理性，以确定是否重检。在核对显示的同类项目标本的检验结果时，对任何标本的少项、多项或错项都能及时发现，及时查对纠正。

(3) 变化量检查：其原理是检查同一病人本次测定结果与此前最近1次测定结果的变化量是否超过设置的范围。检验员事先在LIS中根据不同项目的数据分析设置好变化量，从5%~100%，一般选用10%~20%，对一些结果变化较小的项目可设定为5%（如血常规WBC为20%、RBC为20%、HGB为20%、MCV为5%），在测样品的同时输入相应的识别号，LIS会自动比较相同识别号的样品本次测定结果与此前最近1次测定结果，一旦变化量超过设置的范围，LIS会报警提示。检验员结合临床诊断、病种和核对样品等确定是否复检。

(4) 定性结果的自动比对：对于以阴、阳性报告结果的定性试验，LIS自动比较样品本次结果与相同识别号的前次结果的一致性，LIS对不一致的结果会报警，提醒检验员作进一步检查核对。此项功能特别适用于如两对半、丙肝等以阴、阳性报告结果的免疫试验。

(5) 特定结果的自动比对：对于如血型鉴定试验等，相同识别号前后两次结果必须一致，LIS对不一致的结果会报警，提醒检验员有差错存在，必须做进一步检查，找出原因。

(6) 病人检查结果的动态分析：LIS利用计算机储存的同一识别号的数据，以图表的形式对该病人的某一检测结果进行动态对比分析，一目了然，并可根据需要打印出来。动态分析可反映病情的变化发展，指导临床治疗。

笔记栏

4.3.3 检验科管理系统

检验科管理系统主要对检验科内部各种资源进行管理，也是 LIS 的一个重要组成部分。主要包括检验仪器管理、检验试剂管理、人力资源管理等。

1. 检验仪器管理系统

随着医院检测仪器的逐渐增多，对检验仪器实现计算机信息化管理也越来越被人们重视。检验仪器管理系统主要功能包括：对检验仪器的名称、型号、检测项目、生产厂家、购入日期、购入价格等基本信息的维护；对设备的使用、维修和保养等做详细记录；应能输出各类统计报表并提供多条件组合的设备查询功能；能对检验仪器使用率、折旧情况以及其他与成本核算有关的信息进行统计分析；还应有辅助决策功能，例如哪些检验设备的使用率高，哪些设备闲置，对医院检验科的设备采购与报废提供依据。

2. 检验试剂管理系统

检验试剂是众多检验分析不可缺少的基本材料，对检验试剂实行计算机化管理是 LIS 中的重要内容。一方面，检验试剂质量的好坏对检验结果是否准确有着直接的影响，所以要确保所有试剂都在有效期内投入使用；另一方面，试剂的消耗是否合理又与科室经济效益的好坏直接相关，因此要保证支出的试剂被合理消耗。

检验试剂管理系统的主要功能包括：完成各类试剂的入、出库管理；对检验试剂库存进行管理，包括记录当前库存试剂、停用试剂和失效试剂的中英文名称、厂商、价格和库存量；系统应提供按各种条件进行查询、统计的功能；对于已失效试剂，系统应拒绝出库操作，只允许按报废处理；能够对采购进行辅助决策，帮助检验科做好试剂的采购订单，避免出现以前遗漏试剂，过量购入等缺点；此外，系统应依据预先设定的规则，对即将过期的试剂自动向库管员发出催用提示。

3. 人力资源管理系统

对医院检验科内部人力资源的信息化管理，也是 LIS 的一项基本功能。通过建立职工的电子档案，可使检验科负责人对人员的管理更加细化和具体。其主要功能包括：对职工基本信息的维护，包括姓名、性别、年龄、民族、学历、职称、政治面目、健康及家庭状况等；对职工专业特长、进修记录、论著目录和继续教育情况等方面的资料进行维护，帮助科室领导依个人所长安排工作和进行人员调配，也是科室评估职工业绩的重要参考；辅助科内值班安排，能按照设定的规则自动完成排班表，所有职工均可随时查问自己的值班时间，而且电脑排班还便于调整班次和值班人员；能对职工考勤进行管理，能依据职工的出勤状况自动生成考勤表。

笔记栏

4.4 LIS的开发与实施

4.4.1 LIS的组成

从开发与实施的角度，LIS主要由硬件部分、操作系统、数据库管理软件、应用软件四个部分组成。

1. 硬件部分

硬件部分主要为计算机服务器、计算机工作站、打印机、条码打印机、条码扫描仪等设备。

2. 操作系统

操作系统(OS)软件是连接计算机硬件和应用软件的沟通桥梁，主要提供输入和输出信息交流、存储管理、备份等文件管理和设备管理功能。LIS通常使用的操作系统有：

Microsoft Windows 98,ME,XP

Microsoft Windows NT,2000

UNIX

LINUX

3. 数据库管理软件

数据库管理软件是为实现计算机数据的安全性和一致性而开发的数据管理系统。其主要功能包括：数据库描述功能：定义数据库的全局逻辑结构，局部逻辑结构和其他各种数据库对象。数据库管理功能：包括系统配置与管理、数据存取与更新管理、数据完整性管理和数据安全性管理。数据库的查询和操纵功能：该功能包括数据库检索和修改。数据库维护功能：包括数据引入引出管理、数据库结构维护、数据恢复功能和性能监测。

目前有各种各样的数据库产品，每一个都有其优点和缺点。LIS常用的一些数据库管理软件包括：

Microsoft Access

Microsoft SQL Server

Informix

Oracle

Sybase

笔记栏

4. 应用软件

LIS 不是一个单一的系统，它与几个主要的模块结合在一起，这些模块提供不同的服务和功能。它们是临床化学、血液学、微生物学、免疫学、血凝学、血气分析、血库、尿液分析和质量控制，还有一些附属模块用来支持所用的主要模块，包括分析查询、标本读取、结果报告和管理报告。

4.4.2 LIS 的选择与评价

目前，从事检验信息系统(LIS)开发的公司很多，但水平却良莠不齐，这给医院在选择合适的 LIS 时产生了很多困惑，所以如何对 LIS 系统进行优劣评价是一个值得关注的问题。检验信息系统应主要从功能和性能两方面进行评价。

1. LIS 功能评价

功能上，完整地 LIS 必须满足卫生部 2002 年 2 月颁布的《医院信息系统基本功能规范》中第 6 章“临床检验分系统功能规范”的要求。规范所要求的 LIS 的基本功能包括：

(1) 预约管理

1) 预约处理：预约时间，打印预约单(准备、注意事项)。

2) 预约浏览：查询预约情况。

(2) 检验单信息。

1) 病人基本信息：科室、姓名、性别、年龄、病例号、病区、入院诊断、送检日期等。

2) 检验相关信息：种类、项目、检体、结果、日期。

(3) 登录功能

1) 病人基本信息。

2) 检验相关信息：种类、项目、检体、结果、日期。

3) 医生相关信息：申请医生姓名、科室；检验科医生姓名，检验师姓名，一经确认，不得更改。

(4) 提示查对

1) 采取标本时：科别、床号、姓名、项目、检体。

2) 收集标本时：科别、姓名、性别、标本数量和质量。

3) 检验时：查对试剂和项目。

4) 检验后：查对目的和结果。

5) 发报告时：查对科别、化验单完整。

(5) 检验业务执行

1) 镜检业务。

2）仪检业务。

3）结果录入。

4）检验单生成、核准、打印。

（6）报告处理功能

1）生成检验结果报告。

2）向临床反馈信息。

3）既往检验结果查询，提供比较功能。

（7）检验管理功能

1）检验仪器录入。

2）检验类型录入。

3）镜检标准提示。

4）正常值范围提示。

（8）检验质量控制功能

1）定期调试制度。

2）发现问题及时调整。

（9）统计功能

1）工作量：检验报告数量、时间。

2）特殊疾病及时提示、规范统计功能。

3）费用提示。

4）打印功能。

规范中对LIS的运行要求包括：

（1）输入数据和信息：提供多种输入格式和内容，提高录入速度。

（2）权限控制功能：录入者及审核者具有不同权限控制；审核者对医嘱进行审核、校对后才能提供执行，并对审核后医嘱的正确性承担责任；对未经审核的医嘱可提供修改和删除的功能。

（3）由病历号或处方号自动生成检验单号，并保证由检验单号查询唯一检验结果。

（4）仪检仪器能够提供自动数据采集的接口，镜检仪器能够提供手工录入的接口，并对二者提供相关的核准操作手续。

（5）每次检查的检验单号必须与病人在院资料相对应。

（6）每次检验的数据都要经过严格核准后方可生效。

（7）检验数据具备图形显示功能。

（8）查询和修改：提供多种格式的单项和多项查询显示，对未存档数据可提供修改。

（9）网络运行：提供数据和信息快速准确可靠。

笔记栏

2. LIS 的性能评价

对于 LIS 的性能评价，主要考虑速度、可靠性、连通性和适应性四个方面。

(1) 速度：一个可接受的 LIS 系统必需具有快速的反应时间。需要长时间反应的系统被视为“缓慢系统”，将会成为检验室的一个“负担”而不是解决方法。对 LIS 速度起决定作用的主要是应用软件设计和存储功能优化两个方面。好的应用软件设计应该是最直观的设计，包括有完善的功能键，界面间转换和界面上操作应简捷，界面帮助菜单和数据属性清晰。另外一个因素就是数据的存储和读取的效率。这取决于数据库结构设计是否合理以及医院所使用的计算机是否具有足够的处理能力。

(2) 可靠性：完善的 LIS 应该是相当可靠的，而不需要客户老是担心它是否在动作。一个可靠的 LIS 极少减速，除非它正在进行连接和文件备份。LIS 的数据库备份功能也是提高数据安全性和可靠性的一个必要措施。LIS 的备份功能应包括各种方式，例如磁盘冗余备份(RAID 5)、光盘备份、磁带备份、异地备份等。

(3) 连通性：连通性是指 LIS 具有良好的联机功能，能从检验室、病房、门诊部、医生办公室甚至是医护人员的家里读取数据。在计划购买一个 LIS 时，检验室工作人员应确认用户可以很容易获得检验结果，以提高检验室的服务。

选择一个 LIS 还应考虑与医院信息系统的融合。典型的处理方法是使用对接标准(如国际通用的 HL7;ASTM 标准)。其他还需要考虑 LIS 与仪器的连接。国际上主流的分析仪器接口是以 ASTM 标准定制的，符合 ASTM 标准的 LIS 系统与仪器对接将是一个简单的过程。此外，使用条形码标记检验标本与分析仪器实现双向对接应也是一个必备功能。

(4) 适应性：现代检验技术及设备的更新换代非常快。因此，LIS 的适应性显得非常重要。一个难以按用户需求修改的固定模式，是不能满足现代检验室使用的。应选择一些数据库设计优良，可随时由用户做出调整数据项目或建立新的测试要求的 LIS 系统，以确保检验室达到因医疗技术不断发展所需的质量和效率变化要求。而那些事无大小都要软件开发商以“改版”、“升级”的形式来解决的系统，往往是不可取的。

4.4.3 LIS 中的关键技术

检验信息系统的建立过程中，除了最基本的计算机技术、数据库技术、网络技术外，还有一些关键技术对 LIS 的成功起着至关重要的作用，下面分别加以介绍。

1. 条码识别技术

LIS 系统要实现全面自动化，检验样品的自动识别是关键。目前条码识别技术已广泛用于检验信息系统的对样品的编号，其对检验科信息化起到了重要作用。

条码识别技术的核心是条码符号，我们所看到的条码符号是由一组规则排列的条、

笔记栏

空，以及相应的数字字符组成。这种用条、空组成的数据编码可以供机器识读，而且很容易译成二进制数和十进制数。这些条和空可以有各种不同的组合方法，构成不同的图形符号，即各种符号体系，也称码制。不同码制的条码，适用于不同的应用场合。

条码技术是电子与信息科学领域的高新技术。在自动识别技术中，条码技术具有如下特点：

(1) 信息采集速度快：普通计算机的键盘录入速度是200字符/分钟，而利用条码扫描录入信息的速度是键盘录入的20倍。

(2) 简单：条码符号制作容易，扫描操作简单易行。

(3) 可靠性高：键盘录入数据，误码率为百分之一，利用光学字符识别技术，误码率约为万分之一，而采用条码扫描录入方式，误码率仅有百万分之一，首读率可达98%以上。

(4) 灵活、实用：条码符号作为一种识别手段可以单独使用，也可以和有关设备组成识别系统实现自动化识别，还可和其他控制设备联系起来实现整个系统的自动化管理。同时，在没有自动识别设备时，也可实现手工键盘输入。

(5) 自由度大：识别装置与条码标签相对位置的自由度要比OCR大得多。条码通常只在一维方向上表达信息，而同一条码上所表示的信息完全相同并且连续，这样即使是标签有部分缺损，仍可以从剩余部分输入正确的信息。

(6) 成本低：条码自动识别系统所涉及的识别符号成本以及设备成本都非常低。特别是条码符号，即使是一次性使用，也不会带来多少附加成本，尤其是在大批量印刷的情况下。这一特点使得条码技术在某些应用领域有着无可比拟的优势。再者，条码符号识读设备的结构简单，成本低廉，操作容易，适用于众多的领域和工作场合。

现在国内很多LIS已经融入了条形码技术，但是使用的全部都是各种一维条形码，如Code128、Code39等。一维条形码有个很大的缺点：只能在水平方向上表达信息，信息密度低、容量小，一般仅能容纳10~70字节的数字符号(视码制和密度而定)，而且不能表示汉字。即使是条码字符集最大的Code128码，所能表示的字符个数也不过是128个ASCⅡ符。由于受信息容量的限制，一维条码仅仅是对“物品”的标志，而不是对“物品”的描述。故一维条码的使用，不得不依赖数据库的存在。在没有数据库和不便联网的地方，一维条码的使用受到了较大的限制，有时甚至变得毫无意义。另外，要用一维条码表示汉字的场合，显得十分不方便，且效率很低。

为解决上述一维条码信息量不足的问题，二维条码应用而生。二维条码是用某种特定的几何图形 ，按一定规律在平面(二维方向)上分布来记录信息，因而信息密度高、容量大，最大可达2k左右，可以容纳1848个字母字符或2729个数字字符，约500个汉字信息。在同等面积下，比一维条码信息含量高几十倍。所以二维条码可以独立于数据库之外，直接通过阅读条码得到相应的信息。因为它具有高密度、高可靠性等特点，所以可以用它表示数据文件、汉字和图像等。二维条码是实现大容量、高可靠性的信息存储、便于携带并自动识读的最理想的方法。

笔记栏

由于医院都是以病人为中心展开服务的，要求信息系统覆盖就诊的各个环节。同时又是环环相扣、紧密结合的。因此 LIS 形成了信息采集点分散,内部信息高度共享,功能日益增加,网络数据流量较大,对数据库依赖程度高的特点。而且现在几乎所有医院的 HIS、LIS 均采用 Client/Server(客户机/服务器)或 Browser/Server(浏览器/服务器)架构。数据库存取模块放在服务器,客户机存放用户界面和应用程序模块或浏览器,大量的数据库操作必须通过网络进行。因此,数据库操作和网络带宽很容易成为整个系统的"瓶颈"。

检验科日常联机事务中最大量,也是最耗时是录入工作。这部分工作所访问的数据(如病人资料、检验信息等)基本上是静态或相对静态的,但其数据库的访问频度远大于动态数据。若按传统模式将其数据库存取模块放在服务器,网络流量也会较大。由于这一过程是用户交互操作,对速度的敏感性也较其他后台操作高很多。为解决这一矛盾,可利用二维条形码技术容量大的特点,将这部分访问频度高的静态或相对静态数据存放到二位条码中。这样,大量操作分别在前台完成,极大地减少了服务器端数据库操作量和网络流量,客观上改善了 LIS 的性能。二维条码以其不可比拟的优势,是未来 LIS 中样品识别技术的发展方向。

2. C/S(客户机/服务器)模式和 B/S(浏览器/服务器)模式

LIS 的开发主要以 C/S 和 B/S 两种网络访问模式为主,它们各有特点,用在 LIS 的不同方面。下面着重对 C/S 结构与 B/S 结构的特点加以分析。

随着计算机技术的不断发展与应用,计算模式从集中式转向了分布式,尤为典型的是 C/S 结构。两层结构 C/S 模式,在 20 世纪 80 年代至 90 年代初得到了大量应用,最直接的原因是可视化开发工具的推广。近年来,随着网络技术不断发展,尤其是基于 Web 的信息发布和检索技术、Java 计算技术以及网络分布式对象技术的飞速发展,导致了很多应用系统的体系结构从 C/S 结构向更加灵活的多级分布结构演变,使得软件系统的网络体系结构跨入一个新阶段,即 B/S 体系结构。基于 Web 的 B/S 方式其实也是一种客户机/服务器方式,只不过它的客户端是浏览器。为了区别于传统的 C/S 模式,才特意将其称为 B/S 模式。认识到这两种网络结构各自的特征和优缺点,对于 LIS 的选型而言是很重要的,下面对 C/S 和 B/S 两种结构加以比较。

(1) 系统的性能:在系统的性能方面,B/S 占有优势的是其异地浏览和信息采集的灵活性。任何时间、任何地点、任何系统,只要可以使用浏览器上网,就可以使用 B/S 系统的终端。不过,采用 B/S 结构,客户端只能完成浏览、查询、数据输入等简单功能,绝大部分工作由服务器承担,这使得服务器的负担很重。采用 C/S 结构时,客户端和服务器端都能够处理任务,因此可以减轻服务器的压力。但是,由于客户端使用浏览器,使得网上发布的信息必须是以 HTML 格式为主,其他格式文件多半是以附件的形式存放。而 HTML 格式文件(也就是 Web 页面)不便于编辑修改,给文件管理带来了许多不便。

(2) 系统的开发:C/S 结构是建立在中间件产品基础之上的,要求开发者自己去处理事务管理、消息队列、数据的复制和同步、通信安全等系统级的问题。这对应用开

笔记栏

发者提出了较高的要求,而且迫使应用开发者投入很多精力来解决应用程序以外的问题。这使得应用程序的维护、移植和互操作变得复杂。如果客户端是在不同的操作系统上,C/S 结构的软件需要开发不同版本的客户端软件。B/S 结构开发比较简单方便,只需开发服务器端软件即可。

(3) 系统的升级维护:C/S 系统的各部分模块中有一部分改变,就要关联到其他模块的变动,使系统升级成本比较大。B/S 与 C/S 处理模式相比,则大大简化了客户端,只要客户端机器能上网就可以。对于 B/S 而言,开发、维护等几乎所有工作也都集中在服务器端,当企业对网络应用进行升级时,只需更新服务器端的软件就可以,这减轻了异地用户系统维护与升级的成本。如果客户端的软件系统升级比较频繁,那么 B/S 架构的产品优势明显——所有的升级操作只需要针对服务器进行,这对那些点多面广的应用是很有价值的。

(4) 系统的安全性:在系统安全维护上,B/S 则略显不足,B/S 结构尤其得考虑数据的安全性和服务器的安全性,毕竟现在的网络安全系数并不高。

由于 C/S 模式和 B/S 模式有各自的优缺点和适用领域,所以 LIS 一般采用 C/S 和 B/S 相结合的应用模式比较合适,不同的功能模块分别采用不同的网络访问结构来实现。例如,对于数据自动采集功能,采用 C/S 模式,客户机端安装有 LIS 前台软件和数据采集软件,负责用户交互,具有较好的联机事务能力、开放性、可扩充性和安全性。对于检验申请,查询等 LIS 浏览功能,则采用 B/S 模式,其操作简单,易于维护。

3. 检验仪器通信接口技术

LIS 要实现检验工作全面自动化,必须首先实现对各种检验仪器的自动控制与采集,所以检验仪器通信接口技术也至关重要。检验仪器种类、型号、品牌繁多,大多数是通过串口 RS-232 通信。要实现 LIS 和检验仪器之间的双向通信并完成数据接收或交换,首先必须保证接线准确、可靠,否则数据根本不可能正确传输。其次,因为一次接收的数据可能很多,直接处理会造成数据丢失,最好办法是先不处理,直接把仪器代码和数据存入一个临时表,将通信原始数据暂时保存。最后,在仪器不传数据时,处理临时表中的数据,根据高层通信协议把数据转换成 LIS 的数据格式。

RS-232 接口是目前最常用的一种串行通信接口。它是在 1970 年由美国电子工业协会(EIA)联合贝尔系统、调制解调器厂家及计算机终端生产厂家共同制定的用于串行通信的标准。它的全名是“数据终端设备(DTE)和数据通信设备(DCE)之间串行二进制数据交换接口技术标准”。RS-232 接口信号线的电压均为负逻辑关系,即:-5~-15V 表示逻辑“1”,+5~+15V 表示逻辑“0”,噪声容限为 2V。通信距离较近时(<12m),可以用电缆线直接连接标准 RS232 端口。

目前较为常用的串口有 9 针串口(DB9)和 25 针串口(DB25),其常用引脚说明如表 4-1 所示。实际上 RS-232-C 的 25 条引线中有许多是很少使用的,在计算机与终端通信中一般只使用 3~9 条引线。最为简单且常用的是三线制接法,即地 GND、接收数

笔记栏

据 RXD 和发送数据 TXD 三脚相连。

表 4-1　DB9 和 DB25 的常用信号脚说明

9 针串口(DB9)			25 针串口(DB25)		
针号	功能说明	缩写	针号	功能说明	缩写
1	数据载波检测	DCD	8	数据载波检测	DCD
2	接收数据	RXD	3	接收数据	RXD
3	发送数据	TXD	2	发送数据	TXD
4	数据终端准备	DTR	20	数据终端准备	DTR
5	信号地	GND	7	信号地	GND
6	数据设备准备好	DSR	6	数据准备好	
7	请求发送	RTS	4	请求发送	RTS
8	清除发送	CTS	5	清除发送	CTS
9	振铃指示	DELL	22	振铃指示	DELL

另外,串口不是检验仪器与 LIS 唯一的通信方式,有少数检验仪器采用并口通信,还有一些采用 TCP/IP,直接通过局域网与 LIS 通信。

4.4.4　安全性问题

随着检验信息系统广泛的应用,安全问题越来越引起人们的关注和重视,如何防范对 LIS 的破坏已成为 LIS 建设和运行时必须考虑的重要问题之一。而要做好 LIS 的安全防范工作,必须先找出其可能的受攻击点,图 4-4 列了 LIS 常见的安全隐患。下面分别从硬件和软件两个方面对 LIS 的安全问题进行探讨。

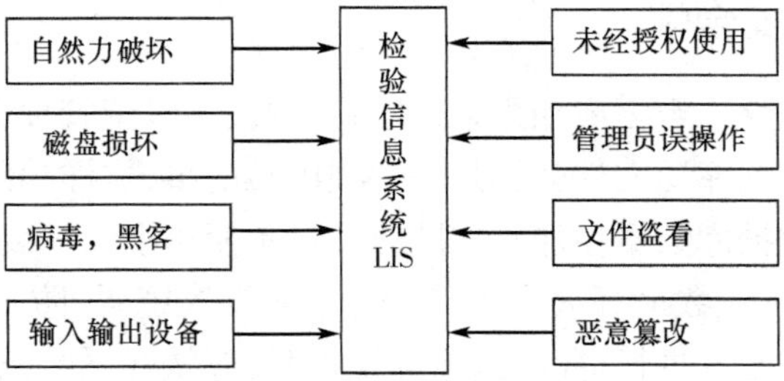

图 4-4　LIS 常见的安全隐患示意图

1. LIS 硬件设施的安全性

LIS 和其他所有信息系统一样,建立在计算机基础上、在计算机网络上运行,所以必须保证计算机特别是计算机网络的安全。

(1) 机房设计和管理必须符合国家规范。机房必须防火、防盗、防雷、防静电。

笔记栏

(2) 使用局域网控制器的网络,应捆绑客户端的 MAC 地址。防止未授权的计算机接入使用医院网络资源,如工作人员自己的手提电脑。

(3) 使用带有 UPS 的双机容错方案及异地实时备份方案,保证 LIS 数据主服务器在受意外损毁后可以尽快恢复。大多数医院目前仍未采用实时异地备份,这样如果服务器遭受意外(火灾、被盗等)时,LIS 中信息资源将无法恢复,造成不可计量的损失。硬件配置上采取一定措施,尤其是对数据库服务器的配置,能够使因硬件系统故障导致的数据破坏危害达到相当低的程度,当前这方面的技术已经相当成熟,比如 RAID 硬盘存储系统、双机集群、磁带机备份等。

(4) 网络系统登陆的安全性。由于各个部门的有关人员均在使用 LIS,网络必须设置工作组,每个工作组有一定的权限,组下的每个用户又有一定的权限,每一级均设置密码。这样每个用户只能在自己的权限范围内登陆到某个数据库或数个数据库,并拥有指定的查询、编辑、删除等不同的权限。

(5) 应用防火墙技术防止病毒和黑客攻击对系统数据的破坏。由于医院的 LIS 不可能完全与 internet 隔绝,加上医院的客户机也不可能完全是无盘的客户机,目前购买的计算机又几乎都带有 USB 接口,工作人员不可避免会使用 U 盘、移动硬盘等设备,所以必须防止病毒对数据资料的破坏。防病毒软件应是正版的网络版,可以由服务器或一台指定的客户机自动在线升级,自动分发给全院的客户机进行升级,尽量有效控制病毒。使用技术先进的入侵检测系统(包括硬件设备及软件)防止黑客攻击。

(6)系统数据接口的安全。在 LIS 与 HIS 其他子系统连接后,连接的双方通过数据接口和共享过程实现信息交流,对系统数据接口采取何种数据安全策略,除了必须考虑系统数据完整性,还要遵循医疗卫生行业和医院的管理规程和规定,保障接口双方安全、有效地发挥功能。

2. LIS 软件的安全性

(1) 数据库安全性。数据库如果采用默认安装,未设置管理员密码。那么用户通过网络直接访问到数据库源文件就不是一件很困难的事,这样导致整个数据库的安全性不高。所以建议数据库数据在加密的同时尽量不使用默认安装,并设置数据库管理员密码,数据库管理员人数最好只设 1~2 人,定期修改密码,防止有人非法获取。数据库管理员在进入数据库进行更改、删除等维护时,应做好原始记录,确认无误后再操作数据。

(2) 应用系统软件的安全性。进入应用系统也必须设置密码,一般来说,用户的密码就是自己的电子签名。出于安全的考虑,只能是自己知道。即使是数据库管理员也不应该知道用户的密码是什么,数据库管理员只能删除用户或清空用户密码。应用系统的密码保存在数据库应采用算法加密,使数据不再以原形式保存。

(3) 应用数据安全性。信息系统应逐步采用认证技术,确保录入各系统数据的真实性。临床检验工作对数据输入、修改和访问都有一定的安全要求。建立结果数据冗

笔记栏

余，实施身份认证、多级权限的管理机制，加强安全操作指导，可减少或避免人为有意或无意的数据破坏，防止保密数据泄露。启用数据库管理系统备份和日志记录功能有利于可能需要的数据恢复，LIS 软件可以完成进一步的日志记录，即记录检验数据的每次人为更改，以备日后查询。

(4) 加强对信息部门工作人员的职业道德及安全教育，对于信息系统的原始资料数据不得随意修改、删除；要有较强的保密意识，用户名称、密码等重要信息不得透露；制定并完善信息系统的各项管理规章制度并认真贯彻落实到实处。

从以上的分析中我们可以看出，LIS 安全问题实际上是一个在信息系统中如何进行内部控制的问题，包括对信息资源的控制和对人的控制，因此设计一个完善的系统控制实际上是一项综合性的、复杂的系统工程，需要花时间和精力做进一步的研究和探讨。

4.4.5 LIS 与其他系统的集成

LIS 主要用来处理与临床相关的检验信息；同时，检验项目牵涉的费用信息又与 HIS 有密切关系。LIS 的这种双重属性，使得它与其他系统的集成就成了一个必须仔细考虑的问题。而且，一般医院中的 HIS 和 LIS 往往不是同时建立的，大多时候还由不同开发商提供，所以，建立 LIS 与 HIS 的链接，实现信息共享，及时、有效、快速传送数据，是十分重要的。

1. LIS 与 HIS 集成的一般原则

HIS 应当授予 LIS 访问病人基本信息和医嘱信息的权限，并且要开放医嘱费用表的读写权限，以便在约定的环节，LIS 可向表中写入计费标志。同时，LIS 也得向 HIS 授予访问 LIS 检验报告单的权限，以便医生工作站调出已经发布了的检验报告单。

LIS 和 HIS 之间数据库的访问范围是事先约定的，彼此只向对方开放特定的表。HIS 可以访问但不能修改 LIS 中的检验数据，同时 HIS 中除了计费标志字段的值允许 LIS 改动外，其他信息也禁止 LIS 修改。为保证两个系统数据的完整性和一致性，两个系统之间的接口须享有最高级别的实时性和同步性，任何一个系统相关数据的变化都必须立即反映到另一个系统中。

2. 信息交换标准

目前通用的信息交换标准是 HL7(health level 7)。HL7 对 LIS 和 HIS 之间信息通信格式做了明确的规定。遵循 HL7 标准开发系统接口不仅可满足当前系统间信息共享的需要，也有利于将来与其他信息系统进行信息交换与互联。

3. LIS 从 HIS 获取有关信息

(1) 获取病人基本信息。LIS 一般使用和 HIS 一致的病人标志号或标志卡(如住院号、门诊号、医保卡、病人卡等),从 HIS 直接读取病人基本信息。

(2) 获取检验申请信息。通过定义一个医嘱项目和检验项目的对应转换表,LIS 可通过 HIS 从医嘱获取检验申请信息。

(3) 获取标本信息。医院一般在标本采集后立即进行条形码标志,并在 HIS 中登记有关标本信息。LIS 可以直接通过 HIS 读取标本信息,这样避免了标本传递过程中误差,也加速了检验室标本收取速度。

4. LIS 向 HIS 提交发布信息

(1) 发布检验报告。LIS 在完成检验并审核通过后,应向 HIS 发布检验报告,并可以在相应工作站查询和打印。检验报告发布后不得随意修改,发布的错误报告可以收回和重发,但不能删除,并必须跟踪记录。

(2) 检验收费确认。LIS 可在相应环节向 HIS 提供收费确认信息,使 HIS 完成划价收费功能。

LIS 与 HIS 的无缝链接,实现将最终检验结果传送到临床医师工作站并对检验项目进行计费等主要目的,是医院整体信息化不可缺少的组成部分。

4.5 LIS 实例

4.5.1 LIS 系统的建立

本节以某生化分析仪的连接实例说明 LIS 的建立过程。

目前,大多检验仪器如生化分析仪、血球计数仪、免疫分析仪等并不直接支持局域网,不能直接上网,但多具备 RS-232 串口功能。因此,欲实现将各种检验仪器全部连接到局域网,必须再接一台电脑或两台仪器经 RS-232 串口共接一台电脑。即,检验仪器的化验结果先传送到电脑,再经电脑传送到局域网。局域网中的其他电脑终端只能访问该电脑,而不能直接访问检验仪器。

图 4-5 中给出了一个典型的 LIS 及 HIS 结构示意简图。图中,生化分析仪通过 RS-232 串口 COM1 连接到电脑(图中的生化工作站)上。该生化工作站起承上启下的作用:一方面由 HIS 获取病人资料(病人姓名、年龄、科别、病床号),另一方面读取生化分析仪的化验结果,并将两部分资料结合到一起,形成完整的病人化验报告。化验报告被保存在生化工作站,可以由和生化工作站连接的打印机打印出来。同时,化验报告被上传至 LIS 服务器,医院其他科室可经 HIS 查询化验报告。

4.5.2 LIS 软件实例

笔记栏

目前从事 LIS 软件系统开发的公司较多,新产品也层出不穷。本节以某公司开发的 LIS 软件系统为例,进一步解释 LIS 的工作工程。

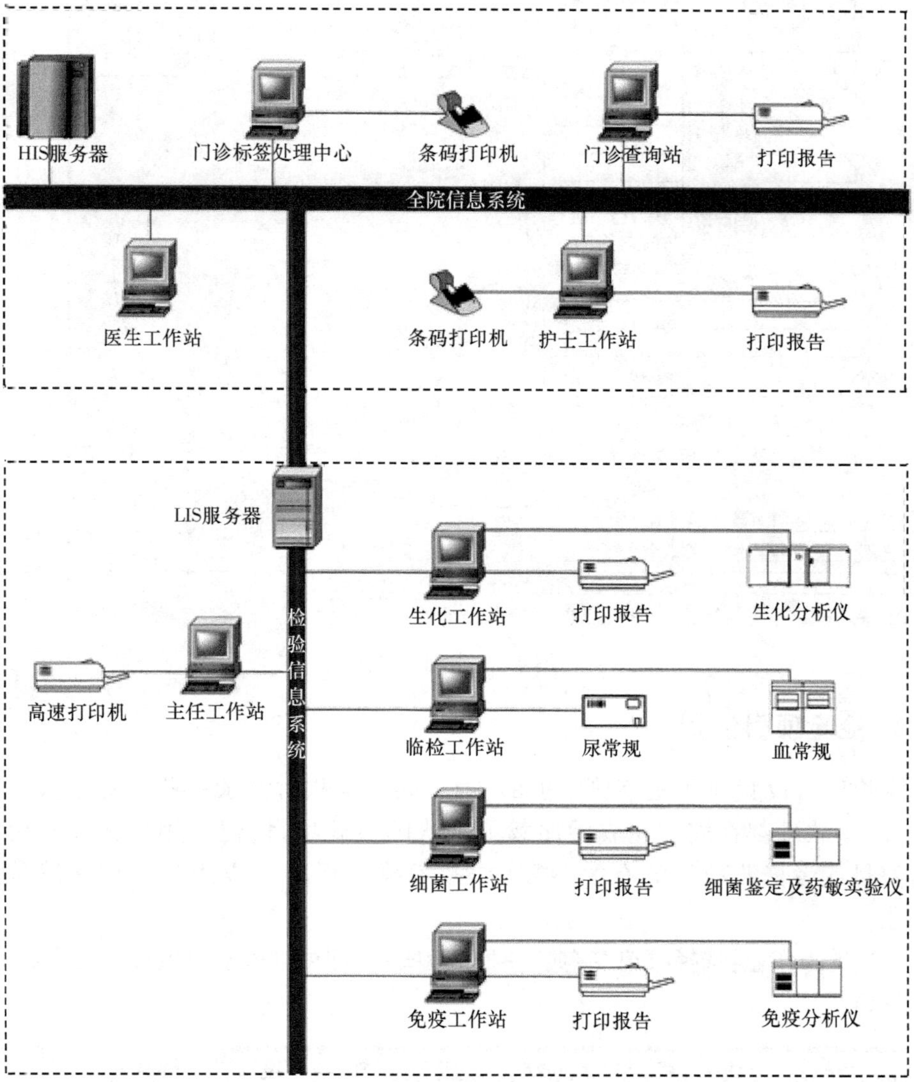

图 4-5　LIS 和 HIS 结构示意简图

1. 主程序解码程序和通信程序

进入系统后会出现如图 4-6 画面,这是主程序的报告输入画面,医生可以在这里录入病人信息,查看、修改结果,打印报告等;同时细心的用户会发现屏幕的右下角多了两个小图标,这是在后台同时运行的两个程序,一个是通信程序(图标为两个小电脑的模样,主要和仪器进行通信以获取仪器的数据);另外一个是解码程序(图标为一个"D"字母),它负责将仪器的通信数据及时进行处理然后读入到 LIS 中,数据解码后就可以在主程序中看到结果了。

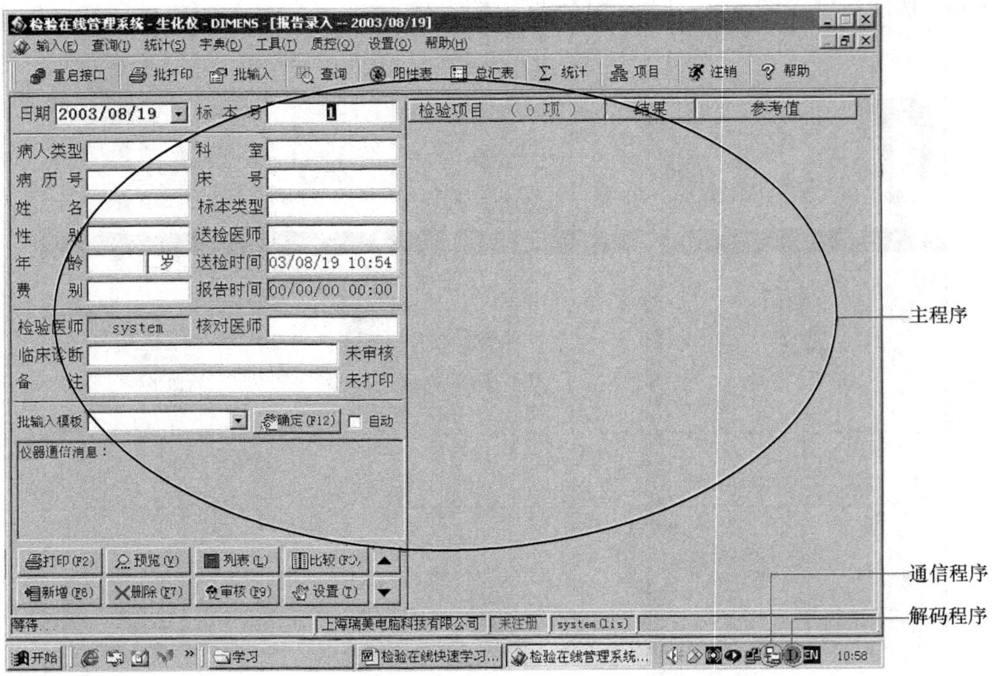

图 4-6　主程序界面

2. 检验项目设置

检验项目设置作业是字典维护的核心，同时也相对复杂一些。对于大多数仪器型号，本软件都在安装完成后加载了默认的检验项目，但是用户往往需要增加新的项目或者修改项目的有关参数（如参考范围等），所以用户必须熟练掌握这个作业。

（1）进入作业：选择菜单“字典”→“检验项目”即可进入检验项目设定作业（如图 4-7 所示）。

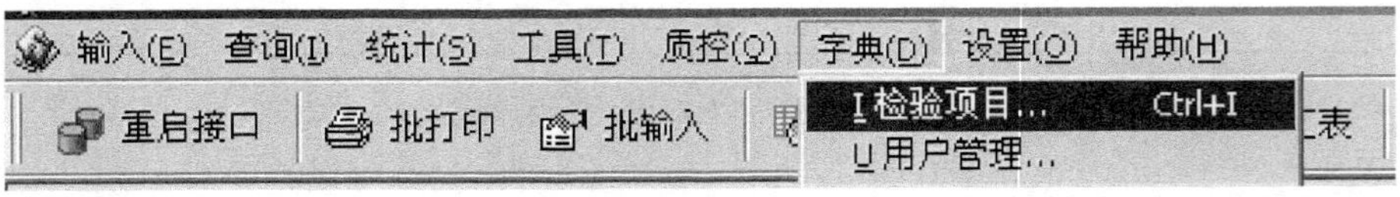

图 4-7　“字典”菜单

（2）检验项目维护主界面：进入作业后，用户可以看到如图 4-8 界面，左边是当前仪器的所有检验项目的列表，右边是当前一个项目的详细信息，用户可以点击左边列表中的任何一个项目使它成为当前项目。

（3）项目类型设置：项目类型分为数值型、文字型、阴阳性型和数值文字混合型 4 种。大多数项目为数值型，需要输入参考下限和参考上限，这样系统能够自动根据项目结果判断偏高或偏低。文字型结果参考上下限没有意义，要判断结果是否正常，必

笔记栏

须维护“项目常用取值列表”。用户可以看到图 4-8 的右边有多个页面,图上显示的是第一个页面,点击第二个页面“常用取值”,即可显示项目常用取值列表(图 4-9)。用户可以通过按钮“+”和“-”来增加或者删除一个取值。图中维护的是尿的颜色这个项目的取值列表,黄色和淡黄表示正常,红色和粉红色表示不正常。项目的取值列表建立后,在输入项目结果时可以直接在下拉列表中选择,如果使用键盘输入的话,也不需要输入汉字,系统为取值提供了快速输入码。如图 4-9 中输入 1 系统立即自动带出汉字“黄”,结果是否正常通过修改“结果标志”来实现。

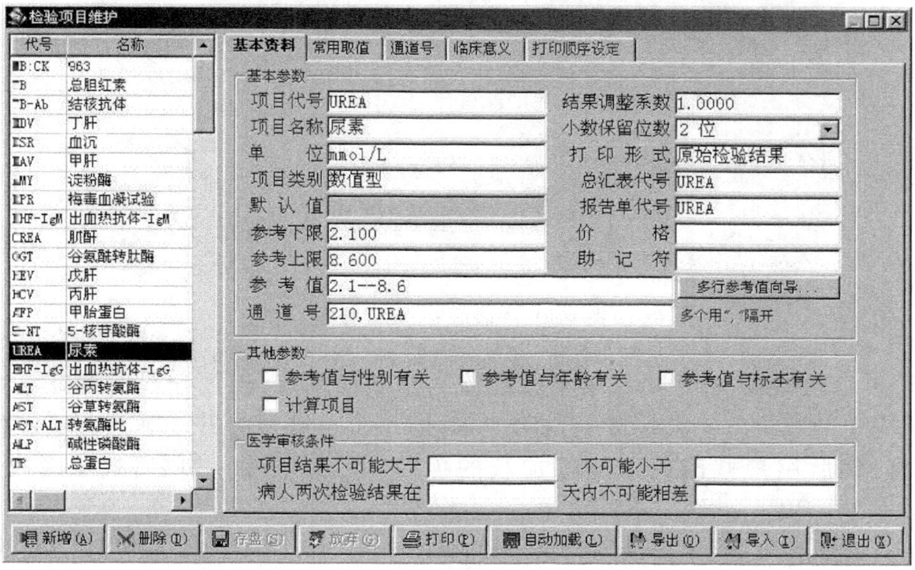

图 4-8 检验项目维护主界面

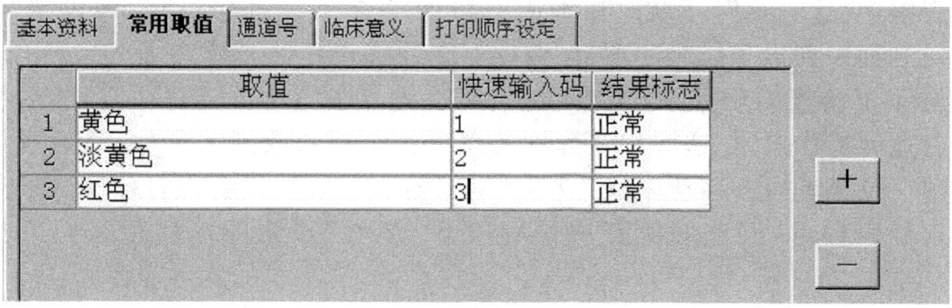

图 4-9 “常用取值”设置页面

(2) 通道号/接口代号设置:大多数仪器将检验结果发送到电脑时,其项目的编号不一定和用户建立的项目代号一致。特别是多数的全自动生化仪,它们发送结果时项目多数用通道号来表示(如 1,2,11,23 等),而实际上 1 可能是 ALB,2 可能是 TP。在这种情况下,我们需要建立 2 个项目 ALB 和 TP,然后将 ALB 的接口代号设定为 1,TP 的接口代号设定为 2。这样软件在处理仪器发送的数据时,会自动将 1 的结果对应到

笔记栏

项目 ALB 上,2 的结果对应到 TP 上。接口代号的维护在画面右边的第三个页面上(图 4-10),增加和删除可以使用按钮“+”和“-”。

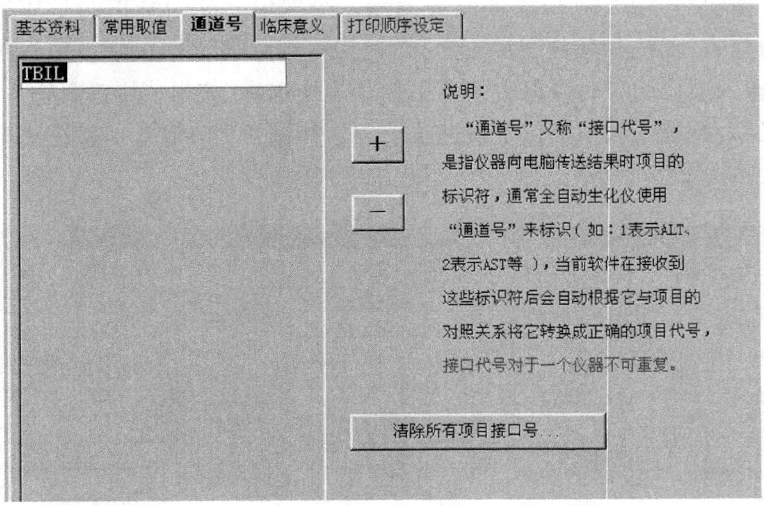

图 4-10 “通道号”设置页面

(5) 自动加载:有些项目结果已经传送到当前系统,但用户没有建立这个项目,最简单的解决方法就是按下自动加载,则系统自动搜寻并增加这些需要建立的项目,然后用户修改一下这些加载的项目的一些参数(如名称、参考值等)即可。

(6) 临床意义:系统提供了为每个项目设定临床意义的功能,用户可以选择“临床意义”页面,并直接输入后存盘即可。

(7) 项目打印顺序:建立完项目后,我们常常要调整一下项目在报告单中的排列顺序,这时我们可以选择画面右边的第 5 个页面“打印顺序设定”(图 4-11),画面中列出了所有的项目,调整有 2 种模式可供选择,1 是“上下移动调整”,如果要调整某个项目的打印位置,可以先点击这个项目选中它,然后按下画面右边的操作按钮,这些按钮分别实现将这个项目放到第一位、最后一位向上移动一位或者向下移动一位。2 是“手工输入序号”,只要在打印序号栏里直接输入号码即可,调整好所有项目后按下“存盘”按钮即可保存它们的打印顺序。

3. 检验报告输入、打印与查询

设置完字典,我们就可以进行日常的报告输入工作了。

(1) 进入报告输入作业,进入系统后系统会自动启动“报告输入”作业画面,如果需要手工进入,可选择菜单“输入”→“报告输入”即可(图 4-12)。

笔记栏

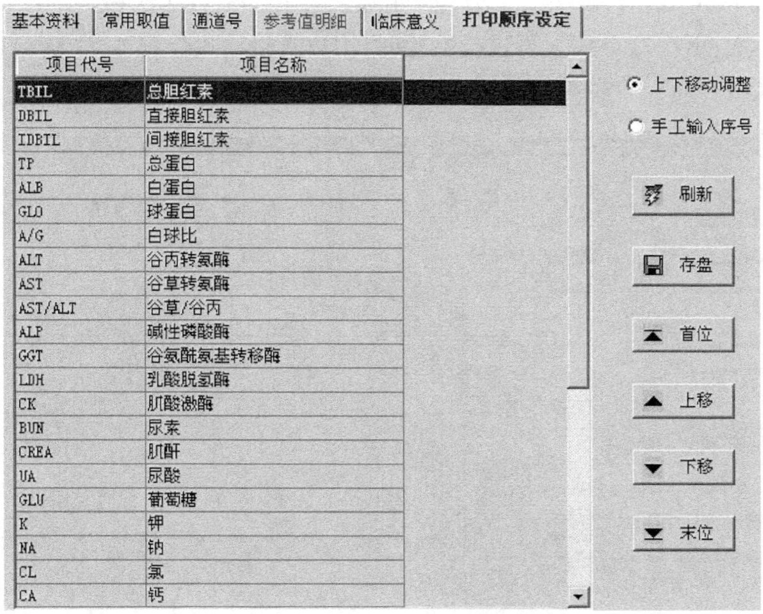

图 4-11 “项目打印顺序”设置页面

图 4-12 手动进入“报告输入”

(2) 报告输入作业界面如图 4-13 所示，左上部分为病人信息、标本信息等录入的区域(如标本号、病人姓名等)；右边为当前标本的检验结果；画面左边中间有提供批次输入的功能；它的下面为仪器通信消息的显示区域；画面左边最下面是常用功能的按钮。

(3) 切换标本：用户可以直接输入一个标本号，然后按下回车键即可切换到这个标本上，也可以按快捷 pageup(pagedown) 切换到上(下)一个标本号，同时还可以鼠标点击画面下方的标有上(下)箭头的按钮来切换上(下)标本号，切换标本号后，前一标本的所有内容会自动存盘。

(4) 录入病人信息：对于病人类型、费别、科室、标本、医生等信息，由于在字典中都有维护，这里输入直接输入代号即可(如果不记得代号，可以按下空格键系统会弹出列表供用户选择)。性别输入时，1 表示男，2 表示女；年龄单位默认为岁，若要修改则 1 为岁、2 为月、3 为天、4 为时；住院号、姓名等信息直接输入即可；输入完任何一个信息直接按下回车键光标会自动切换到下一个输入内容，如果需要修改上一个输入内容，按键盘向上键“↑”可以将光标移到上一个输入内容。

笔记栏

(5) 对于一个有住院号的病人(如:住院号为12345,姓名为张三……等),输入完病人信息一次,下次这个病人再进行检验时,用户直接输入住院号,系统会自动带出这个病人的姓名、性别、年龄等其他信息。

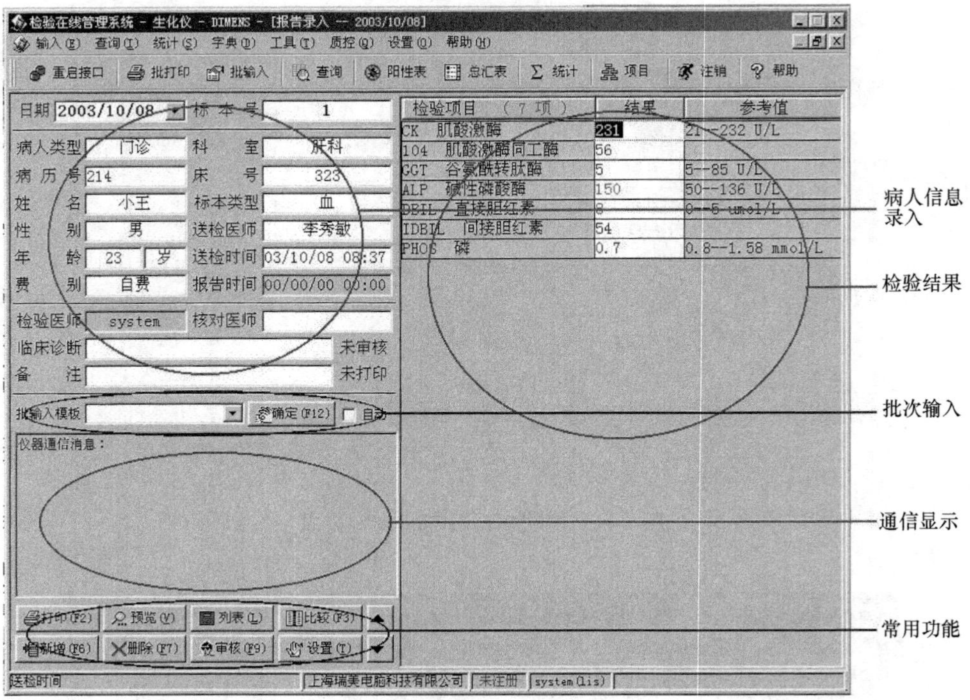

图4-13 报告输入作业界面

(6) 若要修改项目结果,直接在图4-13界面右边的结果区域进行修改即可,若要新增或删除结果,按下按钮"新增"和"删除"即可,在结果区域的最后一行的最后一列直接回车,系统也自动增加一个空行。

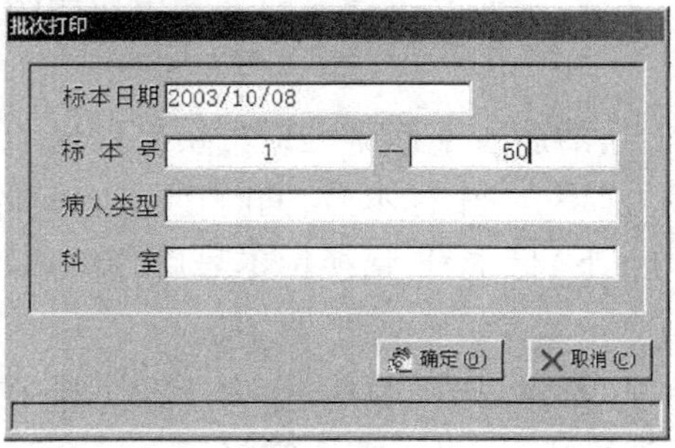

图4-14 批次打印窗口

(7) 对于新增一个项目结果,在输入项目代号时,可以直接输入项目代号,也可以输入它的接口代号,如WBC的接口代号为1,当输入1后系统自动将1变成WBC,如果不记得项目的代号或接口代号可以按下空格键,系统会弹出列表供用户选择。

(8) 打印报告:输入完所有信息后,直接按下"打印"按钮即可打印当前标本的检验报告单,打印前,系统会自动存盘。

(9) 批次打印:若要批次打印,可以选择菜单"输入"→"批次打印",也可以按下屏幕上方的快捷按钮"批打印",系统会弹出批次打印窗口(图4-14),你可以输入要打印标本的条件,图中显示的是打印2003/10/08日的1号到50号标本,你还可以限制病人类型(如:只打印门诊或住院的标本),或者依照科室来打印。

(10) 批次输入:如果要进行批次输入项目结果,可以选择菜单"输入"→"批次输入",也可以按下屏幕上方的快捷按钮"批输入",系统会弹出批次输入窗口(图4-15),用户按下"新增"和"删除"按钮来增加删除项目,标本号可以输入如1,2,3,5-10等多个号码或区间,输入结果后按下存盘即可完成批输入,在最后一个项目结果输入完成后连续按下回车也可以自动存盘,存盘后输入关闭标本号自动停在标本号上,并且标本号自动加一;用户还可以将当前的批次输入内容保存为一个模板,如模板只需要保存项目信息,请按下按钮"存为空模板"即可,如果希望模板保存项目和结果,请按下按钮"存为带默认值的模板";在以后批次输入时,可以直接选择这个模板,系统自动调出要输入的项目,如果不是空模板,还会加载默认值。

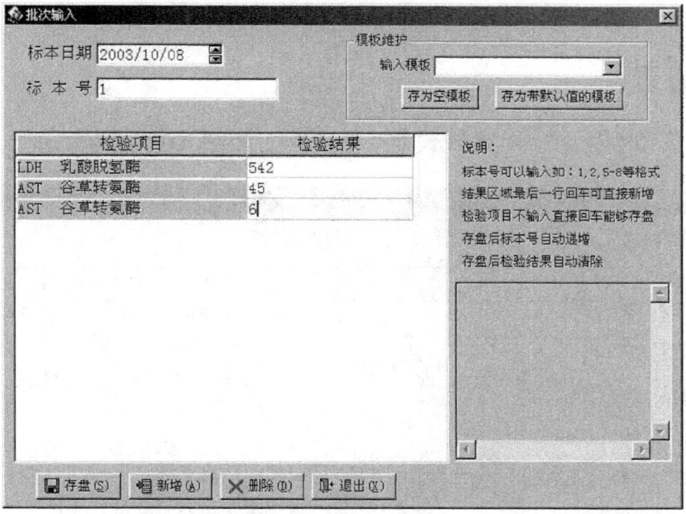

图4-15 批次输入界面

(11) 在标本输入的主界面中,可以看到界面左边中间也有一个"批输入模板"的下拉列表框,用户如果已经建立了一个或多个输入模板,就可以在这个下拉框中找到模板,然后按下后面的"确定"按钮即可批次加入项目(如果模板包含结果,则同时加入结果)。如果选中其后面的"自动"的选择框,则用户在改变标本时(如上移标本或下移标本时),系统自动对新标本进行批输入。批输入时,如果项目已经存在,则不会覆盖,只会增加不存在的项目。

(12) 报告查询:如果要查询以前标本,可以选择菜单"查询"→"报告查询"进入,也可以按屏幕上方的快捷按钮"查询"。进入查询作业后,用户可以看到如图4-16的界面。上面是输入查询条件的地方,左下方为查询出符合条件的标本列表,右下方为当前标本的检验结果。用户按下"打印"按钮即可打印当前标本的报告单,按下"预览"按钮可以打开模拟打印窗口;查询条件不输入的字段表示没有条件,同时姓名提供模糊查询。

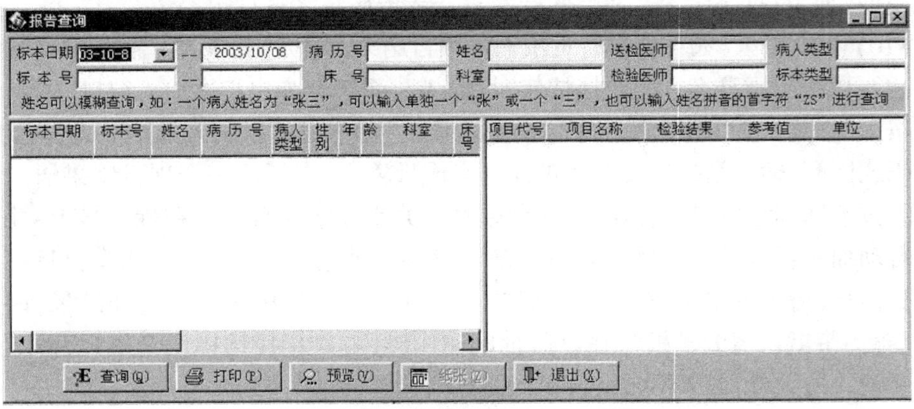

图 4-16　报告查询界面

4. 系统设置

（1）选择菜单“设置”→“系统设定”。其界面如图 4-17 所示。

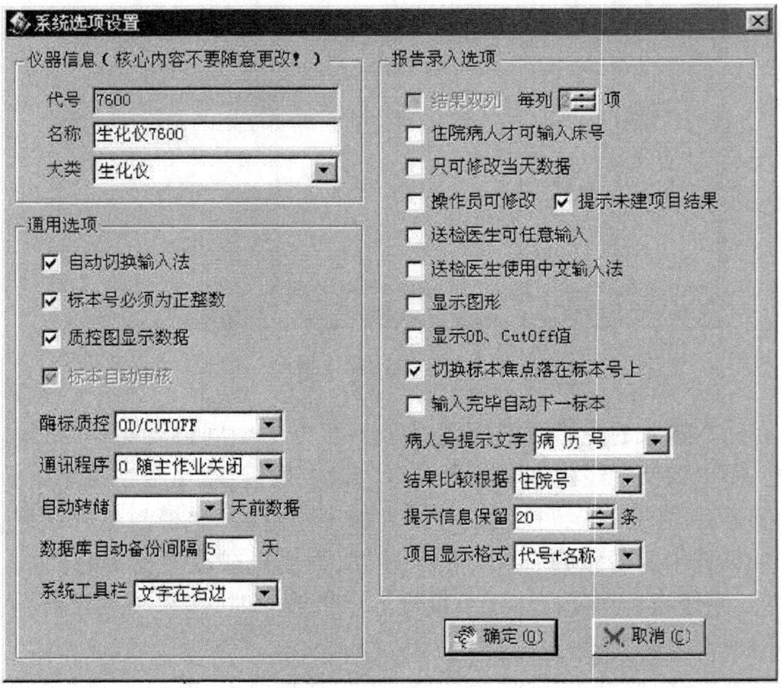

图 4-17　系统选项设置界面

（2）界面左上方为仪器基本信息，包括“仪器代号”、“仪器名称”和“仪器大类”。代号不可修改，名称和大类可以修改，建议用户保持原始值，不要随意修改。

（3）通用选项中“标本号必须为正整数”：如果选中则标本号输入时不可输入如“A001”或“1.2”等形式，必须是一个正的整数，如果仪器上传递过来的标本号不是正整数，

笔记栏

则自动转换为0。

(4) 质控图显示数据:选中则在打印的质控曲线图下方显示出当月的质控数据。

酶标质控:有"OD"和"OD/CUTOFF"两个取值,用户可根据需要选取。

自动转储:指将一段时间前的数据自动移到历史库中,这样可以提高系统性能,默认自动转储180天前数据。

(5) 住院病人才可输入床号:指在输入标本时,病人类型为"3 住院"时才可以输入床号。

(5) 只可修改当天数据:保护以前的数据可能被不小心修改。

(7) 操作员可修改:系统默认操作员是登录的医生,不可修改。如果选中这个选项,则输入标本作业中就可以修改操作员了,这大大降低系统的安全性,强烈建议不要选择。

(8) 显示图形:对于有些仪器(如:血球、电泳)数据中包含图形,用户在标本录入作业中如果要查看图形,则可以选中本选项,并指定图形类型(直方图、散点图、电泳图等)。这样在标本录入作业中双击结果区域就可以看到图形了。

(9) 显示OD、CUTOFF值:由于大多数仪器检验结果只包含"项目"和"结果",而酶标仪往往还包括OD、CUTOFF值,选中这个选项,则在标本录入画面中,检验结果区域多出两列,显示OD和CUTOFF值。

(10) 切换标本焦点落在标本号上:在录入标本时,可以按下键盘"pagedown"和"pageup"来切换标本,切换后如果选中这个选项,则输入焦点落在标本号上便于修改标本号,否则落在病人类型字段便于直接输入病人信息。

(11) 结果比较根据:若选择"住院号",则比较结果时调出相同住院号的标本结果,若选择"姓名"则根据姓名调出数据,由于姓名可能会重复,系统默认"住院号"比较。

(12) 提示信息保留:标本录入窗口中有一个接口信息提示框,用来显示电脑与仪器的通信信息,本选项定制提示框保留最近多少条信息,默认20条。

(13) 项目显示格式:用来定制标本录入窗口中,检验结果中的项目的显示形式,有"代号"、"名称"、"代号+名称"三种形式,默认"代号+名称"表示既显示项目代号又显示项目名称。

5. 报告单设置

报告单设定允许用户选择报告单类型(系统提供多种类型供用户选择),定制报告单的纸张和其他打印选项,还提供用户自定义报告单的功能。

(1) 选择菜单"设置"→"报告单设置"可进入作业,报告单设置界面如图4-18所示。

(2) 类型:系统提供多种报告类型,默认为"上海_非套打",用户可以根据需要修改。

(3) 标题:由于系统注册的是某医院,往往用户需要的报告单题头为某医院检验报告单,则后面的"检验报告单"可以在此设定,用户也可以根据需要修改为"血液检验单"、"生化报告单"等等。

笔记栏

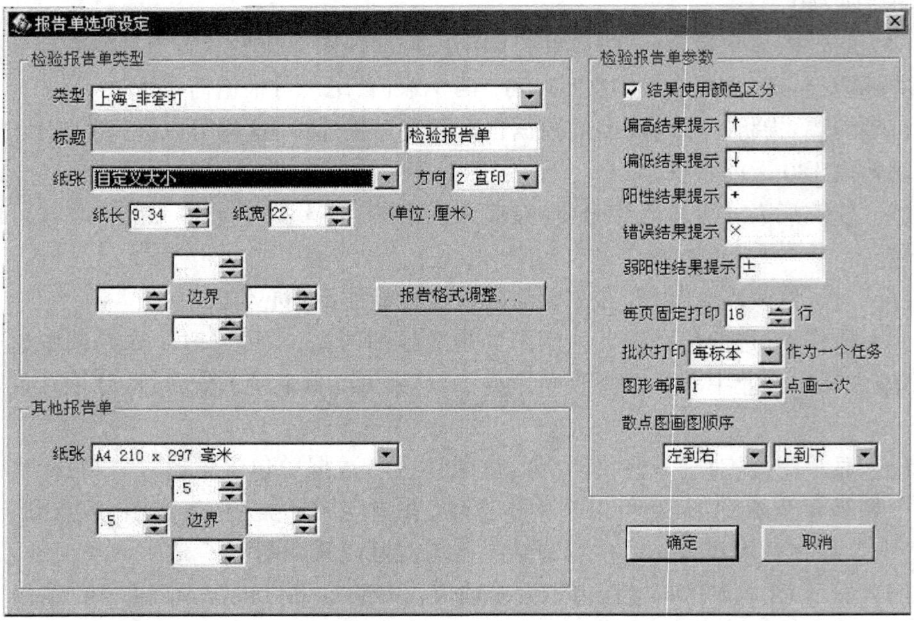

图 4-18　报告单设置界面

(4) 纸张:用户还可以根据需要修改打印纸张的大小。

(5) 其他报告:系统除检验报告单以外,还有一些其他报告(如:总汇表、组合报表、阳性报表等),它们的默认纸张在画面的左下边设定,针式打印机请将纸张设为"Letter 8 1/2 × 11 英寸",非针式打印机请设为 A4 纸。

(6) 报告格式调整:如果用户对报告单中的字体,某些内容的位置等不满意,可以按下按钮"报告格式调整",系统会打开如图 4-19 所示"用户自定义数据窗口",用户就可以根据需要调整了。

(7) 报告单参数:在画面的右边是一些报告单的常用参数设定,我们依次说明。

1) 结果使用颜色区分:选中则在打印报告时,阳性或偏高结果使用红色、偏低结果使用蓝色,阴性、正常结果使用黑色,默认不选中,由于有些打印机打出的非黑色字很淡看不清,本选项不影响报告输入作业中的结果字体颜色。

2) 偏高结果标志:默认为"↑",表示如果结果偏高,则报告单中该结果后面自动加上"↑",偏低结果和阳性结果同理。

3) 每页固定行数:可以自由定义每页报告单打印多少行,如果行数不够,系统自动补充空行,保证报告单大小固定。

4) 批次打印设置:有"每标本"和"所有标本"两个取值,默认为"每标本",只有一种情况用户需要修改成为"所有标本",就是用户使用非针式打印机和 A4 纸打印报告,而希望一张纸可以打印 2 个或 3 个报告单时。

5) 画图间隔:有些报告单包含图形,有些图形数据量很大,画图很缓慢,但是如果进行跳点画图(就是每几个点中选取一点画图)效果也基本相同。这时可以设置一个

笔记栏

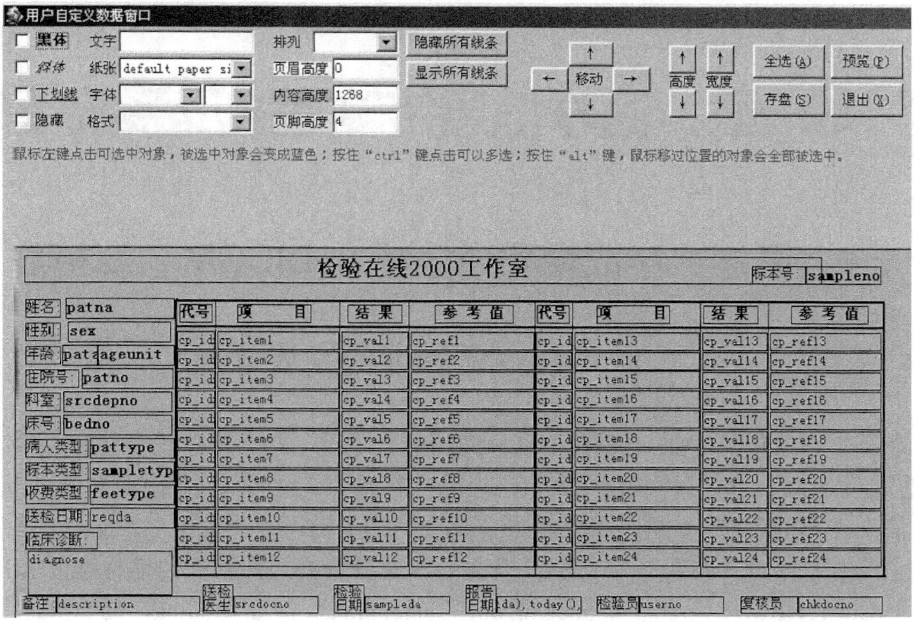

图 4-19　用户自定义数据窗口

大于 1 的值来提高速度。需要注意的是散点图不可以跳点画图。

6）散点图画图方向:血球仪的散点图是一个点阵图,但不同厂家仪器的画图方向不同,可以在此设定,具体哪个型号对应哪种方向,在特定仪器的帮助文档中有说明。

6. LIS 软件的其他功能

上面只是简述了 LIS 的主要功能。此外,LIS 还具有以下其他功能。

(1) 预约管理:预约处理(预约时间,打印预约单(准备、注意事项))、预约浏览(查询预约情况)。

(2) 检验申请:登记病人的基本信息、检验相关信息。

(3) 检验分类:根据检验业务对检验申请单进行归类。

(4) 检验:手写输入检验结果或自动接收。

(5) 检验报告审核及计价:检验结果确定后自动计价。

(6) 检验质量控制:定期调试制度、发现问题及时调整。

(7) 检验设备管理:仪器信息相关信息的录入。

(周　鹏　朱险峰)

第 5 章 医学信息传输标准及系统集成

5.1 医学数字成像和通信标准 DICOM 3.0 标准

5.1.1 DICOM 标准的发展背景

在医学影像信息学的发展和 PACS 的研究过程中，由于医疗设备生产厂商的不同，造成与各种设备有关的医学图像存储格式、传输方式千差万别，使得医学影像及其相关信息在不同系统、不同应用之间的交换受到严重阻碍。因此 PACS 必须解决的主要技术问题就是统一各种数字化影像设备的图像数据格式和数据传输标准。为此，诞生了 DICOM，DICOM 是 Digital Imaging and Communications in Medicine 的英文缩写，即医学数字成像和通信标准。目前该标准已经得到了世界上主要厂商的支持，新一代医学影像设备均以支持该标准作为基本特征，我国医疗器械开发、生产部门都十分重视这个发展趋势。

DICOM 标准是由 ACR（American College of Radiology）及 NEMA（National Electrical Manufacturers Association）所形成的联合委员会，于 1983 年以后陆续发展而成的医疗数字影像及传输标准。

DICOM 的发展过程：

ACR 和 NEMA 在 1983 年成立了一个联合委员会，发起制定一个公共的标准；

1985 年，该委员会发表了 ACR-NEMA1. 0 标准（No. 300－1985）；

1986 年 10 月和 1988 年 1 月又公布了该标准的两个修订版；

1996 年，ACR-NEMA2. 0 委员会发表了一套新的规范，正式命名为 DICOM 3. 0；

1998 年又推出了修订本，目前仍然在不断发展中。

DICOM 标准中涵盖了医学数字图像的采集、归档、通信、显示及查询等几乎所有信息交换的协议；以开放互联的架构和面向对象的方法定义了一套包含各种类型的医学诊断图像及其相关的分析、报告等信息的对象集；定义了用于信息传递、交换的服务类与命令集，以及消息的标准响应；详述了唯一标志各类信息对象的技术；提供了应用于网络环境（OSI 或 TCP/IP）的服务支持；结构化地定义了制造厂商的一致性声明（conformance statement）。

DICOM 标准的推出与实现，大大简化了医学影像信息交换的实现，推动了远程放射学系统、图像管理与通信系统（PACS）的研究与发展，并且由于 DICOM 的开放性与互联性，使得与其他医学应用系统（HIS、RIS 等）的集成成为可能。

笔记栏

近年来由于 ACR 与 NEMA 在医学数字成像传输规范的发展与努力，DICOM 3. 0已成为北美、欧洲及日本各国在卫生保健信息学影像应用的标准。这些协会除了 ANSI、ISO 外,还包括欧洲的医学信息学标准委员会(CENTC 251)及日本的放射器械工业协会(JIRA)。1994 年, 在美国芝加哥所举办的 RSNA 年会上, 就已经有 40 个以上的厂商参与 DICOM 的成果展示, 他们利用 DICOM 3.0 的标准,通过网络与各医院连接,进行医学影像传输及处理的功能显示。现在的 DICOM 3.0 应用范围不仅包括 CT、MRI、DSA、SPECT、超声、数字化 X 线影像(CR、DR、FPD)等,还包括内镜图像、病理学图像、耳科图像、皮肤图像以及中医的舌苔图像等。应用范围几乎包括所有医学图像领域,它本身具有面向对象的特性和开放性,有利于自身不断的发展和完善,DICOM 3.0 是 PACS 的基础。

5.1.2 DICOM 3.0 标准文件内容概要

(1) 第一部分:引言与概述,简要介绍了 DICOM 的概念及其组成。提供了整个 DICOM 标准的综述。包括历史、范围、目标和标准的结构,对标准的各部分都有简要的描述。

(2) 第二部分:兼容性,精确地定义了声明 DICOM 要求制造商精确地描述其产品的 DICOM 兼容性,即构造一个该产品的 DICOM 兼容性声明,它包括选择什么样的信息对象、服务类、数据编码方法等,每一个用户都可以从制造商处得到这样一份声明。

(3) 第三部分:利用面向对象的方法,定义了两类信息对象类:普通型、复合型。普通型的信息对象种类只包括那些现实中实体表现出的固有的属性。复合的信息对象种类可以扩展的包括那些与现实中实体相关的但不是固有的属性。

(4) 第四部分 :服务类,说明了许多服务类,服务类详细论述了作用于信息对象上的命令及其产生的结果。一个服务类通过一个或多个命令控制一个或多个信息对象。服务种类规范声明了命令元的需求以及应用于信息对象的命令执行结果。服务种类规范既声明了供应者的需求又声明了通信服务使用者的需求。

(5) 第五部分:数据结构及语意,描述了怎样对信息对象类和服务类进行构造和编码。

(6) 第六部分:数据字典,描述了所有信息对象是由数据元素组成的,数据元素是对属性值的编码。

(7)第七部分:消息交换,定义了进行消息交换通信的医学图像应用实体所用到的服务和协议。

(8) 第八部分:消息交换的网络通信支持,说明了在网络环境下的通信服务和支持 DICOM 应用进行消息交换的必要的上层协议。

(9) 第九部分:消息交换的点对点通信支持,说明了与 ACR-NEMA 2.0 兼容的点对点通信的服务和协议。

5.1.3 DICOM 数据集及文件格式

DICOM 文件是指按照 DICOM 标准而存储的医学文件。SOP 指服务-对象对(service-object pair)。DICOM 文件一般由一个 DICOM 文件头和一个 DICOM 数据集合组成。

DICOM 文件头(DICOM file meta information)包含了标志数据集合的相关信息。每个 DICOM 文件都必须包括该文件头,DICOM 文件头信息位于文件的起始,用于描述该文件所封装的数据集,它由 128 字节的前同步字符、4 字节的 DICOM 前缀和一系列文件头信息元素(file meta element)组成。可以根据 4 字节的 DICOM 前缀值来判断一个文件是不是 DICOM 文件。文件头中还包括其他一些非常有用的信息,如文件的传输格式、生成该文件的应用程序等。

DICOM 标准的第五部分介绍它的数据结构,它定义了数据集(Data Set)来保存信息对象定义(IOD),数据集又由多个数据元素(data element)组成。每个数据元素描述一条信息(所有的标准数据元素及其对应信息在标准的第六部分列出),它由对应的标记(8 位 16 进制数,如(0008,0016),前 4 位是组号(group number),后十位是元素号(element number)唯一确定)。DICOM 数据元素分为两种,即:

(1) 标准(standard)数据元素,组号为偶数,含义在标准中已定义。

(2) 私有(private)数据元素,组号为奇数,其描述信息的内容由用户定义。

在 DICOM 数据集中,按照传输顺序,也就是标记符的大小顺序,排列着许多数据元素。每个数据元素由多个数据域(fields)组成,其中必需的三个域分别是数据元素标记(Tag)、数值长度(value length)和数值域(value field),而数值表示(vr,value representation,VR)域是可选域,它指明了该数据元素的数据类型,在实际中根据传输语法的要求加入或省略。

DICOM 标准的第十部分介绍了介质存储和文件格式。DICOM 文件是 DICOM 数据集的封装,由 DICOM 文件头信息(meta information)和描述 DICOM SOP 类实例的数据集组成。每一个 DICOM 文件包含了一个 SOP 类的实例。

DICOM 文件主要组成部分就是数据集合。DICOM 数据集合是由 DICOM 数据元素按照指定的顺序依次排列组成的。对于 DICOM 文件,一般采用显示传输,数据元素按标签从小到大顺序排列。

5.2 医学数据交换标准 HL7(health level seven)

5.2.1 HL7 发展的背景及现况

Health level seven 组织成立于 1987 年,它主要目的是要发展各型医疗信息系统间,如临床、银行、保险、管理、行政及检验等各项电子资料的标准。HL7 通信协议(pro-

笔记栏

tocol)汇集了不同厂商用来设计应用软件之间介面的标准格式,它允许各个医疗机构不同的系统之间,进行一些重要资料的通信。通信协议的设计同时保留相当的弹性,使得一些特定需求资料的处理维持相容性。Health level seven 组织参考了国际标准组织(International Standards Organizations, ISO),采用开放式系统互联(open system interconnection, OSI)的通信模式,将 HL7 纳为最高的一层,也就是应用层。它的规范提供了如:关联性的分类、有效检查的产生、结构性交换资料的机制与协商等功能。

在最近三年来,HL7 的会员增加了 3 倍,目前已有 1400 多个会员,其成员包括:医院、专门组织及主要由医疗顾问和厂商组成的产业代表。除了个人会员外,目前已有 5 个赞助单位及 370 个团体会员,其中包括 164 个厂商、17 个顾问单位、177 个医疗机构及 12 个一般性的营利机构。HL7 标准在美国已有很多厂商及医院的支持与使用,国家组织还包括澳大利亚、加拿大、德国、以色列、中国、日本、立陶宛、捷克、芬兰、土耳其、印度、韩国、新西兰、荷兰、英国、南非和阿根廷。在 1994 年 HL7 已纳入美国 ANSI(美国国家标准学会)国家标准,这将积极促使 HL7 的发展及推广。

1994 年 12 月 HL7 颁布第四个版本,Version2. 2,它是经由 ANSI 的程序投票一致通过的标准。这些规范将交由 ANSI 来公开发表,并纳入美国国家标准。

目前 health level seven 组织正积极发展下列的交易信息格式:时间约定、问题清单、临床实验登记、病人许可、口述表达、高级指示和生理信号。并有一支技术团队正在发展以物件导向技术如 CORBA 及 Microsoft's OLE 的交易处理物件雏形。

5.2.2 HL7 标准文件内容概要

第一章　前言
第二章　控制/查询
第三章　病人管理
第四章　医嘱录入
第五章　查询
第六章　财务管理
第七章　观察报告
第八章　主文件
第九章　病案记录/信息管理
第十章　日程安排
第十一章　应用管理
第十二章　人员管理

5.2.3 HL7 基本概念

1.触发事件(trigger events)

假定在真实的医疗世界中的一个事件产生系统间数据流动的需求,则产生了这个标准。这个真实世界中的事件就称为触发事件。例如:病人登记这个触发事件可能会产生把病人资料发送到其他系统的需求。而一次观察(举例来说,一项全血细胞计数 CBC 的结果)这个触发事件,会产生把观察结果发送到其他系统的需求。当由处理触发事件的应用系统发起信息的传递时,这种事务被称为非请求性更新(unsolicited update)。HL7 的适用范围限制在规范系统间的消息和触发它们的事件上。

HL7 允许在不同层次的数据和相互关系下使用触发事件。例如:大部分病人管理(ADT)触发事件只涉及单一的对象(例如一个入院事件,该事件产生一个包含单一病人的数据和/或账目信息的消息)。其他的 ADT 触发事件涉及多个对象之间的关系。例如:合并事件,它指定病人或账目的合并。有些 ADT 事件从属于对象集合,而这些对象间可能并没有明显的相互关系。例如:一个面向记录的以位置为基础的查询,它的回应中包含一个暂时与当地地址有关的住院病患集合(图 5-1)。

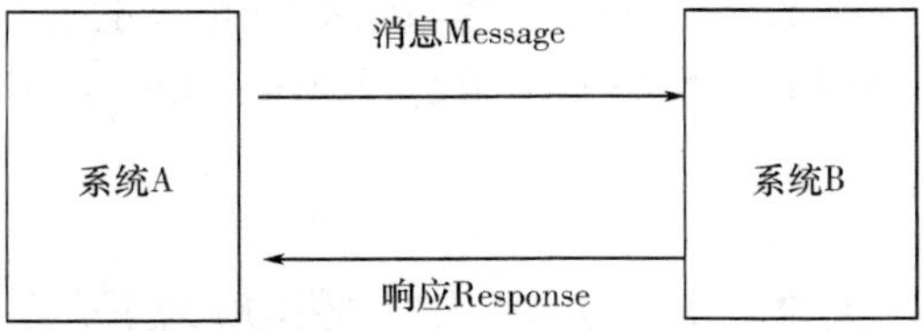

图 5-1 HL7 触发事件

2.确认:初始模式(acknowledgments: original mode)

当一个系统向另一个系统发送一个非请求式更新的时候,这种确认模式要求其在应用层得到确认。这是因为无法充分了解基础通信系统是否保证传送消息。同样无法肯定的是接收应用系统在一个逻辑应用层对数据的处理是否成功。

确认可能包含对发起交换动作的系统有用的数据。例如:如果一个病人护理系统处理病人检验预约这个触发事件,它会向检验室应用系统发送一个非请求式更新来识别病人、检验预约以及其他与预约相关的信息。如果这个处理成功,则它的辅助系统将确认预约。对一些成对的病人护理及辅助部门系统,确认可能还包括指派的辅助识别码(HL7 并不要求预约登录与结果报告以这种方式对接,它只是支持这种方式)。

HL7 标准不对数据的所有者做出任何假设,而且它对数据引起的并发行为的所有者不做出任何要求,同时它对接收应用系统的设计或架构也不做出任何假设。HL7 的适用范围限制在规范应用系统间的消息以及触发它们的事件上。HL7 并不明确支持那些支持保存转发和数据广播设备的系统,但可以在其中使用。

系统在确认一个消息(message)前,要将其内的数据提交到数据库,对于这种请求,HL7 标准并没有做任何功能性的解释。它所要求的就是接收系统承担数据的责任,给任何数据源传来的数据提供同样完整的测试。延续前一个例子,辅助系统可能先将预约排列在一个输入队列中后,然后来确认它,期望在未来的一个时候再将其完全处理,提交到数据库中。唯一需假定的是输入队列要保持与数据库同样级别的完整性。

3.确认:增强模式(acknowledgments: enhanced mode)

HL7 确认范例还扩展到识别接收确认和应用确认,以及相应所要求的条件。接收系统使用一个肯定的接收确认来将消息提交到安全储存,在某种意义上使发送系统不必重发这条消息。接收系统处理该消息以后,可能使用一个应用确认来将结果状态返回给发送系统。

4.查询(queries)

各种查询文件,包括消息(message)、段(segment)、特殊协议、执行考虑以及示例。

5.2.4 HL7 接口的特点与实现意义

HL7 接口采用点对点互连;HL7 SERVER 的数目为$(n-1)n/2n$

意义:

(1) 面向对象:采用消息驱动,避免交叉调用的混乱。

(2) 标准化:基于医院基本流程。

(3) 不完全标准化:医疗流程不能完全标准化。

(4) 模块标准化、插件、Software IC。

(5) 市场化。

(6) 率先实现标准化的大公司将扩大市场份额。

(7) 市场将专业化。

(8) 医院(用户)是标准化的最大受益者。

5.2.5 国际标准的 HL7 接口规划方案

组成医院 HIS、RIS、LIS、CIS、PACS 各系统,这些异构信息系统间的互联,成为下一步医院各系统整合的重要发展目标。而在医院信息系统逐渐完善的同时,信息建设将向外延伸,实现不同医疗机构的信息系统互联。HL7 的主要目的就是要发展各种类型信息系统间各项医疗电子资料交换的标准。它属于通信协议的一种,汇集了不同厂商用来设计应用软件间接口的标准格式,它允许各个医疗机构不同的应用系统间,进行一些重要资料的沟通。

考虑到保健服务机构内系统的运行条件和环境千差万别,该交换标准只能采取一种非常弹性的方式,对很多数据没有做出,也不可能做出具体的分类定义。所以,HL7本身并不是一个非常完整的,针对医院信息系统存在的所有标准问题的解决方案。为了在特定领域或地区使 HL7 得到更好的利用,并且发挥信息的决策效益,必须解决其中一些重要的数据定义问题,主要是信息分类编码问题。

HL7 作为一个数据交换标准,主要规定了数据的基本元素和结构。它将所有需要交换和传输的信息按照逻辑关系组成一个个信息段(segment)。其中包含数个有关的数据域(data field),数据域中又包含一些基本数据元素(component 及 subcomponent),图 5-2 给出了 HL7 消息的基本概念。例如:HL7 中关于病人就医(patient visit)的信息段,包含对病人进行注册、管理,尤其是费用管理的基本信息。其中绝大多数没有提供现成的数据定义。在 HL7 提供的少数数据定义中,一部分可考虑在我国医院信息系统直接使用,如入院类型代码;另一些数据定义由于医疗保健体制的差异,无法在我国直接使用,如入院来源代码。我国目前没有严格的转诊制度,也没有类似于美国的健康维护组织,所以病人的来源无法按照规定定义分类。

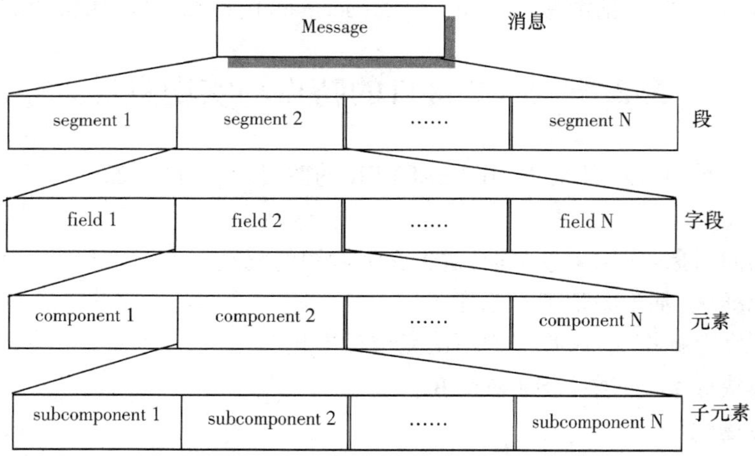

图 5-2 HL7 消息的基本概念

不包括数据元素当中的自定义代码表,HL7 2. 4 版本中共有代码表 400 多个,其中用户自定义的代码表有 200 多个。在所有用户自定义的代码表中,除少部分代码表由于我国医疗服务体制的现状,暂时不需要定义外,绝大多数需要逐渐制定适合我国国情的标准分类和编码,或修改 HL7 给出的建议定义。在 HL7 定义的代码表中,还有相当一部分需要根据我国的实际情况做必要的修改。例如关于婚姻状况的分类代码表,HL7 中的合法分居、注册的同室居住等类别在我国没有相应的规定和类别,无法直接使用,需要在国家标准"婚姻状况代码"的基础上,根据医院的应用目的,对分类进行适当增加或预留扩充空间。另外,在我国推广应用 HL7,还需要在 HL7 的大框架上增加一些中国特有的内容,这部分内容必然会产生附加的数据标准化工作。所以,HL7 只为我们提供了一个医院数据传输和交换的基本思路和格式,就医院信息系统的

笔记栏

数据标准而言,还远远不是一个完整的解决方案,绝大多数数据标准需要我们自行研制。在数据传输的要求和格式方面,我们可以 HL7 为基本框架,以节省投入,并方便国际交流;在相应的数据标准方面,我们应该积极研究、制定和推广适宜的信息分类代码标准,提高医院信息的共享程度,促进医院信息的深层次开发利用。

5.2.6 HL7 应用实例:某医院 PACS 和 HIS 互连流程图

HL7 有下面几个方面的主要应用:

(1) 建立以病人为中心的医院信息系统。

(2) 医院中各个系统之间有了共同的语言,方便了系统的集成。

(3) 有利于各医院之间的信息交流,使国际医院间病人的会诊变为可能。

(4) 使社会保险中心与定点医院间及时交换信息,降低了保险申报处理程序,快速反映保险申报索赔状态。

(5) 为医院提供决策参考信息。

图 5-3 给出了基于 HL7 的某医院 PACS 和 RIS 互连。

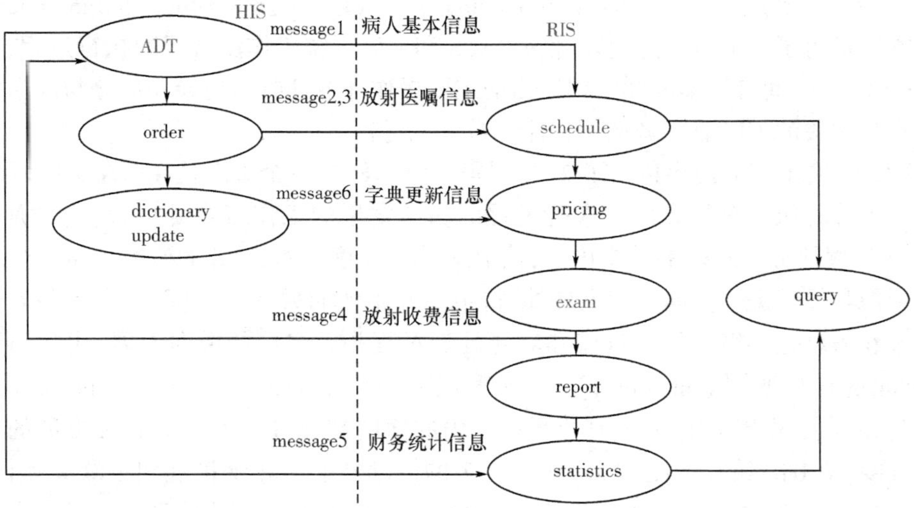

图 5-3 某医院 PACS 和 RIS 互连流程图

5.3 国际标准 IHE

5.3.1 IHE 的发展过程

IHE(医用信息系统集成)是一项推进整合现代医疗保健机构信息系统的倡议。它的基本目标是确保提供给医疗保健专业人员对病人诊断必需的所有信息是正确、可用的。医疗保健信息管理系统学会(HIMSS)和北美放射学会(RSNA)是这项倡议的主办单位。IHE 概念是由医学专家和广大医护工作者、相关政府部门、信息技术专家和企业共同发起的，目的是提供一种更好的方法让医学计算机系统之间方便地共享信息。IHE 强化了一些已有的通信标准，比如 DICOM 和 HL7 之间的协同工作，以便为最佳的临床工作提供特定的服务。用 IHE 概念统一起来的医学信息系统可以更好地和其他系统通信，更容易地实施，并且使得医护人员高效率地获得相关信息。

医生、护士、医疗机构管理人员和其他医疗服务专业人员，期望这样一天的来到：重要的医学信息可以在系统之间、科室之间无缝穿梭，在任意需要的地方都可以随时获得。IHE 通过改进医疗系统之间的整合，消除提供更好的医护服务中的壁垒，来实现他们的理想。

IHE 活动的第一阶段，被定义为一个多年实施的项目，即被分为 5 个年度执行和实现的计划，其重点集中在放射科环境中的影像设备、医学影像学信息管理系统（如 PACS 和 RIS），以及与医院其他相关信息及流程间的集成过程。RSNA 和 HIMSS 的年度会议被作为 IHE 相关活动、验证和展示的主要平台，基于此平台同步地组织反映该年度 IHE 技术现状和进展内容的验证和示范。从 RSNA 和 HIMSS 的 1999 年度学会开始，截止到 2003 年的第 5 个 IHE 年度，已经完成并发布 13 个 IHE Profiles（IHE 集成模型），定义了超过 40 个以上的 transactions（事务处理），这些 profiles 和 transactions 已经基本上覆盖了放射科信息化环境中 PACS 和 RIS 系统工作流常规的执行过程，以及 PACS-RIS 系统间流程集成和数据通信的主要操作环节，同样，也涉及部分与医学影像检查流程相关的 HIS 管理域的工作流和数据流过程。

IHE 年度示范的内容包括了 2 个不同维度的发展，一个维度是在医院诊疗环境中以病人入院并执行医学影像学检查过程的纵向发生的工作流及处理过程，这是 IHE 第 1~4 年度研究和示范的基本内容；从 IHE 第 5 年度开始，IHE 的研究和示范除了在医学影像学领域进一步向纵深发展外，将主要开始他的另一个维度，即向医院其他学科领域和信息化环境中的工作流和功能处理过程相关内容的横向发展，比如心脏科（cardiology）、检验科（laboratory）、药剂管理部门（pharmacy/medication management）等。此外，在宏观层面上，IHE 在世界范围内的横向扩展过程也成了 IHE 发展的一个特殊维度，从 IHE 第 3 年度（2001 年），IHE 的活动从北美相继扩展到了欧洲和日本，经 IHE-USA、IHE-Europe 和 IHE-Japan 的共同努力使 IHE 真正成为了一个具有广泛代表性和被普遍认可的国际性研究和应用示范活动。

5.3.2 IHE 的现实意义

更好的医护服务需要高效地获得相关的医学信息。抛开空谈技术的先进性，在这个领域大部分的医疗机构都不能做到这点。很多独立的设备和系统在广泛的医学领域获取和存储病人的信息，但通常无法相互高效地通信。将不同领域的信息流解开并重新组合的工作到目前为止仍然是令人沮丧的。各种学术组织为此付出巨大的努力，花费巨大的代价。即便是很权威的机构也不见得完全意识到计算机系统消除了医疗

笔记栏

差错,提高医护工作者的效率,增强整体临床服务的潜在价值。为实现这个目的,医学领域需要一种信息共享的系统框架,这种框架满足医护工作者和病人两方面的需求,同时获得建立和依赖这些系统的企业的认可。

现有的标准提供了搭建这个系统框架的内容,但是单独的标准不能解决问题。任何一个标准都有局限,很多时候可以选择这种标准,也可以选择那种标准,这些标准还可能对一件事情做出相互冲突的解释。没有标准可以完美地覆盖复杂的、变化中的整个医学信息领域。到今天为止,为了弥补标准和系统的局限性,保证系统的顺利运行,需要开发昂贵的、个性化的接口,来整合甚至是符合标准的系统。为了弥合这个鸿沟,需要一种工作,建立一种细致的框架结构,以保证这些标准可以顺利实施。IHE 就是这种工作。

1. 临床人员

医护人员被不能充分分享信息的系统所困扰。他们经常为获得相关医疗信息而和各种因素奋斗,以便提供尽量高质量的服务。至关重要的病人信息可能丢失或者很难获得。除了效率之外,多系统重复的检索入口会导致的检索错误和不匹配必须修正。非常糟糕的情况是很多医疗决定经常是在未能全面理解病人信息的基础上做出的。

IHE 为信息共享系统提供一种能优化临床流程的框架。按照 IHE 框架建立的系统,可以串接到临床工作的信息流当中,减少错误,提高效率。IHE 强化了一个实体内部不同科室之间的信息链接。例如:在门诊医生和住院部医生之间应用,使得他们成为一个工作的整体,提供最佳的临床服务。

2. 信息技术专家

医疗 IT 系统之间的接口对于任何一个医疗机构的工作人员来讲都是重要的挑战。理解标准在不同厂商的系统中实现的差异,并尝试找到一种方法协调它们,是一个昂贵、劳动强度大和痛苦的工作。

IHE 提供了一个公共的体系结构,让供应商、IT 研发部门、临床应用者和咨询专家理解并定位临床完整的需求。

3. 医疗管理行政部门

行政管理部门在做出可操作的和购买性的决定的时候,要全衡技术、财务、临床和人员素质等诸多限制因素。系统整合的不足影响很多被管理部门关注的临床科室的方面:财政状况、信息技术的开支、人员的效率等,最重要的是医疗质量。

IHE 通过指出一条清晰的、可以获得整合的系统的道路,消除了这个障碍。IHE 使得买方和卖方都认可将要获得的或者升级的系统的可交互性,使得多供应商和领域宽广的解决方案容易操作。IHE 使得信息技术专家可以集中精力到核心功能上,而不是开发和维护那些冗余的、点对点特定的接口。最终,IHE 可以实现一个完整的信息

笔记栏

流,使得医务工作者更高效地利用时间。

IHE 在重要的各方之间引入了一种透彻的和持久进行的协作和交流。有经验的医学专家确定整合的优先顺序。企业界的代表负责达成对于独特的临床需求,如何使用标准的传输协议来完成的一致意见。企业负责将这些技术性的决定纳入 IHE 的框架,使其成为细致的、可以自由获取的整合资源。参与的公司将这种兼容的 IHE 传输整合到它们的系统当中。连接测试包括利用 IHE 提供的软件工具进行严酷的测试,或者是在系统的生命期内的系统对系统之间的测试,保证了对技术框架的高度顺应。最后,通过在一些由医学专家参与的主要会议上展示,建立一种企业参与的机制,同时也是一个教育用户和买家的论坛,使得他们亲眼看到整合和这个框架带来的效率提高。这种工作每年都在进行,不断扩展范围以便适应不断扩展的临床需求。

5.3.3 IHE 的技术框架

IHE 的技术体系是一种详细的、严格组织的文档,这些文档提供了一种容易理解的指导,以便完成特定的系统整合。这种技术框架描述了在要求特殊流程和整合性能的系统之间,基于标准的事务处理(通常被定义为 IHE Actor)。

IHE 事务处理:信息系统或者程序产生、管理,对信息进行操作,这些功能单元被称为 IHE 的事务处理单元。每个事务处理单元都支持一组特殊的 IHE 事务处理。一个特定的信息系统可以包含一个或者多个事务处理。

事务:事务处理是在事务处理单元之间,利用现有的标准(比如 HL7 和 DICOM)通过消息来进行信息交换。每个事务处理都通过关联特定的标准和附加的明确信息,包括使用范例来定义。这种定义是增加了大量的规范,确保系统在高层次可以进行交互操作。

5.3.4 IHE 的“整合描述”

IHE 的“整合描述”构成了可以满足特殊病人医护需要的整合能力。“整合描述”给供应商和用户提供了一种方便的方法来引用 IHE 技术体系当中描述的功能,而不需要重申 IHE 中事务处理和事务的说明。

在 2001~2002 年度,IHE 定义了如下临床需求的“整合描述”:

(1) 预约流程:定义了在病人影像流程的关键步骤中的信息流(登记、排序、预约、就诊、分发和存储)。

(2) 病人信息的一致性:定义了一种有效方法处理病人信息不唯一或者错误的唯一的情况。

(3) 图像信息表达的一致性:保持在不同的介质和不同的显示模式下图像浏览和标注的一致性。

笔记栏

(4) 成组信息的表达方式:管理在一个获取过程中获取的(本该是多个步骤)的

系列影像。

(5) 获取放射学信息:建立一种机制在科室之间共享放射学影像和信息。

(6) 关键图像的标注:允许在序列的关键图像上附加文字性注释和指针。

(7) 图像和数字化的报告:实现一种标准,创建、管理、存储、查看包括图像、正文和数字的报告。

IHE 的价值取决于你的角色和需求。临床医生和管理人员应该充分理解临床和管理上的好处是可以通过 IHE 整合实现的,并努力促使自己的科室采用这些内容,早日达到目的。

信息技术专家可能注重了解那些在他们的监控之下,可以简化系统之间接口的技术框架部分的内容。开发人员和系统整合人员将从充分理解技术框架获得最大的好处。

如果将 IHE 比做一种系统整合的通用语言,那么可以类推描述一个人如何利用各种资源学习外语。DICOM 和 HL7 提供了系统整合的单词表和简单的语法。"技术框架"将这些元素组合成课文,将那些最相关的片段组合在一起,去掉不清晰的部分。"整合描述"则类似于做基本通信的常用词语小册子。这些内容组成了一种可以让买方和卖方为系统整合而进行交流的语言——即便它们本身不遵从 DICOM 或 HL7。

"整合描述"对于书写购买新系统(设备或者信息系统)的说明中关于整合要求的描述非常有用。从根本上讲,医疗组织需要获得实际的获得分布存储的医学影像和流畅科室管理流程的能力。"整合描述"提供了使用高层通信的能力,同时又不失去赖以正常工作的技术准确性。

IHE 可以让系统整合得更快速、高效、低成本和更成功。像在 IHE 中描述的那样基于标准的整合解决方案更灵活、持久,更容易完成,比其他系统更低的维护成本。通过 IHE 进行系统的整合是提高医疗服务事业中非常生动的一步。

5.4 系统之间的无缝连接

5.4.1 系统整合方法

PACS、HIS(医院信息系统)和 RIS (放射信息系统)联成一网就成了一个全院性的一个配套系统,系统可以得到完整的电子病历。图 5-4 是系统整合方法的示意图。

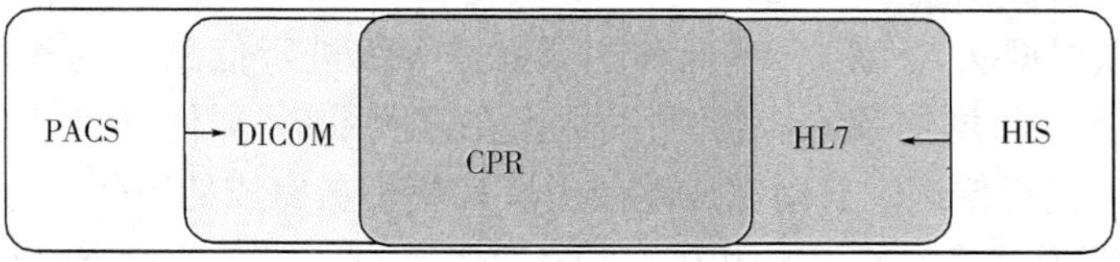

图 5-4 系统整合方法

HIS 里面存储的主要是病人和医院各项管理的文字资料。RIS 主要负责病人预约、放射设备管理、放射有关医师医嘱、放射报告等管理。

因为 HIS、RIS 和 PACS 之间有重复的和相关的资料,良好的整合可以减少错误、重复劳动和提高工作效率。

简单地说,HIS 里面的病人基本资料要自动传给 RIS,RIS 里面的病人和检验资料要传给 PACS,RIS/PACS 里的影像报告结果要传回给 HIS。

5.4.2 资料传递的拓扑

1. 病人/检验资料

HIS→RIS→影像设备(CT、MRI 等)→ PACS 图像服务器。

2. 病人影像资料

影像设备(CT、MRI 等)→PACS 图像服务器→影像工作站、医师终端、医师手提电脑、医师家庭电脑→胶片机。

3. 病人影像诊断结果

PACS→RIS→HIS→临床医师终端。

最关键的是影像设备里的图像要能传到 PACS 图像服务器。传输协议是 DICOM。其次,病人/检验资料要能从 HIS 传到 RIS,RIS 传到影像设备和 PACS。这里用到 HL7 和 DICOM Modality worklist。

5.4.3 系统互联

把放射科信息系统和/或医院信息系统与 PACS 系统进行连接是非常重要的,这便于输入病人的统计资料(如姓名、日期、时间、病历号——用以区分不同的病人,登记号-用以区分不同的影像检查、检查类型、成像参数),并且使 PACS 系统能够与 RIS-HIS 系统记录的资料自动地进行对照和修改。一些成像设备(如 CR)与 RIS 系统紧密相关,通过条形码阅读器从 RIS 中自动下载统计信息传送到设备和 DICOM 的文件头,这消除了手工数据时易出错误的现象。

目前,HL7 语言已被 RIS-HIS 系统广泛接受和遵守,HIS-RIS 数据库的特点是以病人为中心,可以根据病人、研究、序列和图像数据等级进行信息查询和调用。RIS-HIS 数据与 PACS 连接将增加系统信息,帮助数据在遵照系统"如何、何种数据何时传送到何处"的指令下进行传送。自动完成此前由胶片管理员完成的工作。

图 5-5 举例说明了 RIS、HIS、PACS 系统如何协同计划一项检查,以便将图像输入 PACS 系统。

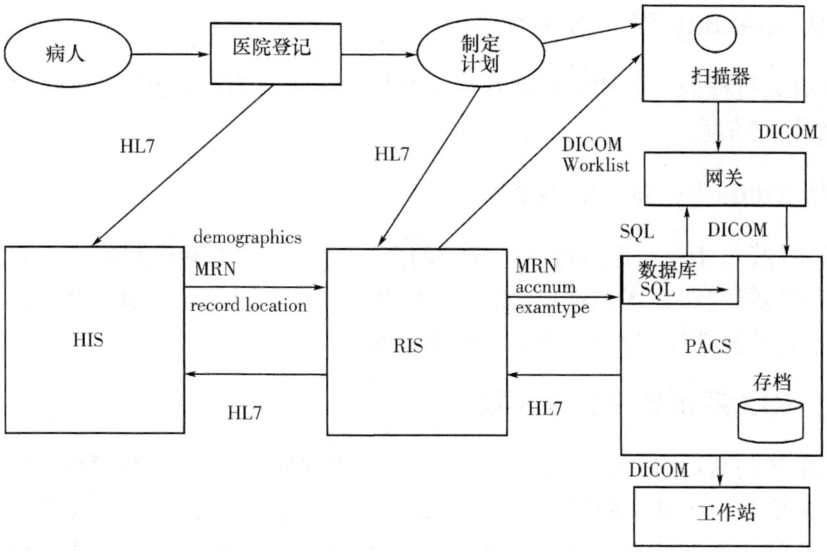

图 5-5　RIS、HIS 和 PACS 系统协同计划检查

另外，将医学影像存储与传输系统与医院信息系统整合是医院数字化成功与否的关键因素之一。

通常，医院的设备往往来自不同的制造商，所以只有通过集成的方法，以兼容不同的设备并保证不同系统之间信息流的一致性和连续性，才能成功集成放射科的信息流和图像流。图 5-6 说明了正常的 PACS 系统、modality 和 RIS 系统之间的信息传输。

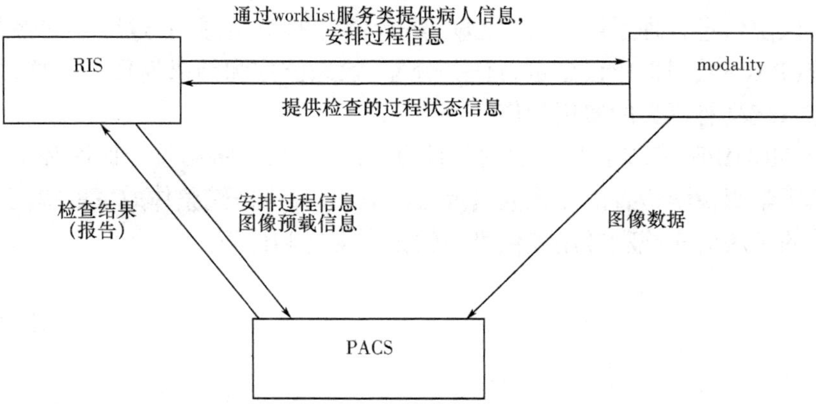

图 5-6　PACS 系统、modality 和 RIS 系统之间的交换信息

1. 从 RIS 系统到 modality

通过 worklist 提供诸如病人的人口统计学信息和其他的管理数据，以及提供关于成像过程和产生图像相关的一个唯一参考号等信息。

2. 从 Modality 到 RIS 系统

提供有关过程的开始和结束信息以及过程的结果(图像数、类型和所产生图像的存储地点等)的信息。

3. 从 Modality 到 PACS 系统

传递图像(属于一个序列或一个检查的多个图像),检查和过程的唯一识别号,与该病人相关的管理和临床数据,以及检查结果。这个信息和传送给 RIS 的信息很相似,但是它们是被直接加入到 DICOM 图像数据中。

4. 从 RIS 系统到 PACS 系统

有关图像的获取,病例状态报告。目前工作流程的集成和互用性存在着一定的障碍。其中主要是用于数字图像通信的 DICOM 标准和用于信息系统的 HL7 标准之间的某些不匹配。当前,RIS 和 HIS 系统大都采用 HL7 协议作为文本信息处理的标准,而 PACS 大都采用 DICOM 标准,这就需要在系统的集成中要对这两个协议进行转换。同时,这两个协议还具有不同的数据模式,因此,很难找到 HL7 和 DICOM 的术语之间的映射关系。另外,它们各自的协议在应用程序级别上缺乏互用性,特别是 HL7 协议,由于它对于同样的事件提供了多种不同的实现方法,使得在系统集成时必须考虑 HL7 协议中提供的这些实现方法进行转换。

我国数字化医疗的建设刚刚起步,已经建设的放射科信息系统(RIS),大多接近于企事业单位一般意义上的管理信息系统,而放射科数字化的最大特点,是要把放射科和整个医院信息管理系统(HIS)互联,进行信息的交换,并通过医学图像的存档和通信系统(PACS),对医疗设备进行任务分配、状态监控和结果返回。这样,才能使放射科信息系统具有巨大的实用价值。

基于 DICOM 和 HL7 标准的放射科信息系统的研究,将给整个医院环境以充分的能力共享医学影像学检查的图像数据及诊断信息,并为医院整体效率的提高以及医疗服务范畴的扩展的实施和应用提供可靠的技术支持和保障。

(葛家怡)

笔记栏

第 6 章 通过实施临床路径和医院ERP系统全面提升医院管理质量

6.1 临床路径

6.1.1 临床路径的概念

临床路径是针对某一疾病的诊断或处置，对医护团队（包含医师、护士或其他人员）介入医疗照护的最佳排序与时间点，这样的医疗照护方式设计，是为了降低医疗照护介入延迟，以及使用最少的医疗资源，并获得最大的医疗照护的品质。

临床路径的发展，只是针对数量大、高危险性与高成本的诊断或处置。在医疗照护过程中的几个重要层面，受到持续的追踪与监控，包括：

（1）咨询与评估。

（2）检验与检查。

（3）治疗。

（4）营养供给。

（5）药物治疗。

（6）活动或安全。

（7）病患教育。

（8）出院计划与协调。

（9）其他根据某些特别诊断或处置的相关项目。

临床路径的分析开始关于整个医疗照护过程的分析，有人称临床路径是临床的全面品质管理。

1. 临床路径的特点

包括以下几点：

（1）完整性：临床路径并不仅是医师依其专业的决定而已，而是包括所有参与病患照护人员的共同思考、决策、服务与互动。

（2）医疗介入的时序：临床路径包含了介入的时间点。

（3）合作：由多位医疗专业人员的合力所发展。

笔记栏

(4) 管理者:临床路径上的病患,有个案管理者或协调者,通常是护士。

2. 临床路径的发展状况

目前大部分的临床路径是由专业人员所发展,绝少病患的参与。但因病患或其他消费者的逐渐重现,以及成为持续性品质改善或全面品质管理的一部分,将导致临床路径朝向病患参与的方向发展,这个特别适用于长期照护的情况。

许多医疗机构积极地发展临床路径,发展的过程与结果因各医疗机构的情况而有所不同,可分为几方面来加以探讨:

(1) 范围:范围指运用的范畴及照护时间的期间,包括:

1) 住院照护:临床路径通常于病患住进医院,或是手术进行的时间开始,而结束于出院的时间。许多医院将临床路径运用在住院病患的照护上。

2) 完整的照护期间:这样的临床路径开始于病患出现在医师诊室,结束于出院后的追踪医疗。

3) 特别运用:例如门诊手术病患或接受血液透析的病患。

4) 生活与健康的管理:适用于慢性状况的临床路径,如慢性高血压的病患所运用的临床路径。

(2) 医护人员行动的范畴:为了使用上的便利,包含于临床路径的医护人员的行动与介入,通常组织成数个范畴,如咨询与评估、治疗、营养、给药、活动与安全、教育、出院计划等。

(3) 问题与结果:除了各种介入活动以外,有些临床路径更包括预期的问题、反应与结果。如此可使医护人员、病患与家属能够了解病患典型的治疗进程。

(4) 格式:临床路径的格式都是以日或小时,将活动做矩阵式的排列。

(5) 书面化:临床路径的书面材料可否作为病历记载的一部分,或是取代部分的病历资料,以减少文书记载的所花的时间,许多医院的政策可能有所不同。有些医院将临床路径的文件保留下来,作为品质保证的相关文件,以记录临床照护的品质与变异。

3. 发展临床路径所带来的好处

(1) 清楚整个医疗的治疗过程:典型的医疗是医师每日写下医嘱,但是整个医疗照护团队,只有少数成员知道整个医疗计划,每日护士、药师、治疗人员、辅助部门与其他人员,则执行医嘱。

跨部门的合作经常发生,只要有一项医嘱忘记,便可能使整个治疗计划的时间延迟,而临床路径可以使参与的人员都清楚病患的治疗计划。

(2) 提供治疗的计划与协调:在每一个临床路径的发展期间,医师、护士与其他人员依据资料。专家的意见或共识,来规划与协调病患治疗的各层面作业或工作。

临床路径使医师、护士与医疗照护人员产生共同的期望,同时使医疗人员间的沟通成为常态,而且能够及早发现问题与采取各种介入的手段。

笔记栏

(3) 降低治疗过程与结果的变异：根据许多医院使用临床路径的结果显示，可以降低同类病患的治疗过程与结果的发生变异性。

(4) 教育与训练：临床路径可以作为非常好的教育工具，可以教育员工、医学生、护士、病患、家属、药师、治疗人员等。新进的临床人员，可从其中了解主要介入点与注意变异的发生，而病患与家属则可以预期治疗的进程。

(5) 改善工作的环境：临床路径的发展与使用，鼓励彼此合作与相互了解每个人在医疗照护上所扮演的角色。因此，能够改善员工间的沟通，促进彼此之间在互相尊敬并改善工作的环境与气氛。

(6) 甄选与留才：当医疗人员对于病患照护有直接的参与感，则人才的甄选与留用可获得改善，临床路径就是能提供这样的照护感觉。

(7) 标杆学习：临床路径提供了绝佳的机制以学习治疗计划，与其和治疗结果的关系。我们可以向做得最好的机构学习，以提升自己机构的治疗水准，提供病患更好的医疗服务。

6.1.2 临床路径的流程及实施

1. 临床路径的流程

具体见图 6-1。

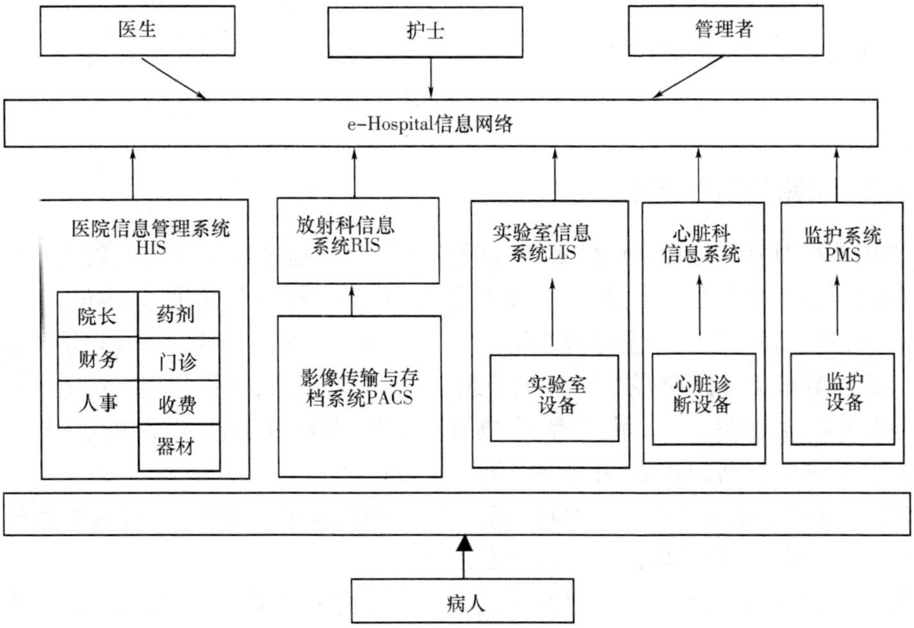

图 6-1　临床路径的流程

2. 数字化信息流程

具体见图 6-2、图 6-3。

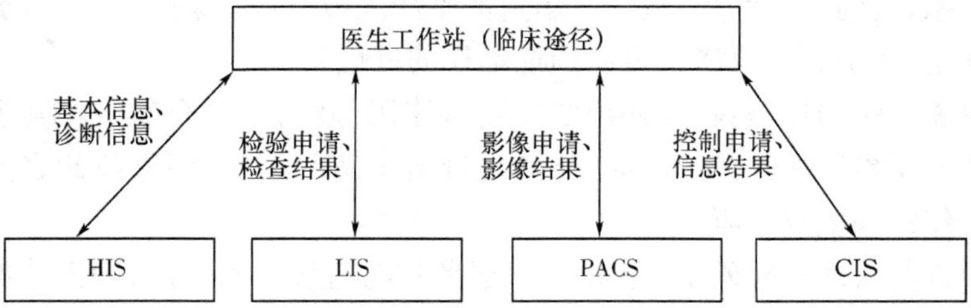

图 6-2　数字化信息流程

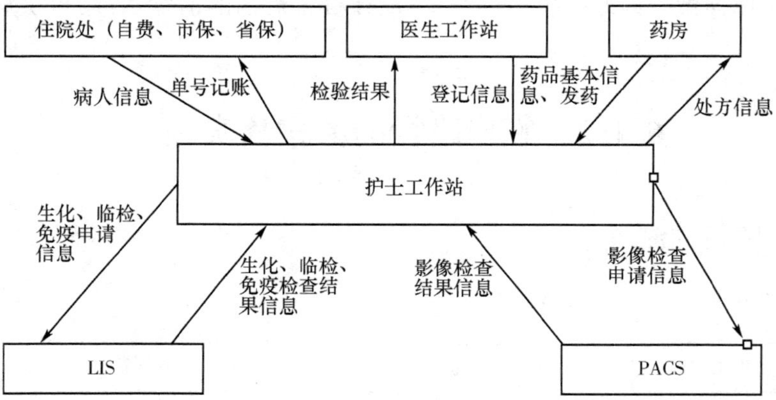

图 6-3　护士工作站网络连接图

3. 临床路径实施步骤

临床路径对其特定诊断或处置将关键性医疗及护理过程按住院天数表格化，以缩短住院天数并提高医疗质量，也可视为将病人的照护过程公开化、具体化。

第一，建立临床路径个案管理小组。在院长召集下，由医务处和护理部组织，以临床科室为主导成立临床路径个案管理小组，以病人为中心，由医生、护士及相关人员（包括药剂师、放射师、检验师、营养师、物理治疗师、福利社工、后勤人员等）共同进行临床路径发展的推动和评估，并每月召开一次研讨会。

第二，开展临床路径的宣传教育。确定推行策略，对临床医生、护理人员及相关人员进行宣传教育，说明临床途径的目的及益处。

第三，选取病种或手术。选取病人数量较多的病种和手术，作为临床路径研究对象，并注意质量保证问题和特殊治疗因素。

第四，预估住院日数。

第五，设定病例流程，筛选病人进入临床路径的流程。

第六，设定医疗护理处置标准，针对病人的问题及诱因，采取服务措施，明确执行时间和次数以及所要达到的预期目标。

第七，拟定照护范围。照护范围包括：监测和评估、检查、药物治疗、手术治疗、特殊治疗、导管和流管、活动、饮食、处置、护理指导、健康教育、会诊或转诊、出院准备、持续服务等。

第八，制订临床路径。

第九，制订临床照护指引。

第十，临床路径评价。临床评价内容包括：病人健康状况改善、治疗变异、照护方式及过程是否服务满意率、再住院率等。财务评价内容包括：住院天数、资源运用及成本控制、总费用等。

第十一，召开临床路径个案小组会审核确认临床途径方案。

第十二，院务会议通过。

第十三，执行前准备将整个临床路径实施的方法及过程对相关团队人员进行解释和教育。

第十四，临床路径的实施及记录。

第十五，临床路径的控制与分析。

4. 如何通过临床路径全面提高医院质量管理

(1) 系统应用：数字化放射科的网上实时教学：在数字化放射科里，教学的方式可以和传统教室教学完全不一样，可以通过网上现场直播进行授课或手术讲解，也可以通过视频点播的方式自由观看以往的课程，而不再局限于传统的教室里，同时听课的学生人数不再受限制。

数字影像中心病人影像资源库：集中统一存储管理的影像资源库在数字化放射科里是必不可少的，由于整个医院都在同一个网络内，无论在哪一科室，医生或护士调阅及查询图像都十分方便。病人的影像原始资料也被保留下来了，可以在网上不限次数地复制拷贝，达到作为教学或会诊的要求。

数字影像中心远程、实时诊断：影像中心可以根据病人的实际情况，适时地进行实时或交互方式的远程会诊，比如：Webview 或 Netmeeting 等互动音、视频交流软件，为病人和专家节约大量的时间，而且省去病人行走不便的麻烦，网上预约专家快捷及时。专家完全可以从网上查阅病人的资料或影像结果，以确定下一步的诊疗方案。

基于 PACS 建立大影像中心：影像中心存储的内容不仅仅限于 PACS 系统，而是医院的一个全面影像系统，它包括 CT、MRI、DSA、放疗、核医学、超声中心、内镜中心，以及病理、骨髓细胞等科室的无缝连接。

(2) 无纸化病房：医院信息管理系统(HIS)进入到病房后，所有的工作流程可用微机流水化作业替代。从病人进入医院开始，挂号、检查、收费、住院、出院都在网络中操作，避免了重复填写资料，以及人为产生的误差或错误，节省了大量的人力、物力，医生在工作站上制订治疗方案，进行手术安排，参考监护设备，即时查看传来的病人的当前各项检查参数,护士执行医嘱及护理工作。

1）医生工作站:医生每天在工作站上为病人开实时医嘱,以提示栏的方式即反映到网络里。这样一来,医生并不一定要在固定的地点上班,随时随地都可以获取病人的健康情况,以采取相应的措施。

2）护士工作站:护士工作站的目的在于及时执行医生所开出来的医嘱,同时检查医生所开的处方或方案是否有遗漏疏忽的地方。

3）在医生、护士工作站上实现以下功能

A. 实时医嘱、电子病历:医生所开医嘱实时反映到护士工作站,病人一进入医院,从挂号处就开始为病人录入资料,如果病人曾经入过院,可以凭ID号从网络中调取详细资料和病史。每次检查或治疗记录将在医院永久性保存下来,并跟随病人到任意科室,免去手工保存的诸多不便。

B. 监护网络系统(CIS):病人在住院期间的健康状况,实时通过连接到的监护设备反馈到网络里,医生可随时查看,一旦出现情况也有充足的应急时间。

C. 在医生工作站上调用PACS信息:PACS是整个放射科工作的核心部分,病人资料的查询检索、阅片、出报告均在计算机网络上进行,完全脱离了传统手工用纸的方式。

D. 在医生工作站上调用LIS信息。

E. 在医生工作站上调用CIS信息。

F. 根据ICD-10国际标准编码进行病案统计。

G. 实现病人的电子病案管理。在医生工作站上对全院的医疗流程进行规范管理,所有与病人有关的医疗信息都从网络流程上直接获得,从而得到真正意义上的电子病案。

6.2 医院ERP系统

HIS是一套针对信息管理和财务管理的信息系统,现今很多地方提出了医院ERP的概念,但是实行得都不好,还是停留在初级的财务管理基础上,没有把自动办公、物流、财务、人事等具体信息融合在一起,为了使医院的管理更上一层楼,提高效率,制定以HIS为基础的医院ERP系统。

医院ERP系统的主要组成部分除了现有的HIS的各个子系统,增加了网上信息的交流、网上办公的业务流程、人力资源的计划和配置、行政后勤系统等。医院ERP是由具体的主管部门来协调管理,所有的工作流程都是按级别进行分等级管理,行使权力。

HIS的各个子系统:

(1) 门诊系统。

(2) 药品系统。

(3) 住院记账系统。

笔记栏

(4) 护士工作站。

(5) 医生工作站。

(6) 医保接口系统。

(7) 物资管理系统。

(8) 病案系统。

(9) 院长查询分析系统。

(10) CRM 管理系统。

网上信息交流系统:集成了手机短信群发、邮件群发、短消息管理工具箱、电话留言、个人主页、日程安排、工作计划、工作日记、个人文件柜管理、名片夹管理、在线交流等。

网上办公自动化业务流程:基础资料管理,部门计划,个人计划,档案管理,会议管理,行政后勤管理。

人力资源的计划和配置:针对当前事情都是以人为本,组织设计与职务职能,招聘与运用,培训开发,测评、考试、调查,绩效考核,考勤休假,薪酬激励,人事档案。对于本系统还提供内容详尽的职务说明书,为人力资源招聘、考核、薪酬管理、培训与开发等提供基础资料。

6.3 电子病历

6.3.1 电子病历的出现及背景

电子病历(electronic medical record,EMR)也叫计算机化的病案系统或称基于计算机的病人记录(computer-based patient record,CPR),它使用电子设备(计算机、健康卡等)保存、管理、传输和重现数字化的病人的医疗记录,取代手写纸张病历。根据美国医学计算机化委员会 1991 年的定义,计算机化病历是指存在一个系统中的电子病历,这个系统可支持使用者获得完整、准确的资料;提示和警示医疗人员;给予临床决策服务;连接管理、书刊目录、临床基础知识以及其他设备。电子病历并不是将现有纸病历简单地电子计算机化,它不仅包括了病人纸张病历的原有内容,而且反映了病人整个的医疗过程,储存了病人全部的医疗信息,包括病史、各种检验检查和影像资料,是对个人医疗信息及其相关处理过程综合化的体现。电子健康记录这个概念可能要比电子病历更准确些,因为它其实也应包括健康人的保健信息、公共卫生信息等。

6.3.2 电子病历的重要意义

电子病历不仅指静态病历信息,还提供更高效的服务:如病历的查询、管理、传输等。其特点如下:

(1) 电子病历包括传统病历的所有功能。

(2) 病人看病不需要携带病历,只需提供自己的姓名、病历号或其他信息,医生通过计算机即可得到该病人的所有信息。

(3) 功能强大的查询方法——模糊查询:通过姓名、性别、年龄、病历号、病历纸编号、时间、病历纸类型等组合来查询病人的病历,便于医生使用。

(4) 医生能够在计算机上查阅病人各个时期的病情、在各个科室的诊断、用药历史等各种医疗数据或专项检查报告。

(5) 多个医生、在不同的科室可以对同一个病人病历同时浏览。

(6) 计算机中的电子病历不会出现传统病历的遗失、缺损、发霉、浸水等问题。可靠性强,能够永久保存。即使传统病历遗失,计算机可以为病人重新输出一份完整的病历。

(7) 能够有选择地打印一个病人的部分信息或所有病历信息。

(8) 存储量大:一张光盘可以存储325 000个汉字或约50 000张A4纸的容量,相当于500个(假设每个病人病历有100张检查、记录等)普通病人病历的容量。

(9) 缩短病历的查阅时间。

(10) 减少人力资源的浪费。

(11) 大大降低了管理费用。

6.3.3 电子病历与HIS的关系

1. 电子病历是HIS的信息基础

国内现阶段的医院信息系统仍以面向医疗和经济管理信息为主,而这些管理信息是围绕病人在医院内的诊疗活动产生的。因此,病人信息是医院信息管理的基本信息,而管理信息是派生信息。纸张病历作为病人信息的载体,集中反映了病人的诊断治疗过程。医院信息系统应用的规模及深度的发展都直接反映为对病历内容的覆盖范围的发展上。因此,可以说病历是医院信息系统之本。过去开发医院信息系统,往往是从各个子系统的不同角度来管理病人信息的不同部分。随着系统规模的扩大,功能越来越复杂,要从整体上把握系统的集成与数据的共享,同时兼顾未来系统的扩充与发展,从而对系统的设计者提出了越来越高的要求。近两年来,国内医院信息系统进入了一个快速发展的时期。为了避免新开发的系统不断修修补补甚至推倒重来,必须将病人信息(病历信息)作为一个独立于基本应用系统的整体来研究,以实现计算机化的病历或电子病案(CPR)。因此,电子病历是从更深层次上保证医院信息系统长期稳定发展的基础。医院信息系统由管理信息为主向以病人信息为中心方向发展,计算机更多地参与为临床医疗工作服务。比如辅助医生的病历书写、面向病案管理的病案电子化存储、各种检查检验申请与结果的传递、病案信息的检索与提取等,直接对病历电子化提出了要求。远程医疗和远程教学的发展,病人信息的传递将直接受惠于电子病历系统。因此,电子病历也是计算机面向临床应用发展的迫切要求,大力发展电子病历是医院信息管理的发展趋势。

笔记栏

2. 电子病历依附于 HIS

电子病历系统不是一个独立于 HIS 的新系统，因为病人信息来源于 HIS 中的各个业务子系统中。比如：病案首页来源于住院登记、入院出院转院、病案编目等系统中。各个业务系统在完成自身的功能、管理自身业务数据的同时，也在收集着病人信息。因此，脱离了 HIS，也就不存在电子病历系统。可以说，电子病历渗透于 HIS 中。

3. 电子病历系统与传统的 HIS 不同

尽管电子病历依附于 HIS，但从电子病历的角度来看 HIS，与传统的 HIS 相比，有许多不同之处：从电子病历的角度看病人信息，是完整的、集成的；而从传统的 HIS 的每个子系统来看病人信息，是局部的、离散的，相互之间信息有冗余、有遗漏，它们往往没有按照一个统一的原则进行设计和管理。在内容上，电子病历对病人信息与以管理为主的信息系统有不同的侧重和要求。比如：以统计和检索为目的的病案首页管理对病人的诊断只要录入和保存 ICD 码即可，而从电子病历的角度则必须要完整地保留医生的诊断描述，诊断描述与 ICD 分类码不能相互取代，要求医嘱必须是按价表“规范”的，而从电子病历的角度看医嘱则可以是自由的，不受价表约束的，等等。电子病历强调病人信息的原始性和完整性。

6.3.4 电子病历的主要技术

完整的电子病历系统是非常复杂的，其功能至今也没有一个确切的范围，而且还会有一个长期的不断发展的过程。就当前来说，需要重点对以下几方面的技术进行研究：

1. 电子病历的结构

病历是一个人的健康历史。它包含的内容种类很多，如首页、医嘱、病程记录、各种检查检验结果、手术记录、护理信息等等。这些信息产生于各个就诊环节或多个不同的系统中。其中既有数据库方式存储，也有文件方式存储。在计算机内部，要将这些信息按照类别及发生的时间顺序有机地组织为一个整体，需要建立病历的描述结构，或者说电子病历的数据模型，这是电子病历系统的基础。

2. 病历信息的安全机制

病历是已执行的病人医疗过程的记录，也是将要执行的医疗操作的依据；病历内容具有法律效力；病人信息还是病人个人的隐私。因此使用电子病历系统必须要建立一套安全机制。这一机制要覆盖病人信息不同表示形式的各组成部分，要控制到具体的病人。同时对一些重要的操作要进行追踪记录。

3. 存储体系及备份方案

毫无疑问，病历信息需要长期保存。但病历信息数据量大，不可能所有病人信息长期联机保存。作为电子病历系统，不仅要实现病人信息的长期保存，而且在发生故障时，病人的信息都不能丢失，在需要时还要能提取出来。以病人为中心的数据归档方法与传统的以各类业务为中心的数据备份方法大不相同。为此，要建立分级存储结构，实现海量存储和实时存取的统一；对过期病人的病历，实现自动归档；对需要提取的病历，提供恢复联机状态工具；在发生故障后，能将数据恢复到断点状态。

4. 建立医生工作站系统

病历数据的采集和使用集中体现于临床医生的日常工作中，电子病历系统必须提供病人信息的采集和阅读手段，为此要设计医生工作站系统。该系统能够辅助医生书写病历、下达医嘱、申请检查检验，同时能够检索病历、阅读病历内容。由于病历涉及的信息及功能集成的框架，通过该框架，对各种信息的解释能够以相对独立的方式进行，又可以将信息与功能集成到一起，从而便于医生工作站的扩充，自动适应未来新功能。医生工作站另外一个重要问题是发展方便高效的信息录入手段，让医生集中精力于病人的治疗过程。模板及词库辅助录入方法，是辅助键盘录入的较好方法，可以有公共或半自动提取词库。另一个很有发展前途的输入方法是语音输入，目前该技术已趋向于实用，在医学专门领域，有望达到实用化。

5. 符合 Internet 标准的远程病历阅读手段

为了提供标准统一的病历阅读工具，实现远程网上病历阅读，可以利用 Internet 的 WWW 技术，提供病历阅读手段。该工具能将数据库以及文件中存放的各类病人信息转换为 HTML 格式，以一体化的形式供用户查阅，这方面的技术已经具备，难点是如何集中将各种信息组织到一起。

6. 病历数据交换标准与方法

电了病历的优势之一是便于院际间病历信息交换。为达到这一目标，需要制订院际病历信息交换格式；提供转换手段，可以将病历信息转换为标准的交换格式在网络上传输或存入可移动媒体，反之亦然。与上述工作相关的是需要制订一系列的标准和规范，这方面的工作需要国家的关部门的积极组织，需要信息技术人员、临床工作者、医院管理工作者合作完成。最后需要说明的是，关于电子病历系统究竟应该包括哪些功能，目前还缺乏统一的定义，电子病历是一个继续发展的概念，相关的研究内容将会随之发展和深入。目前，实现电子病历的软硬件技术已经具备。尽管实现完善的电子病历系统可能需要较长的时间，但建立起电子病历的框架，为医院信息系统向临床应用的深入发展打下了基础。

笔记栏

（葛家怡　李　宁）

第 7 章 医院信息系统的未来发展

未来的医院信息系统将会朝着以下方向发展：

7.1 面向临床应用深入

1. 临床监护信息系统

临床监护信息系统是临床应用系统的代表。由于病人监护生成的信息容量大、变化快，医护人员需要及时掌握、记录病人的病情并及时采取处置措施。所以，临床工作对监护病人信息的管理需求比普通病人要更为强烈。

2. 手术麻醉信息系统

手术麻醉信息系统与监护信息系统相类似，它专门针对麻醉医生对手术病人信息管理的需求，分别对术前、术中、术后三个阶段的信息管理提供支持。

3. 护理信息系统

护理信息系统主要用于实施整体护理所要求的护理记录。在整体护理模式下，要求全面记录病人的病情，并对病人的健康状况进行全面评价；针对问题，提出护理诊断；根据诊断，采取相应的生理心理护理措施。

4. 电子病历的发展

电子病历是在医院信息化的发展过程中，特别是在病人信息管理的发展过程中逐步提出来的。它将以业务为中心发展到以病人为中心，并向信息的集成化、服务功能的智能化和病历内容的结构化方向发展。

7.2 建立开放式接口

目前，随着医疗保险制度的深入发展，医院是否应用信息管理系统，并具有开放式接口，已经成为能否纳入医保定点医院的关键。

7.3 远程网络化

目前绝大部分的医院信息系统是一个内部封闭的局域网，不但阻碍了信息的发布与接收，也极大地浪费了现有的网络资源，如果医院能够利用现有的网络资源，做到医院之间互连互通，不但可能实现资源共享、优势互补，而且技术力量雄厚的大医院可以对中小医院起到传帮带的作用，从而提高中小医院的技术水平。而且可以实现远程预约挂号、会诊、查询检验结果、进行医疗咨询等多项功能。

（李　宁）

参考文献

安宁,巨顺超,华琛．2006. 医院实验室信息系统的开发和应用．生物医学工程与临床,10(3):188~190

包含飞主译,van Bemmel J H,Musen M A. 2002. 医学信息学．上海:上海科学技术出版社

博征,任连仲．2002. 医院信息系统建设与应用．北京:人民军医出版社,208~216

陈根才．2005. 大学计算机基础．杭州:浙江大学出版社

陈克敏,赵永国,潘自来．2005. PACS与数字化影像进展．上海:上海科学技术出版社,2005. 10

丁宝芬．2003. 实用医学信息学．南京:东南大学出版社,158~173

丁建军,王军．2005. LIS软件的开发应用．中国临床医学研究杂志,11(21):3181~3182

董建成．2004. 医学信息学的现状与未来．中华医院管理杂志,20(4): 232~235

傅征,任连仲．2003. 医院信息系统建设与应用．北京: 人民军医出版社

傅铅生．2005. 信息系统分析与设计．北京:国防工业出版社

高云钦．1995. 不断提高我国医院信息系统水平．计算机应用研究,12(2): 7~9

金新政,陈敏．2004. 医院信息系统．北京:科学出版社,131~132

李包罗．2003. 医院管理学．信息管理分册．北京:人民卫生出版社,480~498

李建忠．2005. 大学计算机基础．西安:西北大学出版社

李岩．2005. 浅谈医院管理信息系统的安全问题．中华现代医院管理杂志,3(2):170~171

刘雄飞,陈金雄．2004. 加强信息系统建设 提高医院现代管理水平．中华医院管理杂志,20(9):552~556

陆骥．2005. LIS与HIS的系统集成设计．医疗卫生装备,26(2):36~37

罗敏．2003. 大影像中心与数字化医院,中华放射学杂志,9:30~36

罗敏．2003. 医院PACS系统管理及问题研究．影像诊断与介入治疗(中国医学影像技术研究会会刊)12:101~109

罗敏．2005. PACS系统的发展与管理．中国医院采购指南,201~209

罗敏．2005. PACS系统的发展与问题探讨．医疗设备信息(中华医学会医学工程学分会会刊),4:70~73

罗敏．2005. 医学影响存储与传输系统的存储问题分析及解决方案．医疗设备信息(中华医学会医学工程学分会会刊),10:70~78

罗敏,彭承琳,王小林．2003. 通过worklist实现PACS、RIS和影像设备患者信息的一致性,中华放射学杂志,5:70~78

任连仲,2002,医院信息管理与标准化,医院信息化专家研讨会

申子瑜．2003. 医院管理学临床实验室管理分册．北京:人民卫生出版社,32~40

沈韬,李维．2001. 医院检验系统建设研究．中国医院,5(8):41~44

汪岩,王锐,汪鹰扬等．2000. 医院信息系统的建设与通用化设计．中国医院管理,20(3): 37

王珊．李盛恩．2002. 数据库基础与应用．北京:人民邮电出版社

吴元健．2004. LIS在检验科全面质量管理中的应用及作用．中华临床新医学,4(4):383~384

习浩,刘荣静．2005. 二维条形码技术在实验室信息管理系统(LIS)中的应用．医学信息,18(11):1415~1416

谢希仁．1999. 计算机网络．第2版．北京: 电子工业出版社

辛涛．2003. 医院信息系统的发展、组成及应用．中国卫生统计,20(1): 56~57

赵起超,赵亮,何喜奎．2002. 医院信息系统的开发策划．中国医院管理,22(4): 32~33

中华人民共和国卫生部．2002. 医院信息系统基本功能规范．http://www.moh.gov.cn/open/uploadfile/200406/200462911366925.doc

中华人民共和国卫生部．2002. 医院信息系统基本功能规范,北京:中华人民共和国卫生部

周庆利,何剑虎,田慧．2003. 计算机临检信息管理系统(LIS)的设计与实现．医疗设备信息,18(7):30~32

笔记栏

周芮,王贵全,邵国光 . 2005. 临床检验信息系统的网络实施与应用 . 中华医院管理杂志,21(4):253~255

周小宁 . 试论电子病历 . 医学信息,11(1)6~8

朱岁松 . 2005. 医院信息化建设与管理 . 北京：军事医学科学出版社

Dick RS, Steen EB. 1997. The Computer-based patient record. An essential technology for health care. second ed. Washington DC: National Academy Press

Health Level Seven, Inc. 2000. HL7 Standard Version 2. 4, http://www. h17. org

Health Level Seven, Inc. 2005. HL7 Version 3 Standard Ballot Version, http://www. h17. org

Health principles Level Seven. 1998. HL7 Version 3 Statement. of http://www. h17. org

Hong kong Patient card. http://www. ha. org. hk

Luo Min, PengChenglin, WangXiaolin. 2004. Initial application of picture archiving and communication system and its benefit analysis. Chinese Medical Journal, 10:23~26

LuoMin, WangXiaolin, Luo Song. 2003. A project plan for construction and cabling of picture archiving and communication system network. Chinese Medical Journal, 5:78~90

NEMA. 1998. Digital imaging and communication in medical (DICOM), draft standard, from ftp: //ftp. nema. org/medical/dicom/

笔记栏

附录 《医院信息系统基本功能规范》

第一章 总 则

第一条 为加强卫生信息化工作的规范管理，进一步加快卫生信息化基础设施建设，保证医院信息系统的质量，减少不必要的重复研制和浪费，保护用户利益，推动和指导医院信息化建设，特制定本《医院信息系统基本功能规范》。

第二条 制定本规范的目的是为卫生部信息化工作领导小组评审医院信息系统提供一个基本依据，亦是现阶段商品化医院信息系统必须达到的基本要求。

第三条 本规范同时为各级医院进行信息化建设的指导性文件，用于评价各级医院信息化建设程度的基本标准。

第四条 医院信息系统的定义：医院信息系统是指利用计算机软硬件技术、网络通信技术等现代化手段，对医院及其所属各部门对人流、物流、财流进行综合管理，对在医疗活动各阶段中产生的数据进行采集、存储、处理、提取、传输、汇总、加工生成各种信息，从而为医院的整体运行提供全面的、自动化的管理及各种服务的信息系统。医院信息系统是现代化医院建设中不可缺少的基础设施与支撑环境。

第五条 实用性是评价医院信息系统的主要标准。它应该符合现行医院体系结构、管理模式和运作程序，能满足医院一定时期内对信息的需求。它是现代医院管理工作中不可缺少的重要组成部分，并能对提高医疗服务质量，工作效率，管理水平，为医院带来一定的经济效益和社会效益产生积极的作用。

第六条 医院信息系统不是简单地模拟现行手工管理方法，而是根据医院管理模式采用科学化、信息化、规范化、标准化理论设计建立的。在建设医院信息系统前，医院必须首先规范自身的管理制度及运行模式。医院信息系统建立的过程，应是医院自身规范管理模式和管理流程、提高工作效率、不断完善机制的过程。

第七条 医院信息系统是一个综合性的信息系统，功能涉及国家有关部委制定的法律、法规。包括医疗、教育、科研、财务、会计、审计、统计、病案、人事、药品、保险、物资、设备等。因此，评价医院信息系统首先必须保证与我国现行的有关法律、法规、规章制度相一致，并能满足各级医疗机构和各级卫生行政部门对信息的要求。

第八条 医院信息系统建设的组织与实施：建立医院信息系统是医院现代化建设的基础。因此，在系统建设中，必须有相应的组织落实与保证，其中院长重视并亲自领导是系统建设的关键，重视培养自己的技术骨干队伍，调动各级、各类医护人员使用信息的积极性是系统实施的先决条件。建立医院信息系统，必须根据各级、各类医院的具体要求，充分做好需求分析，制定出系统建设的总体技术方案，有计划、有步骤、分期分批实施，最终实现医院信息系统建设的总体目标。

第九条 医院在信息系统建设时，应根据自身需求及系统性能/价格比，保证合理的资金投入，这是保证系统建设成功的必要条件。

第十条 医院信息分类：医院信息应该以病人医疗信息为核心，采集、整理、传输、汇总、分析与之相关的财务、管理、统计、决策等信息。医院信息总体可分为临床信息与管理信息两大类。

第十一条 医院信息系统运行基本要求：操作系统、数据库、网络系统的选择要求安全、稳定、可靠，开发单位应提供该方面的保证，并提供技术培训、技术支持与技术服务。

- 系统须设置初始化及各级权限管理。
- 系统应根据需要可随时调整设置各种单据、报表等的打印输出格式。
- 系统须保证"7 天 24 小时"安全运行，并有冗余备份。
- 系统具有友好的用户界面，必须设置为鼠标或键盘均可单独操作的方式，以便提高操作速度，减少两者互换带来的不便。
- 要求系统数据处理必须准确无误，否则为不合格产品。

第十二条 医院信息系统开发应提供以下技术文档：

(1) 总体设计报告。

(2) 需求分析说明书。

(3) 概要设计说明书。

(4) 详细设计说明书。

(5) 数据字典。

(6) 数据结构与流程。

(7) 测试报告。

(8) 操作使用说明书。

(9) 系统维护手册。

第十三条 系统运行的维护与管理：系统在运行过程中，必须建立日志管理、各项管理制度及各种操作规程。系统维护应包括工作参数修改、数据字典维护、用户权限控制、操作口令或密码设置和修改、数据安全性操作、数据备份和恢复、故障排除等。医院方必须考虑整个系统每年维护费用的投入。

第十四条 本规范所指医院信息系统是在网络环境下运行的系统，因此各模块之间要实现数据共享，互联互通，清晰体现内在逻辑联系，并且数据之间必须相互关联、相互制约。

第十五条 医院自身的目标、任务和性质决定了医院信息系统是各类信息系统中最复杂的系统之一。本《医院信息系统基本功能规范》根据数据流量、流向及处理过程，将整个医院信息系统划分为以下五部分：

笔记栏

(1) 临床诊疗部分。

(2) 药品管理部分。

(3) 经济管理部分。

(4) 综合管理与统计分析部分。

(5) 外部接口部分。

第十六条 各部分功能综述如下。

一、临床诊疗部分

临床诊疗部分主要以病人信息为核心,将整个病人诊疗过程作为主线,医院中所有科室将沿此主线展开工作。随着病人在医院中每一步诊疗活动的进行产生并处理与病人诊疗有关的各种诊疗数据与信息。整个诊疗活动主要由各种与诊疗有关的工作站来完成,并将这部分临床信息进行整理、处理、汇总、统计、分析等。此部分包括:门诊医生工作站、住院医生工作站、护士工作站、临床检验系统、输血管理系统、医学影像系统、手术室麻醉系统等(见第3章至第9章)。

二、药品管理部分

药品管理部分主要包括药品的管理与临床使用。在医院中药品从入库到出库直到病人的使用,是一个比较复杂的流程,它贯穿于病人的整个诊疗活动中。这部分主要处理的是与药品有关的所有数据与信息。共分为两部分,一部分是基本部分,包括:药库、药房及发药管理;另一部分是临床部分,包括:合理用药的各种审核及用药咨询与服务(见第10章)。

三、经济管理部分

经济管理部分属于医院信息系统中的最基本部分,它与医院中所有发生费用的部门有关,处理的是整个医院中各有关部门产生的费用数据,并将这些数据整理、汇总、传输到各自的相关部门,供各级部门分析、使用并为医院的财务与经济收支情况服务。包括:门急诊挂号,门急诊划价收费,住院病人入、出、转,住院收费、物资、设备,财务与经济核算等(见第11章至第17章)。

四、综合管理与统计分析部分

综合管理与统计分析部分主要包括病案的统计分析、管理,并将医院中的所有数据汇总、分析、综合处理供领导决策使用,包括:病案管理、医疗统计、院长综合查询与分析、病人咨询服务(见第18章至第21章)。

五、外部接口部分

随着社会的发展及各项改革的进行,医院信息系统已不是一个独立存在的系统,它必须考虑与社会上相关系统互联问题。因此,这部分提供了医院信息系统与医疗保险系统、社区医疗系统、远程医疗咨询系统等接口(见第22章至第24章)。

第十七条 系统中各部分的详细功能规范,详见各章中的要求。各章中的功能要求属基本功能,允许系统在此基础上增加功能。

笔记栏

第二章 数据、数据库、数据字典编码标准化

第一条 医院信息系统是为采集、加工、存储、检索、传递病人医疗信息及相关的管理信息而建立的人机系统。数据的管理是医院信息系统成功的关键。数据必须准确、可信、可用、完整、规范及安全可靠。

第二条 医院数据库是以病人医疗数据为主,并包括相关的各种经济数据以及各类行政管理、物资管理等数据的完整集合。数据库应包含医院全部资源的信息,便于快速查询,数据共享。数据库管理系统的选择应依据医院数据量的大小、医院的经济实力以及考虑到医院今后的发展来确定。

第三条 数据库的设计和使用必须确保数据的准确性、可靠性、完整性、安全性及保密性。在网络环境下,需要使用多种技术手段保护中心数据库的安全。数据的安全性、保密性应符合国家的有关规定:

(1) 中华人民共和国计算机信息系统安全保护条例。

(2) 中华人民共和国保密法。

(3) 中国计算机安全法规标准在国家没有制定电子文档合法性相关法律之前,医院必须保留纸张文档作为法律依据。

第四条 医院信息系统数据技术规范要求:

(1) 数据输入:提供数据输入准确、快速、完整性的操作手段,实现应用系统在数据源发生地一次性输入数据技术。

(2) 数据共享:必须提供系统数据共享功能。

(3) 数据通信:必须具备通过网络自动通信交换数据的功能,避免通过介质(软盘、磁带、光盘……)交换数据。

(4) 数据备份:具备数据备份功能,包括自动定时数据备份,程序操作备份和手工操作备份。为防止不可预见的事故及灾害,数据必须异地备份。

(5) 数据恢复:具备数据恢复功能,包括程序操作数据恢复和手工操作数据恢复。

(6) 数据字典编码标准;数据字典包括国家标准数据字典、行业标准数据字典、地方标准数据字典和用户数据字典。为确保数据规范,信息分类编码应符合我国法律、法规、规章及有关规定,对已有的国标、行业标准及部标的数据字典,应采用相应的有关标准(见附录),不得自定义。使用允许用户扩充的标准,应严格按照该标准的编码原则扩充。在标准出台后应立即改用标准编码,如果技术限制导致已经使用的系统不能更换字典,必须建立自定义字典与标准编码字典的对照表,并开发相应的检索和数据转换程序。

第五条 医院信息系统保密安全防范措施。

(1) 系统必须有严格的权限设置功能。为方便用户,此设置应尽可能灵活。

(2) 数据安全:系统应具备保证数据安全的功能。重要数据,系统只能提供有痕迹的更正功能,预防利用计算机犯罪。

笔记栏

(3) 重要数据资料要遵守国家有关保密制度的规定。从数据输入、处理、存储、输出严格审查和管理,不允许通过医院信息系统非法扩散。

(4) 重要保密数据,要对数据进行加密处理后再存入机内,对存储磁性介质或其他介质的文件和数据,系统必须提供相关的保护措施。

第三章 门诊医生工作站分系统功能规范

第一条 《门诊医生工作站分系统》是协助门诊医生完成日常医疗工作的计算机应用程序。其主要任务是处理门诊记录、诊断、处方、检查、检验、治疗处置、手术和卫生材料等信息。

第二条 《门诊医生工作站分系统》必须符合国家、地方有关法律、法规、规章制度的要求:

(1)《中华人民共和国执业医师法》

(2)《医疗机构管理条例》

(3)《医疗机构诊疗科目名录》

(4)《医疗机构基本标准》

(5)《城镇职工基本医疗保险用药范围管理暂行办法》

(6)《城镇职工基本医疗保险——定点医疗机构管理暂行办法》

第三条 《门诊医生工作站分系统》基本功能:

(1) 自动获取或提供如下信息:

1) 病人基本信息就诊卡号、病案号、姓名、性别、年龄、医保费用类别等。

2) 诊疗相关信息:病史资料、主诉、现病史、既往史等。

3) 医生信息:科室、姓名、职称、诊疗时间等。

4) 费用信息:项目名称、规格、价格、医保费用类别、数量等。

5) 合理用药信息、常规用法及剂量、费用、功能及适应证、不良反应及禁忌证等。

(2) 支持医生处理门诊记录、检查、检验、诊断、处方、治疗处置、卫生材料、手术、收入院等诊疗活动。

(3) 提供处方的自动监测和咨询功能:药品剂量、药品相互作用、配伍禁忌、适应证等。

(4) 提供医院、科室、医生常用临床项目字典,医嘱模板及相应编辑功能。

(5) 自动审核录入医嘱的完整性,记录医生姓名及时间,一经确认不得更改,同时提供医嘱作废功能。

(6) 所有医嘱均提供备注功能,医师可以输入相关注意事项。

(7) 支持医生查询相关资料:历次就诊信息、检验检查结果,并提供比较功能。

(8) 自动核算就诊费用,支持医保费用管理。

(9) 提供打印功能,如处方、检查检验申请单等,打印结果由相关医师签字生效。

(10) 提供医生权限管理,如部门、等级、功能等。

笔记栏

(11) 自动向有关部门传送检查、检验、诊断、处方、治疗处置、手术、收住院等诊疗信息,以及相关的费用信息,保证医嘱指令顺利执行。

第四条 《门诊医生工作站分系统》运行要求:

(1) 门诊医生工作站分系统不能代替医生做出决策,也不应该限制医生的决策行为。

(2) 在门诊医生工作站产生的各种医嘱信息是门诊药房、检验检查、门诊收费等系统的基本数据来源,在联网运行中,要求数据准确可靠,速度快,保密性强,系统要求具有软、硬件应急方案,发生故障时,应急方案的启动时间应少于5~10分钟。

第四章　住院医生工作站分系统功能规范

第一条 《住院医生工作站分系统》是协助医生完成病房日常医疗工作的计算机应用程序。其主要任务是处理诊断、处方、检查、检验、治疗处置、手术、护理、卫生材料以及会诊、转科、出院等信息。

第二条 《住院医生工作站分系统》必须符合国家、地方有关法律、法规、规章制度的要求:同门诊医生工作站。

第三条 《住院医生工作站分系统》基本功能:

(1) 自动获取或提供如下信息。

1) 医生主管范围内病人基本信息:姓名、性别、年龄、住院病历号、病区、床号、入院诊断、病情状态、护理等级、费用情况等。

2) 诊疗相关信息:病史资料、主诉、现病史、诊疗史、体格检查等。

3) 医生信息:科室、姓名、职称、诊疗时间等。

4) 费用信息:项目名称、规格、价格、医保费用类别、数量等。

5) 合理用药信息:常规用法及剂量、费用、功能及适应证、不良反应及禁忌证等。

(2) 支持医生处理医嘱:检查、检验、处方、治疗处置、卫生材料、手术、护理、会诊、转科、出院等。检验医嘱须注明检体,检查医嘱须注明检查部位。

(3) 提供医院、科室、医生常用临床项目字典,医嘱组套、模板及相应编辑功能。

(4) 提供处方的自动监测和咨询功能:药品剂量、药品相互作用、配伍禁忌、适应证等。

(5) 提供长期和临时医嘱处理功能,包括医嘱的开立、停止和作废。

(6) 支持医生查询相关资料:历次门诊、住院信息,检验检查结果,并提供比较功能。提供医嘱执行情况、病床使用情况、处方、病人费用明细等查询。

(7) 支持医生按照国际疾病分类标准下达诊断(入院、出院、术前、术后、转入、转出等);支持疾病编码、拼音、汉字等多重检索。

(8) 自动审核录入医嘱的完整性,提供对所有医嘱进行审核确认功能,根据确认后的医嘱自动定时产生用药信息和医嘱执行单,记录医生姓名及时间,一经确认不得更改。

笔记栏

(9) 所有医嘱均提供备注功能,医师可以输入相关注意事项。

(10) 支持所有医嘱和申请单打印功能,符合有关医疗文件的格式要求,必须提供医生、操作员签字栏,打印结果由处方医师签字生效。

(11) 提供医生权限管理,如部门、等级、功能等。

(12) 自动核算各项费用,支持医保费用管理。

(13) 自动向有关部门传送检查、检验、诊断、处方、治疗处置、手术、转科、出院等诊疗信息,以及相关的费用信息,保证医嘱指令顺利执行。

第四条 《住院医生工作站分系统》运行要求:

(1) 住院医生工作站分系统不能代替医生做出决策,也不应该限制医生的决策行为。

(2) 所有医嘱须经护士核对后方可传送到药房、检查检验、手术等相关科室的系统中生效执行。

(3) 抢救等紧急情况口头医嘱事后须及时审核补录入,并记录授权医生姓名或代号及操作员姓名或代号。

(4) 在住院医生工作站产生的各种医嘱信息是住院药房、检验检查、门诊收费等系统的基本数据来源,在联网运行中,要求数据准确可靠,速度快,保密性强。

第五章　护士工作站分系统功能规范

第一条 《护士工作站分系统》是协助病房护士对住院病人完成日常的护理工作的计算机应用程序。其主要任务是协助护士核对并处理医生下达的长期和临时医嘱,对医嘱执行情况进行管理。同时协助护士完成护理及病区床位管理等日常工作。

第二条 《护士工作站分系统》必须符合国家、地方有关法律、法规、规章制度的要求。

(1)《中华人民共和国护士管理办法》。

(2) 其他相关法律、法规。

第三条 《护士工作站分系统》基本功能:

(1) 床位管理

1) 病区床位使用情况一览表(显示床号、病历号、姓名、性别、年龄、诊断、病情、护理等级、陪护、饮食情况)。

2) 病区一次性卫生材料消耗量查询,卫生材料申请单打印。

(2) 医嘱处理

1) 医嘱录入(同……条)。

2) 审核医嘱(新开立、停止、作废),查询、打印病区医嘱审核处理情况。

3) 记录病人生命体征及相关项目。

4) 打印长期及临时医嘱单(具备续打功能),重整长期医嘱。

5) 打印、查询病区对药单(领药单),支持对药单分类维护。

6）打印、查询病区长期、临时医嘱治疗单（口服、注射、输液、辅治疗等），支持治疗单分类维护。打印、查询输液记录卡及瓶签。

7）长期及临时医嘱执行确认。

8）填写药品皮试结果。

9）打印检查化验申请单。

10）打印病案首页。

11）医嘱记录查询。

（3）护理管理：护理记录；护理计划；护理评价单；护士排班；护理质量控制。

（4）费用管理

1）护士站收费（一次性材料、治疗费等），具备模板功能。

2）停止及作废医嘱退费申请。

3）病区（病人）退费情况一览表。

4）住院费用清单（含每日费用清单）查询打印。

5）查询病区欠费病人清单，打印催缴通知单。

第四条 《护士工作站分系统》运行要求：

（1）护士工作站的各种信息应来自入院登记、医生工作站和住院收费等多个分系统，同时提供直接录入。护士工作站产生的信息应反馈到医生工作站、药房、住院收费、检验检查等分系统。

（2）医嘱经过护士审核后，方可生效，记入医嘱单，并将有关的医嘱信息传输到相应的执行部门。未经护士审核的医嘱，医生可以直接取消，不记入医嘱单。

（3）系统应提示需要续打医嘱单的病人清单，并提醒续打长期或临时医嘱单的页数。系统应提供指定页码的打印功能，保证病人的长期、临时医嘱单的完整性。打印的长期、临时医嘱单必须由医生签署全名方可生效。

（4）护士站各种单据打印，应提供单个病人或按病区打印等多种选择。

（5）护士站收费时，应提示目前已收的费用，避免重复收费。

（6）护士站打印病人检查化验申请单时，应提醒目前已打印的申请单，避免重复。

（7）护士填写的药品皮试结果必须在长期、临时医嘱单上反映出来。护士的每一项操作，一旦确认，不允许修改，系统记录的操作时间以服务器为准。

（8）网络运行：数据和信息准确可靠，速度快。

第六章　临床检验分系统功能规范

第一条 《临床检验分系统》是协助检验科完成日常检验工作的计算机应用程序。其主要任务是协助检验师对检验申请单及标本进行预处理，检验数据的自动采集或直接录入，检验数据处理、检验报告的审核，检验报告的查询、打印等。系统应包括检验仪器、检验项目维护等功能。实验室信息系统可减轻检验人员的工作强度，提高工作效率，并使检验信息存储和管理更加简捷、完善。

笔记栏

第二条 《临床检验分系统》必须符合国家、地方有关法律、法规、规章制度的要求。

第三条 《临床检验分系统》基本功能:

(1) 预约管理

1) 预约处理:预约时间,打印预约单(准备、注意事项)。

2) 预约浏览:查询预约情况。

(2) 检验单信息

1) 病人基本信息:科室、姓名、性别、年龄、病例号、病区、入院诊断、送检日期等。

2) 检验相关信息:种类、项目、检体、结果、日期。

(3) 登录功能

1) 病人基本信息。

2) 检验相关信息:种类、项目、检体、结果、日期。

3) 医生相关信息:申请医生姓名、科室;检验科医生姓名,检验师姓名,一经确认,不得更改。

(4) 提示查对

1) 采取标本时:科别、床号、姓名、项目、检体。

2) 收集标本时:科别、姓名、性别、标本数量和质量。

3) 检验时:查对试剂和项目。

4) 检验后:查对目的和结果。

5) 发报告时:查对科别、化验单完整。

(5) 检验业务执行

1) 镜检业务。

2) 仪检业务。

3) 结果录入。

4) 检验单生成、核准、打印。

(6) 报告处理功能

1) 生成检验结果报告。

2) 向临床反馈信息。

3) 既往检验结果查询,提供比较功能。

(7) 检验管理功能

1) 检验仪器录入。

2) 检验类型录入。

3) 镜检标准提示。

4) 正常值范围提示。

(8) 检验质量控制功能

1) 定期调试制度。

2) 发现问题及时调整。

(9) 统计功能

1) 工作量:检验报告数量、时间。

2) 特殊疾病及时提示、规范统计功能。

3) 费用提示。

4) 打印功能。

第四条 《临床检验分系统》运行要求:

(1) 输入数据和信息:提供多种输入格式和内容,提高录入速度。

(2) 权限控制功能:录入者及审核者具有不同权限控制。审核者对医嘱进行审核、校对后才能提供执行,并对审核后医嘱的正确性承担责任。对未经审核的医嘱可提供修改和删除的功能。

(3) 由病历号/处方号自动生成检验单号,并保证由检验单号查询唯一检验结果。

(4) 仪检仪器能够提供自动数据采集的接口,镜检仪器能够提供手工录入的接口,并对二者提供相关的核准操作手续。

(5) 每次检查的检验单号必须与病人在院资料相对应。

(6) 每次检验的数据都要经过严格核准后方可生效。

(7) 检验数据具备图形显示功能。

(8) 查询和修改:提供多种格式的单项和多项查询显示,对未存档数据可提供修改。

(9) 网络运行:提供数据和信息快速准确可靠。

第七章 输血管理分系统功能规范

第一条 《输血管理分系统》是对医院的特殊资源——血液进行管理的计算机程序。包括血液的入库、储存、供应以及输血科(血库)等方面的管理。其主要目的是,为医院有关工作人员提供准确、方便的工作手段和环境,以便保质、保量的满足医院各部门对血液的需求,保证病人用血安全。

第二条 《输血管理分系统》必须符合国家、地方有关法律、法规、规章制度的要求:

(1)《中华人民共和国献血法》。

(2) 卫生部《医疗机构临床用血管理办法》。

(3) 卫生部《临床输血技术规范》。

(4)《血站管理办法》(中心血库)。

(5)《血站基本标准》(中心血库)。

第三条 《输血管理分系统》基本功能:

(1) 入库管理:录入血液制品入库信息,包括:储血号、品名(如全血、成分血等)、血型、来源、采血日期、采血单位、献血者、包装、数量等。

笔记栏

(2) 配血管理:自动获得临床输血申请单并完成配血信息处理,并提供备血信息提示。

(3) 发血管理:根据临床输血申请单和配血信息进行核实,按照《临床输血技术规范》的附录八打印输血记录单,完成发血操作。

(4) 报废管理:提供报废血液制品名称、数量、经手人、审批人、报废原因、报废日期等信息。

(5) 自备血管理:自备血入库、发血、查询,打印袋签等。

(6) 有效期管理:根据《临床输血技术规范》第五章第二十二条的规定提供有效期报警,并有库存量提示。

(7) 费用管理:完成入库、血化验(定血型、Rho 检验、配血型等)、发血等过程中的费用记录,并与住院处联机自动计费。

(8) 查询与统计:入、出库情况查询、科室用血情况查询;费用情况查询;科室工作量统计与查询等。打印日报、月报、年报及上级所需报表等。

第四条 《输血管理分系统》运行要求:

(1) 能够实时读取其他分系统的相关数据。

(2) 运行速度快,显示信息直观,操作方便。

第八章 医学影像分系统功能规范

第一条 《医学影像分系统》是处理各种医学影像信息的采集、存储、报告、输出、管理、查询的计算机应用程序。

第二条 《医学影像分系统》必须符合国家、地方有关法律、法规、规章制度的要求:

(1) 符合 DICOM3.0 国际标准。

(2) 符合国际疾病分类标准。

第三条 《医学影像分系统》基本功能:

影像处理部分:

(1) 数据接收功能:接收、获取影像设备的 DICOM3.0 和非 DICOM3.0 格式的影像数据,支持非 DICOM 影像设备的影像转化为 DICOM3.0 标准的数据。

(2) 图像处理功能:自定义显示图像的相关信息,如姓名、年龄、设备型号等参数。提供缩放、移动、镜像、反相、旋转、滤波、锐化、伪彩、播放、窗宽窗位调节等功能。

(3) 测量功能:提供 ROI 值、长度、角度、面积等数据的测量;以及标注、注释功能。

(4) 保存功能:支持 JPG、BMP、TIFF 等多种格式存储,以及转化成 DICOM3.0 格式功能。

(5) 管理功能:支持设备间影像的传递,提供同时调阅病人不同时期、不同影像设备的影像及报告功能。支持 DICOM3.0 的打印输出,支持海量数据存储、迁移管理。

(6) 远程医疗功能:支持影像数据的远程发送和接收。

(7) 系统参数设置功能:支持用户自定义窗宽窗位值、显示文字的大小、放大镜的放大比例等参数。

报告管理部分:

(1) 预约登记功能。

(2) 分诊功能:病人基本信息、检查设备、检查部位、检查方法、划价收费。

(3) 诊断报告功能:生成检查报告,支持二级医生审核。支持典型病例管理。

(4) 模板功能;用户可以方便灵活的定义模板,提高报告生成速度。

(5) 查询功能:支持姓名、影像号等多种形式的组合查询。

(6) 统计功能:可以统计用户工作量、门诊量、胶片量以及费用信息。

第四条 《医学影像分系统》运行要求:

(1) 共享医院信息系统中病人信息。

(2) 网络运行:数据和信息准确可靠,速度快。

(3) 安全管理:设置访问权限,保证数据的安全性。

(4) 建立可靠的存储体系及备份方案,实现病人信息的长期保存。

(5) 报告系统支持国内外通用医学术语集。

第九章 手术、麻醉管理分系统功能规范

第一条 《手术、麻醉管理分系统》是指专用于住院病人手术与麻醉的申请、审批、安排以及术后有关信息的记录和跟踪等功能的计算机应用程序。医院手术、麻醉的安排是一个复杂的过程,合理、有效、安全的手术、麻醉管理能有效保证医院手术的正常进行。

第二条 《手术、麻醉管理分系统》必须符合国家、地方有关法律、法规、规章制度的要求:

(1)《麻醉药品管理办法》。

(2) 其他相关法律、法规。

第三条 《手术、麻醉管理分系统》基本功能:

(1) 手术前

1) 手术、麻醉申请与审批:根据有关规定完成手术、麻醉的申请和审批信息。

2) 提供病人基本信息:姓名、性别、年龄、住院病例号;病区、床号、入院诊断、病情状态、护理等级、费用情况等。

3) 术前准备完毕信息:各项检查完成;诊断明确;符合手术指征;手术同意书已签好;麻醉签字单已签好。

4) 术前讨论和术前总结信息:书面记录。

5) 记录按规定标准安排手术者和第一助手。

6) 麻醉科会诊记录:术前一天进行并填好,麻醉前签字。

笔记栏

7) 记录确认麻醉方案:术前科内讨论确定。

8）记录手术前用药：麻醉科医生会诊决定。

9）记录手术医嘱。

10）记录手术通知单：术前一日上午送交麻醉科；急诊手术随时送交。

11）术前护理工作落实信息。

12）病人方面准备信息。

13）手术器械准备记录：手术器械、麻醉器械、药品准备等。

（2）手术

1）提供病人基本信息：姓名、性别、年龄、住院病例号、病区、床号、入院诊断、病情状态、护理等级等。

2）提供手术相关信息：手术编号、日期、时间、手术室及手术台；手术分类、规模、部位、切口类型等。

3）提供医生信息：手术医生和助手姓名、科室、职称；麻醉师姓名、职称。

4）提供护士信息：洗手护士、巡回护士，器械师姓名。

5）提供麻醉信息：麻醉方法、用药名称、剂量、给药途径。

6）核查手术名称及配血报告、术前用药、药敏试验结果。

7）核查无菌包内灭菌指示剂，以及手术器械是否齐全，并予记录。

8）以上信息术前录入，术后进行修改；急诊手术术后及时录入，并记入医生及操作员姓名、代号。

9）核对纱垫、纱布、缝针器械数目。

10）填写麻醉记录单。

11）记录麻醉器械数量。

（3）手术后

1）提供手术情况：手术记录、麻醉记录。

2）提供病人情况：血压、脉搏、呼吸等。

3）随访信息：一般手术随访一天，全麻及重病人随访三天，随访结果记录，有关并发症记录。

4）提供全部打印功能。

5）提供汇总功能。

6）提供费用信息。

第四条 《手术、麻醉管理分系统》运行要求：

（1）手术、麻醉的实施事关病人健康，必须保证相关信息在录入及传输过程中的真实性，并在手术即将实施前仔细核实。

（2）系统应设操作权限：手术及麻醉的申请和审批必须由不同权限的医师进行操作，必须保证操作的合法性及安全性，不允许越权操作。手术前后登记的有关信息一经确认，不得更改。

（3）特殊情况手术、麻醉的安排手续要快捷、简单，让手术能尽快进行。

（4）疾病诊断及其编码库、手术名称及其编码库应符合国家标准疾病分类编码和国家的有关要求。

(5) 手术及手术相关物品的批价必须遵守国家的有关规定。

(6) 与其他子系统的数据接口:能将与其他于系统相关的信息以合适的数据格式传入或传出。

(7) 在急症手术、抢救手术以及其他特殊情况的手术导致手术相关资料在手术前无法及时录入时,必须在手术后尽快补录。

第十章　药品管理分系统功能规范

第一条　《药品管理分系统》是用于协助整个医院完成对药品管理的计算机应用程序,其主要任务是对药库、制剂、门诊药房、住院药房、药品价格、药品会计核算等信息的管理以及辅助临床合理用药,包括处方或医嘱的合理用药审查、药物信息咨询、用药咨询等。

第二条　《药品管理分系统》必须符合国家、地方的有关法律、法规、规章制度的要求:

(1) 财政部、卫生部下发的《医院财务制度》中第二十六条药品管理;

(2) 国家对医院药品管理的法律、法规;

(3) 国家和地方物价部门的关于物价管理的有关规定;

(4) 国家医疗保险部门有关药品使用的规定。

第三条　《药品管理分系统》基本功能

(1) 药品库房管理功能

1) 录入或自动获取药品名称、规格、批号、价格、生产厂家、供货商、包装单位、发药单位等药品信息以及医疗保险信息中的医疗保险类别和处方药标志等。

2) 具有自动生成采购计划及采购单功能。

3) 提供药品入库、出库、调价、调拨、盘点、报损丢失、退药等功能。

4) 提供特殊药品入库、出库管理功能(如:赠送、实验药品等)。

5) 提供药品库存的日结、月结、年结功能,并能校对账目及库存的平衡关系。

6) 可随时生成各种药品的入库明细、出库明细、盘点明细、调价明细、调拨明细、报损明细、退药明细以及上面各项的汇总数据。

7) 可追踪各个药品的明细流水账,可随时查验任一品种的库存变化入、出、存明细信息。

8) 自动接收科室领药单功能。

9) 提供药品的核算功能,可统计分析各药房的消耗、库存。

10) 可自动调整各种单据的输出内容和格式,并有操作员签字栏。

11) 提供药品字典库维护功能(如品种、价格、单位、计量、特殊标志等),支持一药多名操作,判断识别,实现统一规范药品名称。

笔记栏

12) 提供药品的有效期管理、可自动报警和统计过期药品的品种数和金额,并有库存量提示功能。

13）对毒麻药品、精神药品的种类、贵重药品、院内制剂、进口药品、自费药等均有特定的判断识别处理。

14）支持药品批次管理。

15）支持药品的多级管理。

（2）门诊药房管理功能

1）可自动获取药品名称、规格、批号、价格、生产厂家、药品来源、药品剂型、药品属性、药品类别、医保编码、领药人、开方医生和门诊病人等药品基本信息。

2）提供对门诊病人的处方执行划价功能。

3）提供对门诊收费的药品明细执行发药核对确认，削减库存的功能，并统计日处方量和各类别的处方量。

4）可实现为住院病人划价、记账和按医嘱执行发药。

5）为门诊收费设置包装数、低限报警值、控制药品以及药品别名等功能。

6）门诊收费的药品金额和药房的发药金额执行对账。

7）可自动生成药品进药计划申请单，并发往药库。

8）提供对药库发到本药房的药品的出库单进行入库确认。

9）提供本药房药品的调拨、盘点、报损、调换和退药功能。

10）具有药房药品的日结、月结和年结算功能，并自动比较会计账及实物账的平衡关系。

11）可随时查询某日和任意时间段的入库药品消耗，以及任意某一药品的入、出、存明细账。

12）药品有效期管理及毒麻药品等的管理同药品库房管理中的第十二、十三条。

13）支持多个门诊药房管理。

14）同药品库房管理第十四条。

15）支持二级审核发药。

（3）住院药房管理功能

1）可自动获取药品名称、规格、批号、价格、生产厂家、药品来源、药品剂型、属性、类别和住院病人等药品基本信息；

2）具有分别按病人的临时医嘱和长期医嘱执行确认上账功能，并自动生成针剂、片剂、输液、毒麻和其他等类型的摆药单和统领单，同时追踪各药品的库存及病人的押金等，打印中草药处方单，并实现对特殊医嘱、隔日医嘱等的处理。

3）提供科室、病房基数药管理与核算统计分析功能。

4）提供查询和打印药品的出库明细功能。

5）本药房管理中的库存管理同门诊药房管理中的第 7、8、9、10 条。

6）药品有效期管理及毒麻药品等的管理同药品库房管理中的第 12、13 条。

7）支持多个住院药房管理。

8）同药品库房管理第 14 条。

(4) 药品会计核算及药品价格管理功能

1) 药品从采购到发放给病人有进价、零售价以及设置扣率和加成率参数,这两种价格应由专人负责,根据物价部门的现行调价文件实现全院统一调价,提供自动调价确认和手动调价确认两种方式。

2) 要记录调价的明细、时间及调价原因,并记录调价的盈亏等信息,传送到药品会计和财务会计。

3) 提供药品会计账目、药品库管账目及与财务系统的接口,实现数据共享。按会计制度规定,提供自动报账和手工报账核算功能。

4) 药品会计账务处理须实现计算进出药品库房和药房处方等的销售额与药品的收款额核对,做到账物相符,并统计全院库房和药房的合计库存金额、消耗金额以及购入成本等信息,计算出各月的实际综合加成率。

5) 药品会计统计分析报表应实现对月、季、年进行准确可靠的统计,为"定额管理、加速周转、保证供应"提供依据。

6) 提供医院各科室药品消耗统计核算功能。

7) 打印功能:对药品会计处理需要的账簿、报表按统一规定的格式和内容进行打印和输出。

(5) 制剂管理基本功能

1) 制剂库房管理,包括原辅料、包装材料的入库、出库、盘点、领用、报废、消耗、销售等的管理。

2) 制剂的半成品、成品管理,包括半成品、成品的入库、出库、销售、报废、盘点等的管理。

3) 制剂的财务账目及报表分析,包括月收支报表、月发出成品统计表、原辅料出入库明细表、原辅料、卫生材料及包装材料月消耗统计表、部门领用清单等。

4) 提供制剂的成本核算,并能自动生成记账凭证。

5) 提供各种单据和报表的打印功能,如入出库单等。

6) 提供各种质控信息管理功能:包括原辅料入库质量检查、制剂产品(外用,内服)卫生学检验、成品检验等。

7) 提供计划、采购、应付款和付款的管理。

8) 提供各种标准定额的管理:包括工时定额、产量定额、水电气的消耗定额等。

9) 提供制剂生产过程、生产工序的管理。

(6) 合理用药咨询功能

1) 提供处方或医嘱潜在的不合理用药审查和警告功能:

A. 药物过敏史审查:审查处方或医嘱中是否有病人曾经过敏的药物或同类药物。

B. 药物相互作用审查:审查处方或医嘱中两种或两种以上药物的配伍禁忌。

C. 药物剂量提示:对处方或医嘱中的药物进行剂量分析,给出标准剂量范围,提示低于或超过有效剂量的情况。

笔记栏

D. 禁忌证提示:提示处方或医嘱中的药物对各种病症的禁忌。

E. 适应证提示:提示处方或医嘱中的药物是否符合适应证。

F. 重复用药提示:对处方或医嘱中可能存在的同物异名药物或不同药物中可能含有的相同成分进行审查。

2) 药物信息查询功能:用药指南;最新不良反应信息,单一药品对其他药品的相互作用信息,正确用药信息等。

3) 简要用药提示功能:提供药品最主要的用法、用量和其他注意事项。

第四条 《药品管理分系统》运行要求:

(1) 应保证药品数据和相应的财务数据在全院各有关科室发生时相互保持一致,准确无误。

(2) 运行速度:药品划价/门诊收费/门诊药房发药三处窗口体现协调快速、准确运行、减少病人等待时间,这是评价该功能的重要标志。

(3) 按规定时间及时提供降价以及销售药品的信息。

(4) 按政府规定的价格或差价率及时调整药品价格信息。

(5) 所有领药发药单据必须核对签字。

第十一章 门急诊挂号分系统功能规范

第一条 《门急诊挂号分系统》是用于医院门急诊挂号处工作的计算机应用程序,包括预约挂号、窗口挂号、处理号表、统计和门诊病历处理等基本功能。门急诊挂号系统是直接为门急诊病人服务的,建立病人标识码,减少病人排队时间,提高挂号工作效率和服务质量是其主要目标。

第二条 《门急诊挂号分系统》必须符合国家、地方有关法律、法规、规章制度的要求。

第三条 《门急诊挂号分系统》基本功能

(1) 初始化功能:包括建立医院工作环境参数、诊别、时间、科室名称及代号、号别、号类字典、专家名单、合同单位和医疗保障机构等名称;

(2) 号表处理功能:号表建立、录入、修改和查询等功能;

(3) 挂号处理功能

1) 支持医保、公费、自费等多种身份的病人挂号。

2) 支持现金、刷卡等多种收费方式。

3) 支持窗口挂号、预约挂号、电话挂号、自动挂号功能。挂号员根据病人请求快速选择诊别、科室、号别、医生,生成挂号信息,打印挂号单,并产生就诊病人基本信息等功能。

(4) 退号处理功能:能完成病人退号,并正确处理病人看病日期、午别、诊别、类别、号别以及应退费用和相关统计等。

(5) 查询功能:能完成预约号、退号、病人、科室、医师的挂号状况、医师出诊时间、科室挂号现状等查询。

笔记栏

(6) 门诊病案管理功能

1) 门诊病案申请功能:根据门诊病人信息,申请提取病案;

2) 反映提供病案信息功能;

3) 回收、注销病案功能。

(7) 门急诊挂号收费核算功能:能即时完成会计科目、收费项目和科室核算等。

(8) 门急诊病人统计功能:能实现提供按科室、门诊工作量统计的功能。

(9) 系统维护功能:能实现病人基本信息、挂号费用等维护。

第四条 《门急诊挂号分系统》运行要求

(1) 系统响应速度能够满足门诊挂号要求;

(2) 系统应设置使用权限,操作员授权等功能,增加系统安全性。

第十二章 门急诊划价收费分系统功能规范

第一条 《门急诊划价收费分系统》是用于处理医院门急诊划价和收费的计算机应用程序,包括门急诊划价、收费、退费、打印报销凭证、结账、统计等功能。医院门诊划价、收费系统是直接为门急诊病人服务的,减少病人排队时间,提高划价、收费工作的效率和服务质量,减轻工作强度,优化执行财务监督制度的流程是该系统的主要目标。

第二条 《门急诊划价收费分系统》必须符合国家、地方有关法律、法规、规章制度的要求:

(1) 财政部、卫生部颁布的《医院会计制度》和有关财务制度;

(2) 使用国家或地方行政部门制定的编码字典;

(3) 严格执行国家或地方行政部门制定的收费标准;

(4) 严格按照票据管理制度使用和保管收费票据。

第三条 《门急诊划价收费分系统》基本功能:

(1) 初始化功能:包括医院科室代码字典、医生名表、收费科目字典、药品名称、规格、收费类别、病人交费类别等有关字典。

(2) 划价功能:支持划价收费一体化或分别处理功能,推荐有条件的医院使用划价收费一体化方案,可以方便病人。

(3) 收费处理功能

1) 支持从网络系统中自动获取或直接录入病人收费信息:包括病人姓名、病历号、结算类别、医疗类别、临床诊断、医生编码,开处方科室名称、药品/诊疗项目名称、数量等收费有关信息,系统自动划价,输入所收费用,系统自动找零,支持手工收费和医保病人通过读卡收费。

2) 处理退款功能:必须按现行会计制度和有关规定严格管理退款过程,程序必须使用冲账方式退款,保留操作全过程的记录,大型医院应使用执行科室确认监督机制强化管理。严格发票号管理,建立完善的登记制度,建议同时使用发票号和机器生成

笔记栏

号管理发票。

(4) 门急诊收费报销凭证打印功能:必须按财政和卫生行政部门规定格式打印报销凭证,要求打印并保留存根,计算机生成的凭证序号必须连续,不得出现重号。

(5) 结算功能

1) 日结功能:必须完成日收费科目汇总,科目明细汇总,科室核算统计汇总;

2) 月结处理功能:必须完成全院月收费科目汇总,科室核算统计汇总;

3) 全院门诊收费月、季、年报表处理功能。

(6) 统计查询功能

1) 病人费用查询;

2) 收费员工作量统计;

3) 病人基本信息维护;

4) 收款员发票查询;

5) 作废发票查询。

(7) 报表打印输出功能

1) 打印日汇总表:按收费贷方科目汇总和合计,以便收费员结账。

2) 打印日收费明细表:按收费借方和贷方科目打印,以便会计进行日记账。

3) 打印日收费存根:按收费凭证内容打印,以便会计存档。

4) 打印日科室核算表:包括一级科室和检查治疗科室工作量统计。

5) 打印全院月收入汇总表:包括医疗门诊收入和药品门诊收入统计汇总。

6) 打印全院月科室核算表:包括一级科室和检查治疗科室工作量统计汇总。

7) 打印合同医疗单位月费用统计汇总表:按治疗费用和药品费用科目进行统计汇总。

8) 打印全院门诊月、季、年收费核算分析报表。

9) 门诊发票重打。

第四条 《门急诊划价收费分系统》运行要求:

(1) 要求系统响应速度满足门急诊划价收费要求;

(2) 系统收费录入与结算、统计结果必须一致;

(3) 费用录入提交成功后方可打印发票;

(4) 门急诊划价收系统可靠性要求很高,大型医院要求建设软硬件冗余和备份系统,一般要求故障恢复时间在5~10分钟之内;

(5) 严格发票号管理,建立完善的登记制度,建议同时使用发票号和机器生成号管理发票;

(6) 退款操作:退款必须严格核对原始票据和存根,由主管人员签字或在有条件的医院执行收费退费分开制度;

(7) 建立严格的发票存根抽查制度,强化财务监督管理;

(8) 建立门诊后台核对交款报表制度。

笔记栏

第十三章　住院病人入、出、转管理分系统功能规范

第一条　《住院病人入、出、转管理分系统》是用于医院住病人者登记管理的计算机应用程序，包括入院登记、床位管理、住院预交金管理、住院病历管理等功能。方便病人办理住院手续，严格住院预交金管理制度，支持医保病人就医，促进医院合理使用床位，提高床位周转率是该系统的主要任务。

第二条　《住院病人入、出、转管理分系统》必须符合国家、地方有关法律、法规、规章制度的要求：

(1) 财政部、卫生部颁布的《医院会计制度》和有关财务制度；

(2) 国家医疗保险部门的有关规定；

(3) 严格执行预交金管理制度；

(4) 病案首页及填写必须符合卫生部和有关部门规定的格式；

(5) 执行物价部门规定的床位收费标准。

第三条　《住院病人入、出、转管理分系统》基本功能：

(1) 入院管理

1) 预约入院登记；

2) 建病案首页；

3) 病案首页录入；

4) 打印病案首页；

5) 支持医保病人按医保规定程序办理入院登记。

(2) 预交金管理

1) 交纳预交金管理，打印预交金收据凭证；

2) 预交金日结并打印清单；

3) 按照不同方式统计预交金并打印清单；

4) 按照不同方式查询预交金并打印清单。

(3) 住院病历管理功能

1) 为首次住院病人建立住院病历；

2) 病历号维护功能；

3) 检索病历号。

(4) 出院管理

1) 出院登记；

2) 出院招回；

3) 出入院统计。

(5) 查询统计

1) 空床查询、统计：对各部门的空床信息进行查询统计，打印清单。

笔记栏

2) 病人查询：查询病人的住院信息、打印清单。

(6) 床位管理功能

1) 具有增加、删除、定义床位属性功能;

2) 处理病人选床、转床、转科功能;

3) 打印床位日报表。

第四条 《住院病人入、出、转管理分系统》运行要求:

1) 病人基本信息按卫生部统一规范的病案首页项目录入;

2) 支持医保病人就医。

第十四章 住院收费分系统功能规范

第一条 《住院收费分系统》是用于住院病人费用管理的计算机应用程序,包括住院病人结算、费用录入、打印收费细目和发票、住院预交金管理、欠款管理等功能。住院收费管理系统的设计应能够及时准确地为病人和临床医护人员提供费用信息,及时准确地为病人办理出院手续,支持医院经济核算、提供信息共享和减轻工作人员的劳动强度。

第二条 《住院收费分系统》必须符合国家、地方有关法律、法规、规章制度的要求:

1) 财政部、卫生部颁布的《医院会计制度》和有关财务制度;

2) 国家医疗保险部门的有关规定;

3) 物价部门规定的药品和诊疗项目收费标准。

第三条 《住院收费分系统》基本功能:

(1) 病人费用管理:

1) 读取医嘱并计算费用;

2) 病人费用录入:具有单项费用录入和全项费用录入功能选择,可以从检查、诊察、治疗、药房、病房费用发生处录入或集中费用单据由收费处录入;

3) 病人结账:具备病人住院期间的结算和出院总结算,以及病人出院后再召回病人功能。

4) 住院病人预交金使用最低限额警告功能;

5) 病人费用查询:提供病人/家属查询自己的各种费用使用情况;

6) 病人欠费和退费管理功能。

(2) 划价收费功能:包括对药品和诊疗项目自动划价收费。

(3) 住院财务管理:

1) 日结账:包括当日病人预交金、入院病人预交费、在院病人各项费用、出院病人结账和退款等统计汇总;

2) 旬、月、季、年结账:包括住院病人预交金、出院病人结账等账务处理;

3) 住院财务分析:应具有住院收费财务管理的月、季、年度和不同年、季、月度的收费经济分析评价功能。

(4) 住院收费科室工作量统计：

1) 月科室工作量统计：完成月科室、病房、药房、检查治疗科室工作量统计和费用汇总工作；

2) 年科室工作量统计：完成年度全院、科室、病房、药房、检查治疗科室工作量统计、费用汇总功能。

(5) 查询统计功能：包括药品、诊疗项目（名称、用量、使用者名称、单价等相关信息）查询、科室收入统计、病人住院信息查询、病人查询、结算查询和住院发票查询。

(6) 打印输出功能

1) 打印各种统计查询内容；

2) 打印病人报销凭证和住院费用清单：凭证格式必须符合财政和卫生行政部门的统一要求或承认的凭证格式和报销收费科目，符合会计制度的规定，住院费用清单需要满足有关部门的要求；

3) 打印日结账汇总表；

4) 打印日结账明细表；

5) 打印月、旬结账报表。

6) 打印科室核算月统计报表；

7) 打印病人预交金清单；

8) 打印病人欠款清单；

9) 打印月、季、年收费统计报表。

第四条 《住院收费分系统》运行要求：

(1) 收费录入：无论从何处、何种方式录入病人费用，应保留录入者痕迹。费用修改必须有原始单据为依据，以补充原始单位录入进行更正。

(2) 安全管理：处理数据应准确无误、保密性强。

(3) 满足医疗保险对收费和打印票据的要求。

(4) 打印住院预交金收据、汇总单。

(5) 严格住院费的日期管理，预交金、结账单、退款单日期不得改动。

(6) 严格退款管理，必须核对预交金、结账单、退款单，方可办理退款。

(7) 严格发票管理，建立严格的领取和交还发票管理制度，建立机器核对制度。

(8) 严格交款管理，财物处需要使用计算机复核交款单。

(9) 支持财务处定期复核在院病人预交金。

第十五章　物资管理分系统功能规范

第一条 《物资管理分系统》是指用于医院后勤物资管理的计算机应用程序，包括各种低值易耗品、办公用品、被服衣物等非固定资产物品的管理，主要以库存管理的形式进行管理，也包括为医院进行科室成本核算和管理决策提供基础数据的功能。

笔记栏

第二条 《物资管理分系统》必须符合国家、地方有关法律、法规、规章制度的要求：

(1) 财政部、卫生部颁布的《医院会计制度》和《医院财务制度》；

(2) 卫生部和地方行政部门规定的物资编码字典；

(3) 国家和地方物价部门规定的物价标准；

第三条 《物资管理分系统》基本功能：

(1) 采购计划单自动获取或录入、采购计划单编辑查询功能；

(2) 专购品清单自动获取或录入、专购品清单编辑查询功能；

(3) 入库单自动获取或录入、入库单编辑查询功能；

(4) 出库单自动获取或录入、出库单编辑查询功能；

(5) 调拨单自动获取或录入、调拨单编辑查询功能；

(6) 库存量查询打印功能；

(7) 移库功能；

(8) 库存管理舍入误差处理功能；

(9) 库存分类汇总打印功能；

(10) 科室领用汇总打印功能；

(11) 出入库情况汇总打印功能；

(12) 采购结算统计打印功能；

(13) 物资管理月报、年报报表打印功能；

(14) 物资管理字典维护功能；

(15) 系统初始化管理功能；

(16) 用户权限管理功能。

第四条 《物资管理分系统》运行要求：

(1) 录入单据确认后，禁止直接修改内容，应使用冲账方式修改，并保留全部操作痕迹。

(2) 系统实际运行后，需要手工账和机器并行运行一段时间，经核对账目准确无误后，方可停止手工账管理。必须定期打印账目和签字，并按照国家有关规定妥善保存。

(3) 必须执行国家和地方行政部门规定的物价政策。

第十六章　设备管理分系统功能规范

第一条 《设备管理分系统》是指用于医院设备管理的计算机应用程序，包括医院大型设备库存管理、设备折旧管理、设备使用和维护管理等功能。医院其他固定资产管理系统可参照本规范。

第二条 《设备管理分系统》必须符合国家、地方有关法律、法规、规章制度的要求：

(1) 财政部、卫生部颁布的《医院会计制度》和《医院财务制度》；

笔记栏

(2) 卫生部《医疗机构仪器设备管理办法》;
(3) 卫生部《大型医用设备配置与应用管理暂行办法》;
(4) 卫生部《卫生事业单位固定资产管理办法》;
(5) 卫生部和国家有关部门规定的设备编码字典。

第三条 《设备管理分系统》基本功能:
(1) 主设备购增录入、编辑、查询功能;
(2) 主设备增值情况录入、编辑、查询功能;
(3) 附件购置录入、编辑、查询功能;
(4) 设备入库批量处理功能;
(5) 分期付款情况录入、编辑、查询功能;
(6) 进口设备购入有关资料录入编辑、查询功能;
(7) 设备出库单录入、编辑、查询功能;
(8) 设备调配单录入、编辑、查询功能;
(9) 设备削减管理功能;
(10) 设备增值管理功能;
(11) 附件耗用管理功能;
(12) 库存盘亏处理功能;
(13) 设备维修情况记录和维修费用管理功能;
(14) 设备完好情况和使用情况登记管理功能;
(15) 设备入出总账检索查询和打印功能;
(16) 固定资产明细账检索查询和打印功能;
(17) 设备折旧汇总统计打印功能;
(18) 设备购置分类检索查询、统计、汇总打印功能;
(19) 设备附件购置分类检索查询、统计、汇总打印功能;
(20) 卫生部、地方卫生行政部门统一报表汇总打印功能;
(21) 设备管理字典维护功能;
(22) 系统初始化管理功能;
(23) 用户权限管理功能。

第四条 《设备管理分系统》运行要求

(1) 录入单据确认后,禁止直接修改内容,应使用冲账方式修改,并保留全部操作痕迹;

(2) 系统实际运行后,需要手工账和机器并行运行一段时间,经核对账目准确无误后,方可停止手工账管理。必须定期打印账目和签字,并按照国家有关规定妥善保存。

笔记栏

第十七章　财务管理分系统与经济核算管理分系统功能规范

第一条　《财务管理分系统》功能规范参见财政部和卫生部的有关规定。

《经济核算管理分系统》是用于医院经济核算和科室核算的计算机应用程序，包括医院收支情况汇总、科室收支情况汇总、医院和科室成本核算等功能。经济核算是强化医院经济管理的重要手段，可促进医院增收节支，达到"优质、高效、低耗"的管理目标。

第二条　《经济核算管理分系统》必须符合国家、地方有关法律、法规、规章制度的要求：

(1)《医院会计制度》和《医院财务制度》；

(2)《中华人民共和国统计法》；

(3) 国家各级行政机关制定的有关法律、规定。

第三条　《经济核算管理分系统》基本功能：

(1) 与财务管理系统接口，直接读取有关信息；

(2) 与医院信息系统接口，直接读取有关信息；

(3) 门诊收入、支出统计汇总；

(4) 住院收入、支出统计汇总；

(5) 药品进、销、差价统计汇总；

(6) 物资消耗和库存统计汇总；

(7) 固定资产统计和折旧计算；

(8) 房屋面积统计汇总；

(9) 各科室和病房工作量统计汇总；

(10) 临床工作人员工作量统计；

(11) 管理部门和后勤保障部门收支和工作量统计；

(12) 支持多种算法进行医院成本摊分；

(13) 全院综合分析统计核算；

(14) 各科室、病房、各部门核算和分配；

(15) 提供各项统计汇总信息查询、显示、打印功能。

第四条　《经济核算管理分系统》运行要求

(1) 尽量通过直接读取原始数据统计汇总，原始数据的准确度和详细程度是经济核算的基础，对于质量不十分理想的原始数据可以使用统计学技术处理；

(2) 摊分要根据不同医院的实际情况使用多种不同算法，结果一般仅供医院领导决策和奖金分配参考，因为不同的摊分算法可能得出截然不同的结果；

(3) 分类字典首先需要支持国家统一标准，也可以同时使用内部分类方法；

(4) 汇总的大量数据可以进一步使用统计或数据仓库等数据处理技术进行分析。

笔记栏

第十八章　病案管理分系统功能规范

第一条　《病案管理分系统》是医院用于病案管理的计算机应用程序。该系统主要指对病案首页和相关内容及病案室(科)工作进行管理的系统。病案是医院医、教、研的重要数据源,向医务工作者提供方便灵活的检索方式和准确可靠的统计结果、减少病案管理人员的工作量是系统的主要任务。它的管理范畴包括,病案首页管理;姓名索引管理;病案的借阅;病案的追踪;病案质量控制和病人随诊管理。

第二条　《病案管理分系统》必须符合国家、地方有关法律、法规、规章制度的要求:

(1) 卫生部制定的病案首页标准和病案填写标准;

(2) 国际疾病分类标准。

第三条　《病案管理分系统》基本功能。

(1) 病案首页管理所包含的基本内容:病人基本信息、住院信息、诊断信息、手术信息、过敏信息、病人费用、治疗结果、院内感染和病案质量等。

1) 必须有灵活多样的检索方式,包括首页内容的查询、病案号查询、未归档病案的查询。对病案号查询要支持病人姓名的模糊查询。

2) 对检索结果要有多种形式的显示或输出形式,包括病案首页、病人姓名索引卡片、疾病索引卡片、手术索引卡片、入院病人登记簿、出院病人登记簿、死亡病人登记簿、传染病登记簿和肿瘤登记簿。

3) 依据标准的疾病分类、手术分类代码处理一病多名问题。

4) 具有基本的统计功能,包括疾病的统计分析、科室统计、医生(主治医师、住院医师、手术师、麻醉师)统计、病人情况分析(如职业、来源地)和单病种分析等。

(2) 病案的借阅:病案的借阅是病案管理的重要组成部分,基本功能包括:借阅登记、预约登记、出库处理、在借查询、打印应还者名单和借阅情况分析。

(3) 病案的追踪

1) 出库登记,包括门诊出库登记、住院出库登记、科研出库登记。

2) 能够处理门诊、住院病案分开的情况。

(4) 病案质量控制

1) 打印错误修改通知单。

2) 质量分析。

3) 打印按医生、科室的统计报表。

(5) 病人随诊管理

1) 随诊病人设定。

2) 随诊信件管理。

3) 打印随诊卡片。

4) 问卷管理,包括打印、回收确定、存档。

第四条 《病案管理分系统》运行要求：

(1) 病人的基本情况(病人主索引)是全院的基本数据，必须在全院范围内共享，同时该分系统也要能够读取其他分系统的数据，例如：住院处分系统的出院病人数据。

(2) 数据录入要灵活方便、提供多种必要的提示信息。

(3) 权限设置：对非使用人员加以限制。

(4) 输入后的数据不得修改，任何操作都应留有痕迹。

第十九章　医疗统计分系统功能规范

第一条 《医疗统计分系统》是用于医院医疗统计分析工作的计算机应用程序。该分系统的主要功能是对医院发展情况、资源利用、医疗护理质量、医技科室工作效率、全院社会效益和经济效益等方面的数据进行收集、储存、统计分析并提供准确、可靠的统计数据，为医院和各级卫生管理部门提供所需要的各种报表。

第二条 《医疗统计分系统》必须符合国家、地方有关法律、法规、规章制度的要求：

(1)《中华人民共和国统计法》。

(2) 卫生部颁布的《全国卫生统计工作管理办法》。

第三条 《医疗统计分系统》基本功能：

(1) 数据收集应包括：门诊病人统计数据(包括社区服务活动)；急诊医疗统计数据；住院病人统计数据；医技科室工作量统计数据。

(2) 提供门诊、急诊统计报表：门、急诊日报表、月报表、季报表、半年报表和年报表。

(3) 病房统计报表：病房日报表、月报表、季报表、半年报表和年报表。

(4) 门诊挂号统计。

(5) 病人分类统计报表。

(6) 对卫生主管部门的报表：

1) 医院医疗工作月报表。

2) 医院住院病人疾病分类报表。

3) 损伤和中毒小计的外部原因分类表。

4) 卫生行政主管部门规定的其他法定报表。

(7) 统计综合分析

1) 门诊工作情况。

2) 病房(病区)工作情况(含病房床位周转情况)。

3) 出院病人分病种统计。

4) 手术与麻醉情况。

5) 医技科室工作量统计。

6) 医院工作指标。

7) 医院的社会、经济效益统计。

笔记栏

第四条 《医疗统计分系统》运行要求:

(1) 数据输入:既能从网络工作站输入数据亦能人工收集数据集中输入。

(2) 数据处理:一次性输入数据、自动生成日报、月报、季报、半年报、年报以及各类统计分析报表。

(3) 查询显示数据:查询显示多种组合的数据信息。

(4) 修改更正数据:对未存档数据允许修改。

(5) 输出打印:输出打印统计分析多种图形、报表内容和格式。

第二十章　综合查询与分析分系统功能规范

第一条 《综合查询与分析分系统》是指为医院领导掌握医院运行状况而提供数据查询、分析的计算机应用程序。该分系统从医院信息系统中加工处理出有关医院管理的医、教、研和人、财、物分析决策信息,以便为院长及各级管理者决策提供依据。

第二条 《综合查询与分析分系统》必须符合国家、地方有关法律、法规、规章制度的要求。

第三条 《综合查询与分析分系统》基本功能:

(1) 临床医疗统计分析信息。

(2) 医院财务管理分析、统计、收支执行情况和科室核算分配信息。

(3) 医院药品进出库额管理,药品会计核算和统计分析。

(4) 重要仪器设备使用效率和完好率信息。

(5) 后勤保障物资供应情况和经济核算。

(6) 医务、护理管理质量和分析信息。

(7) 教学、科研管理有关决策分析信息。

(8) 人事管理:各级各类卫生技术人员和其他技术人员总额、比例、分布、特点、使用情况。

(9) 科室设置、重点学科、医疗水平有关决策信息。

(10) 学术交流、国际交往有关信息。

(11) 门诊挂号统计、收费分项结算、科室核算信息及门诊月报。

(12) 住院收费分项核算、各科月核算、病人费用查询、病人分类统计信息。

(13) 医院社会及经济效益年报信息。

(14) 医技情况报表、医院工作指标、医保费用统计信息。

第四条 《综合查询与分析分系统》运行要求:

(1) 采用计算机多媒体技术:以图像、图形、图表数据和语音综合形式表达信息。

(2) 采用触摸或鼠标操作,由使用者随意选择决策信息,运行速度快,展示信息直观,提供信息可靠、准确。

(3) 设置使用权限,保障信息安全。

笔记栏

(4) 能够支持数据的远程查询。

第二十一章　病人咨询服务分系统功能规范

第一条　《病人咨询服务分系统》是为病人提供咨询服务的计算机应用程序。以电话、互联网、触摸屏等方式为病人提供就医指导和多方面咨询服务，展示医院医疗水平和医德医风，充分体现"以病人为中心"的服务宗旨是该系统的主要任务。

第二条　《病人咨询服务分系统》必须遵循国家和卫生部现行的有关规定，提供的互联网服务必须符合卫生部《互联网医疗信息服务管理办法》。

第三条　《病人咨询服务分系统》基本功能：

(1) 医院简介：介绍医院历史、组织机构、医院级别、医疗水平、诊疗科目、诊断设备与技术、医疗科别、人员组成、特色门诊、医院布局等。

(2) 名医介绍：主要专家特长、照片和出诊时间。

(3) 就诊指南：医生出诊时间，提供检查、检验、划价、收费、取药、导医等信息。

(4) 收费查询：提供各项收费标准，查询病人的缴费信息。

(5) 药理信息：药品种类和价格以及药品的主要功效，简要的用药提示。

(6) 检查项目：主要检查项目简介、检查须知、检查地点、出结果时间。

(7) 检验项目：主要检验项目简介，检验须知，检验地点、出结果时间，正常值范围。

(8) 保险费用咨询：病人能够根据自己的密码查询有关医保数据。

(9) 保健知识查询。

(10) 地理位置图。

第四条　《病人咨询服务分系统》运行要求：

(1) 为病人提供的信息要及时可靠。

(2) 能够实时读取其他分系统的数据。

(3) 运行速度快，显示信息直观，操作方便。

(4) 加强互联网接入系统的安全管理。

第二十二章　医疗保险接口功能规范

第一条　《医疗保险接口功能规范》是用于协助整个医院，按照国家医疗保险政策对医疗保险病人进行各种费用结算处理的计算机应用程序，其主要任务是完成医院信息系统与上级医保部门进行信息交换的功能，包括下载、上传、处理医保病人在医院中发生的各种与医疗保险有关的费用，并做到及时结算。

第二条　《医疗保险接口功能规范》必须符合国家、地方的有关法律、法规、规章制度的要求。

(1) 必须符合国务院下发的有关医疗保险的各项政策及法规。

(2) 必须符合劳动社会保障部下发的有关医疗保险的政策及法规。

(3) 必须符合地方政府下发的有关医疗保险的政策及法规。

(4)《公费医疗管理办法》。

第三条 《医疗保险接口功能规范》基本功能：

（1）下载内容及处理：实时或定时的从上级医保部门下载更新的药品目录、诊疗目录、服务设施目录、黑名单、各种政策参数、政策审核函数、医疗保险结算表、医疗保险拒付明细、对账单等，并根据政策要求对药品目录、诊疗目录、服务设施目录、黑名单进行维护。

（2）上传内容及处理：实时或定时向上级医保部门上传。

1）门诊挂号信息、门诊处方详细信息、门诊诊疗详细信息、门诊个人账户、支付明细等信息。

2）住院医嘱、住院首页信息、住院个人账户支付明细、基金支付明细、现金支付明细等信息。

3）退费信息：包括本次退费信息、原费用信息、退费金额等信息。

4）结算汇总信息：按医疗保险政策规定的分类标准进行分类汇总。

（3）医疗保险病人费用处理

1）根据下载的政策参数、政策审核函数对医保病人进行身份确认，医保待遇资格判断。

2）对医疗费用进行费用划分，个人账户支付、基金支付、现金支付确认，扣减个人账户，打印结算单据。

3）按医疗保险指定格式完成对上述信息的上传。

4）在医院信息系统中保存各医疗保险病人划分并支付后的费用明细清单和结算汇总清单。

（4）医疗保险接口系统维护

1）对下载的药品目录与医院信息系统中的药品字典的对照维护。

2）对下载的诊疗目录与医院信息系统各有关项目的对照维护。

3）对下载的医疗服务设施与医院信息系统中各有关项目的对照维护。

4）对医疗保险费用汇总类别与医院信息系统中费用汇总类别的对照维护。

5）对疾病分类代码的对照维护。

第四条 《医疗保险接口功能规范》运行要求

（1）应保证上传数据与医院信息系统中保留的数据的一致性。

（2）运行速度，要求系统在处理每一个门诊医疗保险病人时不得超过35s。

（3）按医疗保险部门的要求及时下载更新数据。

（4）及时与医疗保险部门对账并结算。

第二十三章　社区卫生服务接口功能规范

笔记栏

第一条 《社区卫生服务接口功能规范》是协助医院与下级社区卫生服务单位进行信息交换的计算机应用程序。其主要任务是跟踪病人，提高出院后服务质量，为社区病人转上级医院提供快速、方便的服务，以及为各种医疗统计分析提供基础数据。

第二条 《社区卫生服务接口功能规范》必须符合国家、地方的有关法律、法规、规章制度的要求，必须符合卫生部下发的与社区医疗管理的有关政策、法规。

第三条 《社区卫生服务接口功能规范》基本功能：

(1) 接收社区中病人基本情况、健康档案、病案、疾病情况、家庭遗传病史、过敏药物等信息。

(2) 接收社区中病人就诊时的门诊登记、住院病历和治疗记录等信息。

(3) 接收社区中各种疾病的分布情况、流行周期、人口结构和死亡情况等与流行病学等有关的信息。

(4) 提供病人在医院中完成诊疗后回到社区继续就诊、康复、用药等基本信息。

第四条 《社区卫生服务接口功能规范》运行要求：

(1) 要求提供的各种信息及时、准确无误。

(2) 要求通信线路畅通，支持多种通信方式。

第二十四章 远程医疗咨询系统接口功能规范

第一条 《远程医疗咨询系统接口功能规范》是指医院信息系统与远程医疗咨询系统本地端的接口程序。其主要任务是保证远程医疗咨询系统所需的信息能及时、迅速地从医院信息系统中直接产生并读取，最大限度地避免信息的二次录入，使对方医院能够调阅到原始的没有因各种处理带来误差的真实数据与信息。

第二条 《远程医疗咨询系统接口功能规范》必须符合国家、地方的有关法律、法规、规章制度的要求：

(1) 必须符合卫生部《关于加强远程医疗会诊管理的通知》。

(2) 有关医学影像部分的内容必须符合国际标准 DICOM3.0。

第三条 《远程医疗咨询系统接口功能规范》基本功能：

(1) 提供会诊咨询时，医院信息系统应能向远程医疗咨询系统实时提供病人的基本信息，医嘱和检验、检查治疗报告单，医学影像资料等诊疗相关信息。

(2) 接受会诊咨询时，医院信息系统接收远程医疗咨询系统传送的会诊病人所需的基本信息、各种诊疗信息。

(3) 医院信息系统能将接收并储存对方会诊病人的各种诊疗信息，还原并满足临床诊断所需的精度要求。

(4) 动态查询、立即响应远程会诊病人所需的请求，并及时整理准备发送的信息。

(5) 对会诊的结果数据能够接收、整理和归档，并提供医院内部系统的医生工作站调用和作为病案资料保存的功能。

第四条 《远程医疗咨询系统接口功能规范》运行要求：

(1) 远程医疗咨询系统接口须保证传输中保存的资料的安全性、可靠性。

(2) 远程医疗咨询系统接口必须做到及时准确的信息交换、满足临床诊断的要求。